SELAHATTÎN DEMÎRTAŞ
LEYLAN

Roman

Wergêr: Rêdûr Dîjle

Mizanpaj: Zafer Tüzün

Kapak Tasarım: Yağmur Aydın

Baskı ve Cilt:
Ocak 2021

Berdan Matbaacılık
Davutpaşa Caddesi Güven San. Sitesi C Blok No: 215/216
Topkapı/Zeytinburnu/ İSTANBUL
Serfitika No: 45750
Tel: 0 (212) 613 11 12

ISBN: 978-975-8242-16-0

Aram Basım Reklam ve Yayıncılık
Adres: Aram Basım Reklam ve Yayıncılık San. Tic. Ltd. Şti. Kooperatifler Mah.
Yeni Sok Elit Plaza Kat: 5 No: 14 Yenişehir / Diyarbakır
Tel: 0 (552) 750 55 21
e - mail: *aramyayin@yahoo.com.tr*

SELAHATTÎN DEMÎRTAŞ
LEYLAN

Wergêr: Rêdûr Dîjle

AramRoman

Ji bo Başakê û genimokên wê:
                        Delal û Dildayê...

- Car heye em rastiyê dibînin, lê em naxwazin qebûl bikin. Car heye ji bo xwelêgirtinê em li rastiyê digerin. Car jî heye em dibêjin qey di her qewimînê de tenê rastiyek heye. Halbûkî rastî tiştekî têvel e, li gor her kesî cihê ye. Lê di afirandina rastiya xwe ya kirdewar de ya bi tewandin û badandina qewimînan, di ser me re kes tune. Bi dû re jî em didin dû rastiyên xwe yên ku me ew afirandine. An jî em ji rastiyên xwe direvin. Heqet tişta ku tu jê re dibêjî rastî çi ye? Kîjan rastî Parêzer Beg?

Ez van tiştan, nîvê şevê, li Qereqola Yenîşehîrê ji parêzerê xwe re dibêjim ku ez û wî li odeya hevdîtinê li hemberî hev rûniştine.

Ev, cewaba min a ji bo pirsa wî bû ku piştî "zabitnameya bûyerê" ya di dest xwe de bi mirrmirrî xwendibû û pirsîbû "Qudret, ma tiştên li vê derê nivîsandî rast in?" Li ser maseyê ji xeynî min û wî, çayek cemidî ku hingî keliyabû bûbû qetran û xwelîdankek vala hebû. Çay a parêzer bû. Carina wisa lê dinerî ku te digot qey dixwest fêm bike bê ka ji bo xewa wî here anîne yan jî ji bo di cî de bimire. Lê venaxwe; camêr baqil e. Cidîbûnekê li dengê xwe bar dike û dewam dike:

- Binêr Qudret birako; te gotiye ez ji baroyê parêzerekî dixwazim. Ez nobedar bûm, telefonî min kirin, ez hatim. Nizanim haya te ji saetê heye yan na, lê nikarim vê saetê guh li felsefeyê bikim. Jixwe ji xeynî dema lîseyê min qet emel pê nekiriye. Lê wexta min ji te pirsî "Ên li vê derê nivîsandî rast in?" qesda min yanî "berrabûn?" bû.

Min serê xwe hejand, weku bibêjim min fêm kiriye. Parêzer hebikekî sist bû, hinekî jî beşişî. Min got:

- Ax! Rastî… rastî… Helbet, rastî tim û tim ne berra ne, berrabûyîn jî ne rast. Dibe ku ên li wê derê nivîsandî rast jî bin û şaş bin

7

jî. A muhîm, mirov çawa lê dinêre. Parêzer Beg, berrabûyîna kê ji me? Li gor kê, li gor çi berrabûyîn?
Piştî di kûr de bêhna xwe ji pozê xwe der anî, Xwedê heq şahid e, camêr bi hêminî axifî.
- Fêm dikim birayê min, bi rastî jî te baş fêm dikim... Binêr! Baro, tenê xizmeta parêzertiyê dike, lê heger tu psîkîyatrîstê nobedar dixwazî naxwe divê tu telefonî cihekî din bikî!
Tam wê rabûna ser xwe, min bi milê wî girt û got:
- Bise bise, Parêzer Beg xwe aciz meke. Hela binêr bê li wir çi dinivîse?
Çend saniyeyan li nav çavê min nêrî, piştî offînekê ji min re bi kurtayî zabitname rave kir û got:
- Bi şev saet li dor yazdan te duwazde caran li deriyê daîreya qata dudoyan a apardûmanekê xistiye û her cara ku te pêl zingil kiriye xwe veşartiye.
Min got:
- Êêê, dû re?
- Herî dawî jî wexta zilamê malê hatiye ber paceyê, te gulokek berf avêtiye wî. Wî jî şimik avêtiye te, bi dû re te jî rahiştiye şimika wî û reviyayî. Polîsên ku zilam gazî wan kiribû li serê kuçeyê te zevt kirine. Şimika malê bi te re dîtine û zilam jî te baş teşxîs nekiriye. Lê dîsa jî bi sûcê "hizûrnehiştin, birîndarkirin û diziyê" te kirine nezaretê.
Wexta zilam ev tişt digotin, te digot qey dibêje "Xwedêyo! Ez ketime nav daweyeke çi qas virt û vala." Lê dîsa jî dewam kir:
- Ne meseleyeke mezin e, lê gazin û gilî cidî ne. Heger tu niha îfadeyê bidî ez ê telefonî dozgerê nobedar bikim û te bera bidim. Ji ber ku li holê delîl tunene, dikarî sûcên pê têyî îthamkirin qebûl nekî. Lê heger qebûl bikî, tu yê cezayekî hindik bixwî. Ew jî wê bê taloqkirin. Axirê li holê birîndarkirin mirîndarkirin tuneye, ji ber ku şimik jî tiştekî bêqîmet e, wê cezayê te jî tiştkî bêqîmet be. Lê belê wê sabiqa te çêbibe. Îjar biryar a te ye Qudret. Ku bi min be hema înkar bike û em herin ji vê derê.
Min jî hema pêve kir û got:
- Îjar şimik şimikeke biqîmet be?

Parêzer şaş ma û got:
- Çawa yanî?
- Parêzer Beg, helbet li gor kê biqîmet, li gor çi biqîmet? Hindik mabû mêrik dîn bûbûna.
- Qudret, lawê min, min dîn meke!
Cardin hewl da ku rabe ser xwe, lê min got:
- Temam, temam. Heger ez qebûl nekim, wê mesele safî bibe?
- Belê, Qudret, belê safî dibe.
Îfadeya min, xwegihandina dozger, kar û barê din werhasil heya em ji qereqolê derketin saet li me bû sisêyê sibehê. Di vê navê re berfê dabû çokê û hê jî bi qayde hêdîka dibariya. Wexta ji xwe re difikirîm, "Tu dibê qey wexta berf dibare Amed xweştir dibe, ma ne?" min li ber qereqolê cixareyek vêxist. Wekî ku kezeba min di devê min re bavêje, di kûr de hilmijîm. Parêzerê min jî di ber min re derbas bû got, "Şev xweş Qudret" û li nav berfê xist ber bi wesayîta xwe ya li qeraxa peyarêyê ve meşiya. Dema diçû min jî got, "Şev xweş Parêzer Beg, cardin mala te ava." Li min nezîvîrî, lê wekî bibêje "xem nake" bi artîstî destê xwe li ba kir. Fuqrê fuqur. Min di dilê xwe de got, "Tu bise parêzer efendî, a min û te neqediyaye, hîn nû dest pê dike lo."
Ê min û te li wesayîta xwe siwar bû. Ser wesayîtê û camên wê lodek berf girtibû. Kundirê kundir! Xwest, paspasê bişixulîne lê kar nekir. Ez çûm, min bi destê xwe cama pêşî, dû re jî ya dawiyê paqij kir. Cama xwe hebikekî daxist û got, "Sax bî Qudret, te tahb nedîta." Min got, "Tahba çi Parêzer Beg, bikutim..." Helbet zûzûka min xwe da hev û got, "Tu neşemitî ha, li xwe miqatebî gidî." Hîn werê tişta şihitîbû dilê min got:
- Were, te bibim cihê ku tu yê herê. Jixwe li ser rêya min e. Nazikiyek di eyarê xwe de. Dû re min xwe avêt wesayîtê. Kolan bi berfê nixumîne, em didin dewsa tekerên li ser rê çêbûne û hêdîka diçin. Di xaçerêya Ofîsê re em li destê çepê zîvirîn, çûn Kolana Îstasyonê. Min di dilê xwe de got, tam derba qonaxa nû ya plansaziyê ye û di ber re jî got, "Parêzer Beg, heger wextê te hebe, ez şorbeya çaqotkan îkramî te bikim.

Niha Çaqotkvan Fazil vekiriye. Madem vê şeva han tu tahb bûyî, qet nebe bila ev jî îkrama min be." Wexta amedî di xewna xwe de jî navê "Çaqotkvan Fazil" bibihîsin, dixwazî bila şev nîvê şevê be jî ji nav ciya radibin, diçin şorba çaqotkan dixwin. Nexafilîm. Parêzerê me yê zirnazîqî jî qaseke şûnde hema wesayît da qeraxa "Çaqotkvan Fazil". Belê, min ji parêzerê ku şev nîvê şevê hat qereqolê û aliyê min kir got "zirnazîq", lê naxwazim hûn derheqê min de xirab bifikirin. A rast hûn çi difikirin bifikirin ne xema min e, lê carekê me xwe bera nav daye, mecbûr em ê ta bi derziyê vekin. Ev parêzer heye ya ev parêzer, bi keçika ku ez ji dema dibistana navîn ve hez jê dikim re nîşan kiriye! Bi evîna min a platonîk a panzdeh salan Serabê re! Tew qebraxê qebrax xanî jî girtiye û haziriya dawetê dike. Xanî bi eşyayên nipnû tije kiriye. Li Peyasê Sîteya Çiya-2 A Blok Qata 1. Nimro 3. Niha du hevalên min ketine mala vî zirnazîqî, dişêlînin. Ji ber wê dizanim. Bisekinin, hûn em ê werin wan dera. Hela pêşî em çaqotka xwe ya mişt bisîr bixwin, Xwedê mezin e.

Dikana Fazil Hoste, dikaneke biçûk e, pênc şeş maseyê wê hene. Hundirê wê germ e; bêhna hûr û ûran, çaqotk û sîran, felaket xweş e. Li maseyekê çar mişterî hene, kifş e şeveder in. Ez û parêzer jî li maseyekê li ber hev rûniştin. Şorbên me zûzûka hatin. Hem em şorbeya xwe dixwin hem jî ji aş û baş dipeyivin. Ji bo îşê me eseh be, divê ez wî hinekî eware bikim. Li bendê me pirsa bûyera şevê bike. Heger mepirse ez ê bi awayekî serê meseleyê vekim. Axirê parêzerê min û te dipirse. Dibêje, "Qudret esehiya meseleyê çi ye? Heger meseleyeke xusûsî be tu dikarî nebêjî." Ulan ma çi ye ku nebêjim! Ez ê bibêjim hem jî werê bibêjim ku qûna te bavêje. Bi herarat dest pê dikim. Parêzerê me yê zirnazîqî jî ji dil û can guh dide vê çîroka min î piranî jê derew. Pêşî dibêjim "A min çîrokeke evînî ya dûndirêj e." Ê me bi baldan mêze dike. Dibêjim:

"Keçikek heye, ji dema lîseyê ve bengiyê wê me. Navê wê Gulîzar e." Devê parêzer çûye pişta guhê wî. Xuyaye saet di sisêyê şevê de guhlêkirina li çîrokeke evînî li xweşa wî diçe. Pûşt hewala!

Werhasil dewam dikim.

"Hema bêje ev deh sal e, dikim nakim newêrim jê re bibêjim. A me hezkirineke ji dûr ve, hezkirineke wekî bîbika çavan e. Tiştekî wekî perwerdehiya ji dûr ve; heta bi hetayê, lê şêst sal jî derbas bibe tu ti guyî naelimî. Min bihîst ku wê di nêz de nîşanê bike. Min ji xwe re got, Qudret lawo, perwerdehiya ji dûr ve qediya, derbasî perwerdehiya honakî dibî, yan na keçik ji dest diçe. Helbet Gulîzarê jî li ser min dimire, lê ew jî nade der. Çimkî racona vî îşî ev e; ê bide der av û av çû. Wexta bidî der bi navê evîna platonîk tiştek namîne, an veqetîn an jî evînek jirêzê. Netîce*de* her du jî eynê ne, yek jê lacîwerda ya din e. Min got netîce, mamosteyê me yê zanyariya fenê yê dibistana navîn hat bîra min. Tim digot, zarokno ne li 'Xetîceyê li netîceyê mêze bikin.' Hela tu li vê tesadufê binêr, di sinifa me de jî bi navê Xetîce û Netîce du keçik hebûn. Xetîce keçikeke pir xweşik bû, lê Netîce na. Îjar her cara mamosteyê fenê digot 'Ne li Xetîceyê li netîceyê mêze bikin', me jî di nav xwe de digot 'Lawo ev mamoste dawa çi dike, ma em ê li çî Netîceyê mêze bikin. Ji te re çi ûlan, em ji xwe re li Xetîceyê mêze dikin.' Çi mamosteyekî yeman bû, lê Xwedê heye, Xetîce keçikeke xweşik bû."

Wexta min werê mesele ser û binê hev kir, min dî bala parêzer jî difelişe. Îjar ji bo nebêje em rabin biçin, cardin vegeriyam ser çîroka evîniyê.

"Îro serê sibê çûm, li bendê bûm ku Gulîzar ji malê derkeve. Min, qederekê ew ji mesafeyeke biewle şopand. Dû re min xwe da hev, bilez min xwe gihand wê. Parêzer Beg, tu aciz nabî ne werê? Dixwazî ez bi meseleyên xwe yên xusûsî te eciz nekim."

Qebraxo got, "Na na, bi kêfxweşî guhdar im, tu dewam bike."

Min di dilê xwe de got, "Oxxx, ma saet di sisêyên şevê de, hem jî li çaqotkvan, kî behsa çîrokeke evîniyê bikira min ê jî guh lê bikira." Min ji cihê mayî dewam kir.

"Werhasil Parêzer Beg, ez çûm giham keçikê. Wexta gihamê ew jî sekinî. Zîvirî li nav çavê min nêrî, lê awirek çilo! Fêm kir, te digot qey ewreke bihizin ket ser ronahiya çavê wê. Erê, em hatine dawiya evîneke platonîk, nizanim evîneke çendik û çend salan. Ji kerba hindik maye ez jî bimirim. Lê mecbûr im; heke evîna xwe îlan nekim, keçik ji destan diçe, bikim jî evîna platonîk diqede. Parêzer Beg, wê kêliyê gere te wan awirên Gulîzarê bidîta. Wekî bibêje 'Naxwe heya vê derê ha! Naxwe evîna platonîk a bi salan derew bûye ha! Bibêje Qudret bibêje, bibêje bila ev îş biqede. Qudo, min digot qey tu ne werê yî! Mixabin tu jî wekî kurikên din bêşeref derketî.' Min jî bi awirên xwe 'Werê mepeyv Gulê, ji xwe kezeba min tîştîşî bûye, wekî di şîşê de li ser pizotên êgir qîjqîja wê…' Min got, 'Parêzer Beg, heger dilê te bijiyabê, ez dikarim îkramî te bikim, niha Cîgerpêj Hecî vekiriye.' Ev car zevt mekir, diranê xwe cîq kirin got 'Na na, ez têr im, dewam bike, guhdar im.' Di vê navê de Fazil Hoste jî rahişt seriyekî pijiyayî. Min geh li serî mêze kir, geh jî li parêzer: Eynê weki hev bûn, yanî qîçbeşiya wan, pûşt hewala. Min got, "Axirê min ji keçikê re got. Min got, 'Êvarî ez ê bêm cem bavê te, dû re jî em ê werin xwazgîniyê.' Got: 'Qudret, ma qey te aqilê xwe xwariye, ma ne hindik maye ez nîşanê bikim. Ji niha û pê ve tu li ser a xwe, ez li ser a xwe.' Na, carekê min xistiye serê xwe. Êvarî li bîraxaneya Tanqêr Şêxo min du şûşe bi ser xwe ve dakirin û min rast berê xwe da deriyê wan. Li jêrê çawa min pêl zingil kir, bi navê wêrekiyê tiştek bi min re nema. Min xwe li pişt daran veşart. Wexta min dît deng meng nayê cardin min pêl zingil kir û xwe veşart. Herî dawî wexta ku bavê wê hat ber paceyê, xeberine nexweş kirin û pê re jî şimik avêt min, min jî gulokeke berfê avêt wî. Lê li zilêm neket, li qeraxa camê ket. Min jî rahişt şimikê û reviyam. Şimik, a jina bû. Min got, hebe tunebe ya Gulê ye. Wê kêliyê ji hember jî wesayîta polîsan dihat. Wexta çav pê ketim, min şalgerdana xwe, kumikê xwe û şimikê li ber darekê xist bin berfê. Hîn ez ê bi rêya xwe de biçûma, polîsa ez desteser kirim, birin qereqolê. Dû re malûm e, jixwe tu pê dizanî."

Di vê navê re saet dihat çaran. Eseh hevalan gere saet di sisêyan de karê xwe qedandibe, lê min bi vî hawî garantî kir. Helbet çîroka ku min ji parêzer re vegot jî giş derew e. Wexta pê hesiyam ku parêzerê me wê şevê nobedar e, diviyabû min bi sûcekî sivik xwe bida desteserkirin. Li devereke dûrî mala parêzer hema min pêl zingilê malekê kir. Lê ji bera jî zilêm şimik havêt min. Milet dîn bûye yaw! Îja şimik çi ye lawo? Meseleya polîsan jî derew bû, yanî werê di cî de ez zevt nekirim. Di wê sar û seqemê de tam nîv saetê sekinîm ku polîs bên. Bi Qur'ana ezîm, qûna min şebelîlk girtin. Em rabûn, bi hev re derketin. Min got, "Jixwe mala min nêzî vê derê ye" û li devereke nêzî navnîşana xwe ya nerast ku min li qereqolê dabû wî, daketim. Hema min di cî de telefonî Suphan kir. Li gor qaydeya vî karî wexta têketana malê gere telefona xwe di qamyonetê de bihiştana. Du sê caran lêket, axirê Suphan cewab da. Min got, "Çûk firiya." Got, "Çûkê çi?" Hey Xwedê bela xwe bide te Suphan, qaşo em di telefonê de bişîfre diaxifin. Min dît li ber nakeve, min got "Çûkê hiqûqê, hiqûq." Got, "Çûkê kûkû çi ye lawê min? Aşkere bipeyv." Îja ez ê çi xweliyê bi serê xwe bikim? Min got, "Parêzer tê malê lawê min, malê." Got, "Haaa... mesele hel bûye, em ji zûv de derketine, hadê tu jî wer."

Depoyeke biçûk a dikana Kemalettîn heye. Ê me, eşyayên parêzer anîne xistine wir. Wexta ez çûm eşya hemû li quncikekî dabûn ser hev, di dest wan de herkê şûşeyeke bîra û li benda min bûn. Min pirsî "Tiştek neqewimî ne wer?" Kemalettîn got, "Wekî mirov mû ji nava zeytê bikişîne wisa rihet bû." Min got, ne muhîm e bi kîjan rûnî re emel dike û min deng nekir. Wê şevê Suphan û Kemalettîn, hema çi tiştên karibûne bar bikin bar kirine û yên mayî; qoltix, nivîn, sandalye hemû bi makêtê çirandine, kirine ku hew bên şixulandin. Berî derkevin Suphan bi boyaxa spreyê li ser dîwarê eywanê "Ji Serabê dûr bisekine" nivîsandiye. Lê evdalê min û te ji ber ku di herfên ewil de zêde boyax bi kar aniye, tişta

nivîsandiye bûye "Ji Şarabê dûr bisekine." Keys çênebûye rast bikin. Nizanim bê ka wexta parêzer xwendiye çi fêm kiriye. Suphan hê jî rûpoşa xwe ya li nav serê xwe li hev pêçaye dernexistiye. Bi vî hawî tam mîna evdalekî bû. Wexta tê derxist ez li rûpoşê dinêrim, zûzûka kişand got "Bi vê wekî evdala me." Min got "Na lo, tu çawa bî wisa dide nîşandan, xeman mexwe." Hebikekî dilxweş bû. Me amûr giş xistin çewala û ji bo em qonaxa din a plansaziyê pêk bînin, em li qamyonetê siwar bûn. Me paşpaşkî da ber devê depoya dikana eşyayên spî ya Zuhtî. Zuhtî, kurê xaltîka Serabê ye. Ew tiliyên bikêr ên Kemalettîn di nav sî saniyeyî de derî vekirin. Me bi hev re çewal danîn cihekî xewle yên depoyê û bêyî ku em li dû xwe şopekê jî bihêlin em derketin.

Dotira rojê, eletexmînî dibêjim, lê dikarim şert bigirim eynî wisa pêk hatiye: Ber destê nîvro Serabê telefonî dergistiyê xwe dike. Jixwe her du jî ji ber şêlandina malê perîşan bûne. Lê dengê Serabê, dengekî bêhal e. Polîsan li ser îxbarê avêtine ser dikana kurê xaltîka wê Zuhtî û tevî çend çewalan ew desteser kirine. Serab, ji dergistiyê xwe dixwaze biçe qereqolê, bi Zuhtî re eleqedar bibe û meseleyê fêm bike. Parêzer, ji Zuhtî aciz e, çimkî çavê Zuhtî li Serabê bû lê ji ber ku Serabê qebûl nekiriye nezewicîne. Niha jî Serabê jê xwestiye ji bo Zuhtî biçe qereqolê û parêzertiya wî bike. Çendî ku parêzer ji ber vê aciz bûbe jî lê gotiye, "Temam, em ê tiştekî bikin." Wexta parêzerê min û te diçe qereqolê û meseleyê fêm dike, bêyî ku guh bide sond mondên Zuhtî, bi kulm û pehîna dikeve ser dila. Bi vî hawî her du jî di qereqolê de dimînin, mesele mezin dibe û malbatên her du aliyan jî daxil dibin. Dayika Serabê û xwîşka wê yanî diya Zuhtî hev du tînin emanê û wê sûcdar dike ku ji ber murweta keça wê çavnebariya dike û ji hev dixeyidin ku heya sax bin xeberdana hev nekin. Malbata parêzer jî dibêje "Em keça malbateke werê naxwazin" û bi hêla bi ser parêzer ve hil dibin. Parêzer jî nikaribûye li ber zextên malbatê îdare bike, nîşanê xera dike.

A bixêr bûye. "Serab, hindik mabû tu bi vî bêtelêzî re bizewiciyana. Lê binêr, çawa tengijî pêl rûmeta xwe, xirûra xwe, dê û bavê xwe, qedrê xwe nekir, lê rabû nîşan xera kir, xerbende hewala." Di vê navê de bû cara sisêyan ku nîşana Serabê xera dibe. Sebeb çi ye, kî ye nizam!

Ez, Suphan û Kemalettîn ji eynê taxê, hevalê hev î zaroktiyê ne. Me dibistana seretayî, navîn û lîseyê di eynê sinifê de bi hev re xwend. Ez dibêjim xwendin, yanî li ser meselê. A rast yekî ji me jî ne xwend û ne jî nivîsand. Ne ji ber ku em bi ber nediketin, "zimanê me" têr nedikir. Wexta em biçûk bûn jî em Kurd bûn, heta em bêtir Kurd bûn. Wexta me nû dest bi dibistanê kir, tenê me çend heb peyvên Tirkî dizanibû; ew jî ji çêr û xeberên li ser "dê û bavan" pêk dihatin. Yanî bi qasî Tirkiyeke ku bavê me li eskeriyê hîn bibûn, hînî me kiribûn û me bi Tirkî dizanî. Wexta me dibistana seretayî kuta kir jî, ne me baş fêm dikir ne jî baş diaxifî. Hema bibêje ji wan dersên ku pênc salan hatin vegotin ji çar paran ancax me parek fêm kiribû. Ez vê ji bo tevahiya sinifê dibêjim. Lê me her sêyan ew çaryek jî fêm nekiribû. Mesela, li zarokekî heft salî yê Tirk bifikirin ku li Stenbolê dişînin dibistaneke Çînî. Ev zarok, bi Çînî çi qasî hînî matematîk, *hayat bîlgîsî* [1] an jî Çînî bibe, aha a me jî ev qasî bû.

Ne ji dersa bûya dibistan xweş bû. Ji bo me dibistan, perçeyek ji jiyana me ya kuçeyan, perçeyek ji lîstikên me bû. Me hez ji dibistanê dikir, ne ji sinifê. Bêhna me di sinifê de diçikiya, em jê dibizdiyan. Me xwe lê xerîb hîs dikir, biçûk didît. Li derve, me bi zimanê xwe wekî bilbilan hemû pirs dibersivandin, lê di sinifê de dibûn eynî wekî çiyayê berf lê bibare. Ji bo em tiştên ku mamoste digotin fêm bikin, me pir li ber xwe dida. Lê me fêm nedikir; di sinifê de tenê mamoste bi Tirkî dizanibû. Piştî her bersivên eletewş ku me Kurdî û Tirkî li nav hev dixist û dida, em kêm dihatin xistin. Bi guhên me yên

---
1) *Zanyariya Jiyanê. Navê derseke ku li dibistanên Tirkî tê xwendin.* (nîşeya wergêr.)

esmer dihatin girtin, serê me yê qer li qeretextê dihat xistin. Me carkirin di dilê xwe de dihejmart; yek, du, sê, çar... Bi vî awayî em hînî hejmartinê bûn. Wexta yek ji me li ber qeretexteyê lêdan dixwar, em ê mayî jî me henekên xwe pê dikir, em pê dikeniyan. Bi kêf û xweşiyeke mezin me dixwest em bidin der ku em ji terefê mamoste ńe. Kesî nedixwest li terefê qelsan û kêmxistiyan be. Lê axirê dor dihat me gişa, em giş diçûn ber wî texteyî û me lêdana xwe dixwar. Piştî lêdanê wexta em diçûn textebenda xwe, henekên hevalên me yên hinekî êş jî di nav de dewam dikirin. Guhên me soromor dibûn, ne tenê ji ber ku hatine kişandin; ji fediya, ji qehra, ji neçariyê. Ê we, rûmeta we qet hatiye şikandin? Rûmetşikêna we, naşibe kêfşikestin û nigşikestina we. Hele wexta mirov zarok be! Eynê wekî di carekê de qedehek toza nokan ketibe devê we. Mirov nedikare daqurtîne ne jî bêhnê bistîne. Her ku mirov dadiqurtîne difetise, wexta danaqurtîne jixwe difetise. Wê kêliyê miheqeq gere mirov taseke av vexwe. Em jî wexta diçûn li cihê xwe rûdiniştin, me di dilê xwe de ji dêvla taseke av ji mamoste re dida ser hev, heb ji hebê nediqetand. Carinan wekî pilpilekê ji dev me derdiket. Wê çaxê jî ji nav me hin jê ji bo xwe li ber dilê mamoste xweş bikin jê re digotin: *"Ortmenim, Qudret sana kufir yapmîş."*[2] Wê kêliyê mamoste dîn û har dibû. Bi barewar digot "Te go, çi got çi got?" Axirê Tirkiya kesî têr nedikir ku wergerîne. "Ez ê kîrê kerê têxim bav û kalên te û pîrên te jî." De were û wergerîne Tirkî?

Peyvên Tirkî-Kurdî yên xwendin an jî nivîsandina wan dişibiyan hev du wekî mîkserê bandor li mêjiyê me dikirin. Piştî wexteke dûndirêj bi ber ketim ku carinan nefêmkirina ji dersê, ji fêmkirineke şaş çêtir e. Mesela peyva "boş", di Kurdî de tê wateya "pirr, zaf, gelek". "Kel" a Tirkî di Kurdî de tê wateya "kelandinê". Di Kurdî de wateya "aman" ê "firaq" e. Hele "Alî" yek hebû ancax piştî nizam çendik û çend salan em bi ber ketin. "Alî" di Kurdî de "hêl, rex" e. Loma di mêjiyê me de "Alî" xwe biçiranda jî nikaribû gogê zevt bike. Jixwe piştî demeke dûndirêj

---

2) Mamsote, Qudret xeberan ji te re dibêje.

ez hîn bûm ku li Dibistana Seretayî ya Yavûz Sûltan Selîmê çima Alî nikare gogê zevt bike.

Mesela "heyat bîlgîsî" yek wiha tê bîra min: "Gere em çermê qurbanên xwe bidin Kizilayê[3]" Me dikir û nedikir me ev hevok fêm nedikir. Mesele tenê ne ku haya me ji Kizilayê tuneye. Di Kurdî de wateya "derî[4]" "kapi" ya Tirkî bû. Wê çaxê qismek xaniyên me yên bihewş, wekî axuran dihatin bikaranîn. Me dikir û nedikir em bi ber nediketin çima piştî serjêkirina heywanan em ê "deri" yê wan bidin Kizilayê. Tiştekî pir dûraqilan bû. Hîn em di sinifa çaran de bûn, baş tê bîra min, keçeke bi navê Mûazzez bi wê xwîngermiya xwe ji mamoste re digot ev tiştekî bêvac e: "Mamoste, heke em deriyê axur bidin xelkê wê pezê me hemû bireve, biçe." Li ber vê îzahiyata bivac, me gişa berê xwe ji ser mamoste da alî, li Mûazzezê mêze kir. Her hal wê nikaribe ji bo vê îtiraz bike. Lê heya jê hebû kir barewar: "Tu çi dibêjî, fêm nakim. Ma hûn xêt in, famkor in? Ez dibêjim Kizilay Kizilay!" Me di dilê xwe de da ber hev "Min di Kizilaya bavê..." Peyvên bi vî rengî, em gêjomêjo dikirin. Me fam nedikir, wexta me fêm nedikir me lêdan dixwar, her ku me lêdan dixwar hîn bêtir me fêm nedikir. Ders, dibûn wekî şkenceyê, nedihatin tamûlkirin. Me digot qey li her derê cîhanê kesên diçin dibistanê bi heman şkenceyê re rû bi rû dimînin. Ên dibistan xwendibûn li ber çavê me hîn mezintir xuya dikirin. Kesên di şkenceyeke werê de bi ser ketibûn, li ber çavê me dibûn îlah. Em jî bêkêr, xêtên dera han bûn. Bîzê me ji me diçû, ruhê me ji zimanê me diçû. Axaftina bi Kurdî, weku nexweşîneke mêjî be, me dida ber dilê xwe. Lê çi bikira jî em heman xêt bûn. Di sinifa yekê de wexta ders diqediya û mamoste digot "Ders bitti, hadi doğruca eve gidin."[5] Me ji xwe re werê lê mêze dikir. Digot, "Eve, eve... hadî gîdîn."[6] Mamoste bi destan digot "Di Kurdî de 'ev', 'bû' dûr[7] 'bû, bû'." Wexta wisa dikir me jî li wî aliyî mêze

---
3) Saziyeke alîkariyê ya Tirkiyeyê ye. (n.w.)
4) Di Tirkî de wateya "derî" çerm, post e. (n.w.)
5) Ders qediya. Rast berê xwe bidin malê. (n.w.)
6) Mal mal, haydê biçin. (n.w.)
7) Ev e. (n.w.)

17

dikir ku hela qesda çi dike. Belê, wexta mirov ji derve lê mêze dikir, di vî îşî de xêtiyek hebû, lê nediyar bû ji ber kê ye.
Tu tişt ne tê de lê peyva "kir"[8] barê li ser bara bû. Di her du zimanan de wateya wê pir cuda bû ku dîtina me ya der barê dibistanê de guherîbû. A xerab em giş hejar û hin ji me qilêrî bûn. Û mamoste jî tim û tim ev dida ruyê me: "Kudret, ellerin niye bu kadar 'kîr'li, yıkamadan mı geldin?"[9] Wexta di nav hevokê de peyva "kîr" derbas dibû, serê me bi temamî tevlîhev dibû. Sinif hemû berê xwe dida min, hewl dida "kîr" a li ser destê min bibîne.

Ê min jî wekî ji bera jî destê min "kîr" be, min fedî dikir, dixist bin maseyê. Belê wexta min şipyakî dimîst, min destan bi ewkê xwe digirt lê min dikir nedikir aqilê min nedigirt ku mamoste çawa fêm dikir. Piştî vê, êdî pirî caran min qet bi ewkê xwe nedigirt û wisa şipyakî dimîst. Lê vê carê jî diniqutî ser pantorê min. Di sinifê de navê min derketibû, digotin "kîr"lî Qudret. Min çi bikira jî ji "kîr" xelas nedibûm. An forma min bi "kîr" bû an ser çavê min, an nigê min an jî porê min. Bi ya mamoste bûya, ez bi temamî "kîr" bûm. Tişta ecêb jî wekî keran bi guh bike, li orta sinifê aşkere aşkere digot. Naxwe dibistan devereke hinekî bêexlaq bû. "Qudret! Rab, rast biçe destşoyê, heya wê 'kîr'ê paqij mekî neyê!" Xwedêyo, ev eziyetek çawa bû.

---

8) *Qirêj, gemar, pîs hwd. (n.w.)*
9) *Qudre, destên te çima ev qasî qirêjî ne, qey te neşûşt û tu hatî? (n.w.)*

Serab, bi Kurdî "leylan" e. Heger navê "Leylan" lê bikirana, her hal wexta cara ewil çav pê biketama min ê fêm bikira ku em ê negihên hev. Piştî min aqil nas kir hîn bûm ku Serab leylan e, lê wê çaxê min mal jî li xwe xelas kiribû. Heger navê wê "Murwet" bûna, wê çawa bûya nizam. An jî "Wuslat"? Çendî ku min zanibû serab e, lê dîsa jî min hez ji Leylanê kir. Havîn bû. Dinya germ bû. Di germahiyê de bi navê jiyanê tiştek nedima. Lê sekin ji me re tunebû, em zarok bûn. Tiştekî werê bû ku ehlê misilman taqet nedikir gunehkariyê jî bike. Belkî seba ku di wextên wisa de ji nêz ve dojeh hîs dikirin. Wexta dibistan û betlanê bû, ne ya me. Çi îşê me bi dibistanê ketiye, em bi serê xwe ve bûn, besta me li cî bû. Me dibistana seretayî kuta kiribû, me yê dest bi ya navîn bikira. Ji germa qîjeqîja kevirên parkeyî yên "sokaka" bû. Em di Kurdî de ji bo "sokak"ê dibêjin "kuçe". Dû re em bi "sokak"ê hesiyan. Kuçe, teng in, wekî labîrentan. Cara ewil li wir çav bi Serabê ketim, li nav labîrentê. Wê û keçikan bi "ip" dilîst. Bi Kurdî "ip", "ben" e. Çavê min û wê ketin hev, "ben" li nigê wê lefiya, şewişî, hindik mabû biketa hişka bi "ben"[10] girt, berneda.

Li kêlekek min Suphan û li kêleka min a din Kemalettîn, hema bibêje min tevahiya havînê bi gazkirina kuçeya mala Serabê derbas kir. Mala wan, çar kuçe li jêra mala me bû. Hîn bûm ku wê havînê mala xwe anîne vê derê. Hatibûn bikirê ketibûn xaniyekî du ode û hewşmezin. Ji xeynî wan du kirêvanên din jî hebûn û xwediyê malê. Bi tevahî çar malbat. Mala hevalê me yê sinifê Hesen jî di vê hewşê de bû. A rast navê wî Mesrob bû, Mesrob Kavakçiyan. Di nasnameyê de Hesen Kavakçioglû bû. Hesen ew Ermen bûn. Me ji wan re digot "xaço",

---
10) Min. (n.w.)

yanî bi maneya xaçparêz. Ermenî yanî "gawir", lê ji bo me ferq nedikir. Em zarok bûn, me ji hev re texsîr nedikir. Hesen jî wekî malbata xwe baş bi Kurdî dizanibû. Heya wê çaxê tenê me ji çîrokên çi êşbar çi tirsnak ên kal û pîrên xwe Ermenî nas dikirin. Her ku mezin dibûm, der barê Ermeniyan de min çîrokine din jî dibihîst. Tiştên ku malbatên Amedî yên bi desteserkirina mal, milk, jin û keçên Ermeniyan zengîn bûbûn, digotin jî heman tişt bûn: Wexta hin kesan Ermenî ser jê dikirin wan jî ew bi xelasiyê dixistin! Hela lê mêze, ûlan heger we gişa Ermenî xelas kiribe, êêê naxwe kî ev qas Ermenî kuştin? An jî madem we ev qas xelas kirine, ka li ku ne? Neyse...
Hesen ew jî, ji yên ku bi xelasê ketibûn. Li taxê ji xeynî wan pênc şeş malbatên Ermenî yên din jî hebûn. Hemû ev qas! Wisa xuya dikir ku di navbera Kurdên misilman û Ermeniyên xirîstiyan de tu nexweşî nemaye. An jî ji ber ku em zarok bûn, me wisa fêm dikir. Belkî jî Ermeniyan raza lijiyanêbûnê safî kiribûn: Hêrsa xwe, êşa xwe wekî razekê veşêre! Kurdiya "soykirim"ê "nijadkujî" ye. Wexta em zarok bûn, me ev peyv qet nebihîstibû, ne ji Ermeniyekî ne jî ji Kurdekî. Ez û Mesrob du hevaline qenc bûn, me hez ji hev dikir. Rojekê bi hinceta ku em pirsa Mesrob bikin me li deriyê xaniyê bihewş xist. Jineke ku me ew nas nedikir derî vekir. Belkî jî dêya Serabê bû. Me pirsa Mesrob jê kir. Berê xwe da hewşê got, "Hesen!" Ji hundir kesekê bi Kurdî got "Mesrob ne li mal e, li kuçeyê ye."
Min di nav derî re zûzûka dêhna xwe da hewşê, lê Serabê ne li hewşê bû. Wexta jinikê dît ez li hewşê dinêrim, derî li ser çavê me girt. Lê me li xwe negirt. Em çûn, me Hesen dît. Suphan, mesele jê re got. Got, "Serab, *dav(w)a* Qudret e, haya te jê hebe." Em ji keçên ku bela xwe di wan didin re dibêjin "*dav(w)e*". Çima em werê dibêjin, ez jî nizanim. Di Kurdî de Dav(w)e, "doz" e. Maneyeke dîtir a "doz"ê "armanc, xaye" ye. Hesen bi kenekî xasûk, zîvirî li min nerî. Wekî bibêje "We dest danî ser keç û jinên me, niha jî dora me ye." Ez jî wekî bibêjim "Werê mebêj lawê min, ma çi sûcê min tê de heye. Tu jî çûyî û hatî ma te ji bo heyfstendinê ez dîtim?" Hesen fêm kir. Ma tu dibêjî qey dilê wî bi min şewitî? Got, "Temam. Jixwe

min jî hema werê bela xwe tê dida. Lê ji niha û pê ve ez ê bela xwe tê nedim." Wey pûşt, te dît çawa çep lê xist. Dû re demek şûnde Mesrob çû Amerîkayê, bû endezyar. Kurik endezyariya vî karî xwend. Hîn em li lîseyê bûn koçî Amerîkayê kiribûn. Hê jî em ji hev re dinivîsînin. Mesrob, zarokekî qenc bû. Wexta me mesele ji Hesen re got, malûm e Serabê û tax hemû pêhesiya. Umrê me diwazde an jî sêzde ye. Hebikekî jî serserîtî heye. Kes nikare dev jî bavêje me. Cîhana me taxa me ye, Serab jî rinda cîhana me. Li taxê kurikek du kurikên din jî bela xwe di Serabê de dan. Lê me dada hev, îş safî kir. Ma hûn dizanin mêjiyê mirov herî zêde kengî nêzî we dibe? Helbet wexta tu serê wî dixî nav çavê xwe. Seba Serabê gelek serî li nav çavê min ketin. Ne çeka nukleerî, bi ya min divê di şer de serîlêxistin bê qedexekirin. Tu xêr di serî de namîne. Îja serîlêxistin çi ye lawo? Qet mebêj, zarokekî pordirêj hebû, yekî qamdirêj. Got, "Ma tu zanî min seba çi ev por dirêj kiriye?" Min got, "Seba çi?" Got, "Sirf ji bo neçim berber, ruhê min ji qusandinê diçe. Loma zêde mequsîne, bicehim here."
Min jî got, "Ma tu zanî ez jî sirf ji bo neçim ba sinetker, min çiyê xwe dirêj kiriye? Şaş fêm meke, ji ber ku min dizanibû wexta dibistan biqede ez ê sinet bibim, loma min dibistana xwe dirêj kir."
Hinekî ma sekînî, dû re bû tîqetîqa wî, em jî keniyan. Me li hev kir, em ji hev veqetiyan û çûn. Careke din bela xwe di Serabê de neda. Di netîcê de (Ax Xetîce ax!) di şerên ku min seba Serabê kirin de, bi ser ketim. Min bi wê destkeftiya xwe dest bi dibistana navîn kir. Hîn di roja ewil a dibistanê de min dît ku ez û Serabê di heman sinifê de ne. Tew li hêla min a çepê rûdinê. Li cem min Suphan û Kemo, li cem wê Netîceya kerh. Serab, bi vî awayî xweşiktir dixuya. Ma çavê mirov ji devê mirov mezintir dibe? Ne werê be, îja çawa ez xwarim bi çavan? Jixwe pêşî bi gezine biçûk ên wekî "Ez te ji cihekî nas dikim" dest pê kir. A rast wê jî bi her tiştî dizanibû û bi şerê min ên ku min seba wê kirine jî. Li ber çavê sinifê bêyî ku kes pê bihese me têrka dilê xwe li hev nêrî. Di mîdeya min de firîna minminîka bû û ji hêcana xurxura nava min bû. Hela tu li vê tesadufê, mîde bi Kurdî "aşik" e.

Min mendîla Serabê dizî. Cara ewil bû ku diziyê dikim. Mendîleke spî bû, derdora wê bi dantêlên kesk hatibû xemilandin. Tenefus bû, her kes derketibû derve, lê ew ji cihê xwe ranebûbû. Heya çû malê jî lê digeriya; gelek caran li çenteyê xwe, li berîkên xwe nêrî. Ji keçikên sinifê gişa pirsî. Carekê du caran çavê me li hev aliqîn, şik birin lê newêribû bipirse. Hîn jî wekî xezîneya min î herî biqîmet be, wê vedişêrim. Dizî, ne tiştekî derqanûnî ye. Lê wexta ku hûn di ser diziyê de bên zevtkirin derqanûnî ye. Exlaqîbûna wê hîn jî tê nîqaşkirin. Li gor çi biexlaq, li gor kê biexlaq? Wexta pêdiviya we pir bi tiştekî hebe û ew tişt li ba kesekî din be û hûn bikin nekin nikaribin bi dest bixin, ma bi darê zorê yan jî bêxeber bidestxistina wê bêexhlaqîtî ye? Ne bawer im. Di vî warî de distûra Ebûzer Giffarî ku dibêje "Ji aqilê wî mirovê birçî be û dest navêje şûrê xwe, şaş û ecêbmayî dimînim." bêtir bi serê min dikeve. Wexta min rahişt destmala Serabê, min xwe wekî dizan hîs nekir. Pêdiviya min pê hebû, hem jî ji paqijkirina pozê Serabê bêtir. Te dît dibêjin, aşiqê çavê beqê bûne. Na, şaş e! Bereksê wê bi qasî niha tu carî çav vekirî nebûm. Wexta hûn dilikî dibin çavê we jî hew tiştên nelazim dibîne. Û wexta tiştên nelazim tên neqandin, tenê heqîqet dimîne li ber çavê we. Tenê aşiqek dikare bide dû heqîqetê û wateya jiyanê. Ew derew, durûtî, hêrs, mal, milk û hewesên bi zorê di çavê mirovan re hatine rakirin, nahêlin mirov heqîqetê bibînin. Eşq, evan tiştan hemûyan bêwate dike; û ji wê saetê şûnde hûn tenê eşq û heqîqetê dibînin. Heqîqeta we ye, rastiya we ye. Hûn wateya jiyanê hemû li dor wê rastiyê, yanî li dor wê evînê ava dikin. Ji bo min heger navenda jiyanekê ne evîn be, ew jiyan pûç û vala ye.

Niha wexta li paş xwe dizîvirim û dinêrim, hîn bêtir fêm dikim. Eşqa min a ji bo Serabê, jiyana min kifş kir, wateya jiyana min, berê jiyana min. Min bi awayekî bê hesab û kîtab, bi awayê xwe yê herî xwerû hez jê kiribû. Min bawer dikir, heger ev safîtiya min biqede, wê eşqa min jî biqede. Ji bo eşqa min neqede, heya ji dest min hat min vê hêla xwe parast. Dû re ev ji bo min bû awayekî jiyanê. Min tim ji dûr ve, bi platonîkî hez jê kir. Min got, heger li xwe mikur bêm û ya dilê xwe jê re bibêjim, heger em bigihên hev an jî bizewicin wê bi navê eşqê tiştek nemîne. Di demên ewilî de Kemalettîn henekê xwe bi min dikir, digot "Lawo, ma qey dêya te, te bi nermika guhî şîr daye te, wexta biçûk bûyî qey baş li te nenerîne? Dû re hem ew hem jî Suphan, bi ber ketin, ez fêm kirim. Wexta min werê ji dûr ve hez ji Serabê dikir, tim li ba min bûn, wekî hawariyan.

Nas û dostên min pir in, lê ji xeynî Suphan û Kemo hevalên min tunene. Jixwe ne mimkun e ku hebin jî. Ji lewra hema bibêje yên li derdora min giş durû ne. Suphan ji bo gişa digot "Mirûzên lambirî. Wexta tu kirasê li ser radikî, çav bi ruyê rastîn dikevî." Tişta ecêb jî her kesî bi her kesî dizanibû ku durû ye. Tu kes jî vê yekê ji xwe re nake xem. Weku tiştekî asayî be. Durûtiyeke çelepeyî û genîbûyî, wekî rûn bi ser têkiliyan hemûyan ve dizeliqe. Kes jî xwe di ewleyiyê de hîs nake. Lê kes jî ji bo ku wê biguherîne, hema bi qasî serê derziyê tev nagere. Her kes bi vê weziyeta xwe re dizewice, dibin dildar, hevrê, heval, şirîk... Kes ji wan nameşe. Dû re radibin li devereke din li pirsgirêkê û devereke din jî li sûcdar digerin. Hevaltiya me ya bi Suphan û Kemalettîn re ne bi zanebûnî bû. Wexta em bi hev re mezin bûn, wekî din me tu kesên din nas nedikirin. Me digot qey her kes wekî me ye. Lê wexta em hebikekî mezin bûn, me dît ku ne werê ye. Qet nebe me ji bo hev durûtî nekiriye.

Di vê jiyanê de qet nebe divê kesekî hûn bi her awayî pê bawer bin hebe. Yan na hûn ê tim û tim xwe tikîtenê hîs bikin. Loma piraniya mirovan bitenê ne, tikîtenê ne. Tiştên diqewimin, wekî versiyona destê duyem ên jiyaneke kelepîr in. Tiştên hûn dikin, yek jê jî ne aydê we ye, ne aydê bîra we, ne aydê xwebûna we ye. Jiyana we, bi temamî ji tiştên derdoreke dilbiguman bi we dide kirin îbaret e. Ji wî halê we yê zarokatiyê yê saf û xwerû, li ser rûyê we tenê "bişirîna memûrî", li ser lêvên we jî "maçeke xemaz" dimîne. Cihê ku hûn maç bikin qirêjî dibe. Wexta hûn dikenin her kes tehl dibe. Heger bi we re destmaleke spî û derdora wê bi dantêlên kesk xemilandî tunebe, hûn ê nikaribin tu devera xwe paqij bikin. Aha min werê hez ji Serabê kir, bi halê xwe yê herî saf, ji dûr ve. Zayendîtî, pevşabûn ne mijara eşqê, mijara biyolojî û kîmyayê ye. Heger hûn rabin wê bikin mijara eşqê, hûn ê bixapin. Nabêjim pev şa nebin, pev şa bibin. Lê qet nebe guh bidin Cemal Sureya: "Em hêjar in, şevên min pir kurt in, divê em pev şa bibin bi bayê birûskê." A mayî jî eşq e. A baqî eşq e. Kurdiya "eşq"ê "evîn" e. Û "evîn"a te cihê herî biewle ye, li cîhanê.

Ew salên me yên zarokatiyê ku ji me we bû çay ji wan pelên bordê yên qedîfeyî yên çîçeka çayê ya di guldankan de tê demkirin, pir zûka derbas bûn. Mamosteyê me yê zimanê Tirkî ku di dersê de her tim digot "Bi navê Kurdî zimanek tuneye, hûn ê giş hînî Tirkiyeke rast bibin" û me gişa dida bar lêdanê, bi nexweşîna gûtê ket, pir bihêrs bû. Dû re her çû nexweşîna wî girantir bû, ji bo me bûbû "very gût". Zû teqawid bû, ji "kîr"ê zarokên Kurd dûr ket, çû li bajarokeke peravî bi cih bû. Mamosteyê hat şûna wî, cîhana me ji binî ve guherand. Ew jî Tirk bû, lê bi Kurdî hez ji me kir. Me jî herî zêde hez jê kir. Wî xweşikbûna duzimanîbûnê hînî me kir. Temî kir ku em zimanê xwe yê zikmakî ji bîr mekin. Cara ewil bû ku me ji Kurdbûna xwe fedî nedikir û em diçûn diketin sinifê. Lê pir dirêj neajot. Çar meh şûnde li ber dibistanê bera parastûyê wî dan, ew kuştin. Hîn bîst û pênc salî bû.

Navê wî Feryat Mahîr bû û jixwe berginda feryadê di hemû zimanan de eynî bû. Wê rojê roja dawî ya zarokatiya me hemûya bû. A din a rojê em mezin bûbûn, lê halbûkî em ji biçûkantiya xwe bawer bûn. Xwîna mamosteyê me Feryad bi mehan li nav kuçeyê ma. Wexta mirov dimeşiyan, bi baldan dimeşiyan, ji bo pêl wir nekin. Her kesî wekî li cîwarê pîroz ê êşê mêze bike, li wir mêze kir. Wekî ji Habîl û Kabîl heya niha, xwîna ewil bû ku rijiyaye, werê biheyret, bişaşwazî û bitirs lê dinêrîn. Ji taxên din jin, zarok û extiyar dihatin li wê xwîna di nav kevirên parkeyî de ziwa bûbûya dinêrîn. Digotin, xwîna mamosteyekî şoreşger e, bi rêzgirî, bi xemgînî di ber re derbas dibûn. Dû re pir neajot, bera hin mamosteyên din jî dan. Gotin, ji bo tolhildanê ye. Ji bo dewletê, ji bo azadiyê, ji bo welêt, ji bo demokrasiyê, ji bo alayê çi qas mirov hatin kuştin û mirin. Xwîn, pijiqîbû hemû kuçe û kevirên bajêr. Êdî mirov ditirsiyan li xwînê binêrin. Hema zûzûka şûştin, kevirên bixwîn. Gotin, wexta dewsa wê bê paqijkirin, wê êş jî nemîne. Salên min ên dibistana navîn û ên lîseyê bi temamî di bin nîrê xwîn, mirin û tirsê de derbas bûn. Hîseke wekî newayeke êşbar ku li kuçeyan lêdiket, lê ji ku dihat nediyar bû, li min peyda dibû. Te digot qey her kes kelogirî ye. Li dibistanê her kesî bi wî agirê xortaniyê yê ewilîn, bi dizîka di nav xwe de çûyîna çiyê nîqaş dikir. Lê min bixwe nizanibû ez ê çi bikim. Min dikir nedikir êmin nedibûm. Çalakiyên şermezarkirinê û merasîmên cenazeyan dihat lidarxistin; car carina tevlî wan dibûm. Wexta Newroz dihat, tekerên wesayîtan dihatin şewitandin, ez jî berî ku polîs bihatana û bitefanda min xwe di ser re çeng dikir. Te digot qey êgir tirsên li ser min giş dikirin arî. Bi dû re mudaxileya polîsan, birê... û agir ditemirî. Wexta bêdengiyê xwe li kuçeyê digirt, cardin tirsên li ser min gur dibûn. Ji bo tirsên li ser xwe bavêjim, diviyabû agir qet netefiya. Agir tehsîrek mezin li min dikir, min ber bi xwe ve dikişand. Lê min nikarî bikim, min nikaribû bike, min nikaribû bera kesî bida. Aha di rojên werê bêhnteng û biqeswet de, min ji berîka xwe ya paş destmala spî ya dor wê bi dantêlên kesk neqişandî derdixist û di nav kefa destê xwe de dijidand. Min xwe davêt bextê safîtiya mendîla spî û evîna Serabê. Berginda mendîlê bi Kurdî "destmal" e, yanî ya aydê dest, malê dest.

Diziya min a dudoyan, helbestek bû. Helbestek helbestvanê gewre yê Amedî Ahmed Arîf. Pirtûk a xalê min bû, min ji wê pirtûkê xwendibû. Min navê xwe danî binî. Gelo ev dihat maneya aşkerekirina hezkirin û evîna xwe? Na. Wê serê keçekê ji binî ve tevlîhev bikira? Miheqeq.

Dawiyek serabê heye,
Dawiya asoyê, dawiya rêzeçiyayan.
Dawiyek firê, dawiyek revê heye
Lê ya te na.
Bazareke medekan, bazareke spîndaran heye,
Lê ya te na.
Bêyî te ne hinar diqelişe, ne jî pitik dikarin bibêjin gigg,
Min wilo nake şair, nake dîwane
Singa keçika min.
Ji bo xatirê xatiran,
Ji bo xatirê te,
Şîrê axa reş,
Ber bi simbilan, ber bi gwîzan ve hil dibe...

Em di sinifa dawî ya lîseyê de bûn. Dibistan li ber kutabûnê bû. Lê der barê pêşerojê de bi qasî serê derziyê jî fikreke min û Serabê tunebû. Dinya alem zanibû ku ez bengiyê wê me. Lê belê min û Serabê tenê carekê jî li ser vê meselê xeber nedabû. Di sinifê de her kesî guhdêriya dersê dikir, lê min li Serabê temaşe dikir. Herî kêm bîst gav li dû wê; li hêleke min Suphan, li hêleke min Kemalettîn, min evîna xwe dibir heya mal. Tam şeş salên dibistanê bê navber û westan min ev yek kir. Xwedê heye, keçikê rojek ji rojên Xwedê

29

li paş xwe nefitilî û tiştek jî negot. Jixwe ew jî elimîbû, heger min nedana dû, nikaribû biçûya malê. Her diçû xweşiktir dibû. Porê xwe yê bi ser qewhweyî ve, geh dikir keziyek geh jî dikir du kezî. Min di wan çavên wê yên şîn î ku bi mijangên xingalî xemilandî de, beybûnên li nav repinên nûzîldayî de didît. Carinan li awirine wê yî fediyoke dialiqîm. Eynî wekî anesteziyeke loqal tehsîr li çavên min û lêvên min dikir.

Wexta diplomaya lîseyê xistin nav destên me, te digot qey wekî masiyê ji nava avê derketî li min hatiye. Êdî dewra ku ez ê heta dawiyê Serabê bibînim qediyabû. Ji niha û pê ve bi tesadufê ve mabû. Tesadufeke ku wexta di ber mala hezkiriya xwe re derbas bibim, li şaneşînê û li paceyê wê bibînim. An jî bi mûcîzeya ku li çarşî û bazarê leqayî wê bêm ve. Helbet ev ji bo evîneke platonîk ne derd û xem bûn. Jixwe sêhra evînê, sêhra bêîmkaniyê di vê derê de veşarî ye. Meseleya sereke, îhtimala zewaca Serabê ya bi yekî din re bû. Hîn min nizanibû di rewşeke werê de ez ê çi bikim. Ma wê hezkiriya min zewaca bi yekî din re qebûl bikira, min bi vê jî nizanibû. Gerçî bizewciyana jî min ê bi heman awayî hez jê bikira, lê ez ê neçûma, min ê ew nedîta. Wê ev li dijî qanûna evîna platonîk bûya. Wê rojê tevî dîplomayên xwe yên ku me ew kiribûn rûlo û xistibûn berîka hundir a çakêtê xwe, em di Baxçeyên Hewselê re daketin qeraxa Çemê Dîcleyê. Di rê de kîjan baxçe ketibû ber me, hema me îsot, bacanên reş jê kiribûn û xistibûn kîsikê reş ku sê şûşe bîra tê de. Me yên li ser xwe ji xwe kirin, avêtin bin darê û em ketin çem. Kemalettîn beriya me çûbû, bi qirş û qalan agir vêxistibû. Wexta koza êgir hazir bû, em jî ji çem derketin. Me xwe li ser qûma sincirî dirêj kir û xwe ziwa kir. Ji xeynî çend peyvên ji mecbûrî, gotin ji me çênebû. Em her sê jî wekî hindik maye di valahiyeke dawiya wê nediyar de wer bibin. Îhtimala zanîngehê ji bo me ji îhtimalê pir dûr bû. Hîn em xweşikî bi Tirkî nizanin, îja em ê çawa di ezmûna zanîngehê de bi ser bikevin. Ji vê wir de tu fikr û hizrek me tunebû. Baş xerab qet nebûna dibistan perçeyek ji jiyana me bû, lê ew jî çû. Me zebze biraştin. Suphan, bi kêrika xwe li ser kîsikekî firingî hûr kirin. Me bîrayên xwe vekirin û herkê gulpek jê vexwar. Te

digot qey xemgîniya me ji bo bipengize derve li benda bîrayê
bûye; hema Kemalettîn di cî de dest bi straneke Kurdî kir:

Min bihistî tu nexweş e dilo
Çi bikim bextê min tim reş e dilo
Dilê min her dem bikul e dilo
Carekî nebûye geş e[11]

Di ciwantiya xwe de, cara ewil li wir giriyam. Rabûm ser xwe, daketim ber devê çem. Min li ava şolî ya Dîcleyê nêrî û heya di min de hebû, min kir qîrîn. "Hey Dîcle! Bûka nazdar a Mezopotamyayê! Dîcleya ku bi hezaran sal in ruh distîne, ruh dide, ji bo tiya derman, ji bo bêaran ferman! Hawara min jî bibihîse, agirê di dilê min de bitefînî..." Di vê navê re Suphan gazî min kir got, "Qudret." Dengê wî wekî ku li ber dilê min bide, wekî dilê wî bi min bişewite. Bêyî ku berê xwe bidimê, bi dengekî mexrûr min got, "Çi ye?" Got, "Lawo te pêl rêxa çêlekê kiriye, wexta hatî nigê xwe bişo." Hey min di devê heft bavikê te... Suphan...
Min nêrî, heqeten ji bera jî di nav rêxê de mame. Min jî digot qey min pêl heriya li qeraxa avê kiriye. Axirê, min nigê xwe şûştin, çûm cem wan. Min gulpek din jî bîra vexwar û bi dengekî pêbawer û cidî got, "Hela li min binêrin." Her duyan jî got qey em derbasî merheleyeke nû bûne. Jixwe di dil û aqilê her kesî de bikî nekî hebikekî hewesa pêşengtiyê heye. Hema kesek be jî em dixwazin pêşengtiya wî bikin. Min bi wî dengî gotibû, êdî pêşengê vê koma me ya sêkesî ez im û her du hevalên min î delal jî wekî qebûl kiribin li min nêrîn. Min got, "Serab nikare bi kesî re bizewice, ez ê nikaribim deyax bikim. Ez jî nikarim pê re bizewicim, ji lewra nikarim qeymîşî evîna me bikim. Kî rabe hezkiriya min bixwaze, mirin jî tê de be ez ê li ber rabim. Ka bibêjin, hûn bi min re ne ya na?" Bêteredud gotin, "Heya mirinê." Me şûşe li bin guhê hev xistin û me vê biryara xwe ya dîrokî bi bacanên reş û îsotên biraştî pihêtand.

---

11) *Awaz: Mihemed Şêxo*

Ev biryar, min pir bihêz û qewet kiribû. Diltengî û tengasiya min hema çûbû û wekî min evîna xwe heta hetayê mîsoger kiribe, dilxweş bûbûm. Ji niha û pê ve armanca min a herî mezin, astengkirina zewaca Serabê bû. Fikr û zikra Serabê çi bû, qet ne xema min bû. Çimkî ji bo wê jî ya herî qenc ev bû. Heger bizewice, wê heyata wê ji qehra, ji bedbextiyê bûbûya zindan. Min ê nehişta ev yek pêk bihata.

Rihetiya min hema bibêje mehekê jî dewam nekir. Deqe yek gol yek! Melê mizgefta mehla jêrê rabûye Serabê ji xwe re xwestiye û li hev kirine. Wexta min bihîst, di cî de hişk bûm. Erê, me biryar filan bêvan girtibû, lê min ji ku zanibû hema wê werê zûzûka derkeve pêşiya min. Serabê hê çenikek zarok e, hê hivdeh salî ye, ulan ma çi eceleya we heye! Naxwe bavê wê dixwaze hema wê bi serî bike û wê ji stuyê xwe derxîne. Serîderxistina bi vî bavî re zor e. Wê fikr û zikra keça wî ne xema wî be! Em niha wê bi xelasê bixin jî, di ya dudoyan de wê di cî de bizewicîne. Tew hê ji bo safîkirina ya ewil, bi navê fikre tiştekî me jî tuneye.

Tavilê min organa biryara bilind li hev kom kir. Min ji wan re ta bi derzî vekir. Me kar û bar li hev parve kirin. Kemalettîn, wê biçe gundê ku ewilî zilam lê meletî kiriye, vekole bê ka esl û feslê wî çi ye. Suphan jî wê têkiliyên melê yên niha vekole; ê min jî wê çavê min tim li ser wî be, ka diçe ku naçe ku. Min bi hawakî bihêrs got, "Derheqê vî zilamî de çi hebe, dixwazim hîn bibim. Heft bavikên wî, navê pîrika wî, nimroya sola wî, deqontên wî yên bankeyê, navê mamosteyê wî yê dibistana seretayî, marka macûna dirana ya bi kar tîne, hema her tiştî." Kemalettîn got, "Qudret, te ji tehmê derxist. Em ê hel bikin, bê esl û feslê wî çi ye." Min got, "Temam, jixwe ez jî vê dibêjim" û min hew deng ji xwe anî. Werhasil, tavilê me dest bi karê xwe kir.

Di civîna me ya du roj şûnde, her kes bi tûrikê xwe yê tije hatibû civînê. Tew lo lo! Melê me çi teba ye! Ma mirov wexta keça xwe dide, qet ji der û cîrana napirse bê ka esl û feslê kesên tên dixwazin çi ye, ne çi ye? Ma qey wexta mele be, mesele temam e? Zilêm mele ye, lê tu bênamûsa pêl wî nekiriye. Heyla ku bi qurbana mela bibe. Bîst û şeş salî ye, çar sal in gund bi gund digere, melatiya fexrî dike. Bera dibêjim, delîla wî ya meletiyê tenê kumik û riha wî ye. Nediyar e ka li ber destê kê xwendiye, îcazet ji kê stendiye. Pereyê ku di bin navê alîkariya ji bo mizgeftê de berhev kirine, giş ji xwe re hilaniye. Çi pereyê ku bi deyn ji cemaetê stendiye, qurîşek bi qul jî nedaye û xelkê jî fedî kiriye jê bixwaze. Tam hîlebazek dera hanê ye. Ma ev çi ne. Tiştên hîn ecêbtir hene. Par, qaşo jina wî întihar kiriye. Gundî dibêjin jina xwe fetisandiye, bi dû re ew daliqandiye û gotiye, întihar kiriye. Çûye kîjan gundî miseletî jinan bûye û wexta zinêkariya wî kifş bûye, di cî de reviyaye. Ev sê meh in hatiye mehla me ya jêrê. Li xaniyê du odeyî yê hewşa mizgeftê bi tena serê xwe dimîne. Dilê cemaetê qiyar nedaye ku vî meleyê "bi ser dînê xwe de şikestî" bi tena serê xwe bijî, gotine tenêtî taybetmendiyeke Xwedê ye. Rabûne çavê xwe li derdorê gerandine û Serabê dîtine. Leylana min, bedewa min î nadim bi malê dinê, evîna min a heta hetayê. Dêmek werê ha! Wê rabin berxika min bi destê vî gurî re beradin? Wê şêniyên taxê giş rabin û vê zaroka bi qasî melekan saf û pak bera ber pêxêla vî zilamî bidin, he? Ma qey ez mirime lawo? Ûlan, ez ê di kaboka bavê we... Li min biborin, dawa lêborînê dikim. Ji nişkave ji xwe ve çûm. Wexta min got "Hevalino, îja ka werin em bi bêhna fireh plansaziya xwe bikin", Suphan ji cihê xwe çeng bû got "Ûlan, ez ê niha herim, ez ê di tela..." Me got "Huş be kuro" û me bi zorê devê Suphan girt û ew da rûniştandin. Min got, "Hevalino, ji kerema xwe re sakîn bin, em ê bi vî awayî nikaribin tiştekî bi ser tiştekî bixin. Em ê li ser hedefa xwe hûr bibin, ne li Xetîceyê, em ê li netîceyê binêrin." Xweziya devê min bişikiyana, lê min ev gotin nekirana. Vê carê Kemalettîn ji cihê xwe pengizî û got, "Min berdin ûlan, plana çi halê çi, ez ê di ezbeta wî û heft bavikê..." Me bi zor û heft bela Kemo jî da sekinandin. Suphan, got: "Hevalino, ji kerema xwe sakîn bin, em hebikekî din jî sakîn bin. Mesele, meseleyeke pir cidî ye. Hema em şaşiyeke biçûçik jî bikin, wê rabin Serabê bidin vî bêesl î." Hîn Suphan axaftina xwe temam nekiribû, vê carê mocê min bi min girt û min got "Min berdin ûlan, ez ê herim

33

piyê wî têxim orta qû..." Hevalan hişka bi min girt, gotin "Huşşş kuro" û bi zor û heft bela ez dam sekinandin. Serê me di ber me de, qederekê em werê bêdeng man û me zoq li maseyê dinêri. Bîskek şûnde axirê em sakîn bûbûn. Me hewceyî pê nedît ku em li ser planeke dûr û dirêj hûr bibin. Tişta herî girîng ku pêdiviya me pê hebû, sê kumikên nimêjê bûn.

A din a rojê, wextê nimêja nîvro, em çûn me li paş melê cihê xwe zevt kir. Axirkê ne în bû, em deh diwazde kes bûn. Ji bo li zora Xwedê neçe, bera jî me nimêja xwe kir. Piştî nimêjê, cemaet ji mizgeftê derket, çû. Em her sê, bi şiklê hîvê rûniştin û me bi tizbiyê dest bi selewatan kir. Her çi qas mele kêliyekê qilqilî jî, lê wî jî rahişt tizbiya xwe û hat li tenişta me rûnişt. Me bi vî hawî xeleka xwe temam kir. Piştî me qederekê li ser hev got "sibhanela, sibhanela", Kemalettîn dest bi xeberdanê kir û got:

- Seyda, heger bi destûra te be, em dixwazin mifha ilme te bigihê me û em dixwazin werin mizgeftê ba te dersê bigirin.

Mele, di cî de ma sekinî, hindik mabû devê wî biçûna pişt guhê wî. Tu bikî nekî zemanekî xirab bû, kesî nizanibû kî çi ye û ji kîjan rêxistinê ye. Werê xuya bû jê we ye wê tu xesara me negihê, ji loma rihet bû. Pûşt hewala!

- Xortino, ilm û irfan ji Xwedê ye, lê heger mifha min bigihê we, bibe xêr û li ber navê min bê nivîsandin, wê Xwedê ji we razî be.

Suphan, bi awayekî jixweber got:

- Seyda, me nav û dengê te pir seh kiriye. Loma me got, a baş em li ber destê te hînî dîn û diyaneta xwe bibin.

Mele, têra xwe pişpişîbû. Ûlan, jixwe hêla herî qels a kesin werê, ev e! Hema tu du peyvên xweşik bikî, di cî de qû... yanî pozbilindiyan dikin. Wexta mele bi çarmêrkî rûniştibû û bi her du destên xwe selewat dikişandin, bi awirine werê cidî got:

- Înşele înşele. Lê bi şertê, tenê piştî nimêja nîvro ya dawiya heftê. Rojên din nabe. Û ev der mala Xwedê ye. Bila tiştekî nebaş neyê ber dilê wê, lê heger hûn karibin ji bo lazmatiyên mizgeftê xêrekê bikin, wê baş be.

Me gişa bi yekdengî got:

- Ma ev jî gotin e seyda, em ê bi qurbana mala Xwedê bin.

- Naxwe, me li hev kir; em ê dawiya vê hefteyê dest pê bikin.
Em rabûn, derketin. Em bi hev re çûn hewşa mizgeftê. Ji cemaetê çend kes jê li bin darên li ber dîwêr rûniştibûn û ji xwe re sohbet dikirin. Tam wê mele xatir ji me bixwesta û ber bi wan ve biçûya, Kemalettîn ket navê û got:
- Seyda, bi destûra te be, sualek min heye.
Mele, wekî dudilî mabe, bîskekê werê ma sekinî û bi dû re got:
- Kerem bike xorto.
- Seyda, gelo bi tir û fisan rojî dişikê?
Mele, zûzûka werê li nav çavê me her sêyan nêrî. Em her sê jî pir cidî bûn, ji weziyeta me jî kifş bû ku em henekên xwe nakin. Mele qederekê, fikirî. Ne ji ber ku bi cewaba wê nizanibû, ditirsiya ku heger cewabê bide wê pirs li ser pirsê bidin dû hev. Bi zorê be jî axivî.
- Birako, tişta tu dibêjî, destnimêj pê dişikê lê çi dibe nabe, a baş meriv pir bi baweşînê emel neke.
Na lo herê, Suphan û bisekine.
- Seyda ma nabe, meriv nimêja nîvroj tenê zikatekê bike?
Mele, fêm kiribû ku hefsar ji dest derketiye, lê tiştekî ku bikira tunebû. Cemaetê ji dûr ve li me dinêrî, wexta weziyet bi vî hawî be naxwe divê meriv eleqeya xwe bi ciwanan neyne.
- Ne zikat, rikat. Lê nabe, a ferz çar rikat in.
Suphan:
- Na seyda, tişta ez dibêjim, yanî em zikatê bidin yekî û rabe ji dêvla me nimêja nîvro bike, dibe nabe?
Seyda xweziya xwe daqurtand, ji bo cewabeke ters nede, xwe dijidand.
- Na birako, nabe. Nimêj, bi wekaletî nabe.
Hema min xwe di ber re rakir.
- Seyda, em dikarin ji dêvla qurbanê şebeş jê bikin?
Wekî mele bibêje, "bes e lawo!" destê xwe bilind kir. Hîn werê, Kemalettîn got:
- Seyda, ev meseline muhîm in. Heger ciwan serwext nebin, wê dînê me şaş bielimin. Çimkî hin kes dibêjin, tu ji dêvla qurbanê çi ser jê dikî bike, wê Xwedê qebûl bike. A muhîm niyet e.

Werê xuya bû ku Seyda nedixwest dilê van her sê xortên cidî û saf û bikumik, bihêle. Got, sibhanela û ji neçarî cewab da:
- Nabî birayê min nabî! Îja şebeş û qurban? Heya xwîna hin heywanên goştên wan tên xwarin neyê rijandin, îbadeta qurbanê nabî. Hadê niha biçin, em ê dawiya hefteyê bi dorfirehî sohbet bikin.
Ji bo ji me xelas bibe, "Selamualeykum" jî pê ve kir.
Lê Kemalettîn keys nedayê.
- Naxwe, qayde û qûralên qethî yên dîn, emirên Xwedê hene. Em nikarin wan biguherînin, ne werê?
Mele got:
- Rast e, em nikarin biguherînin.
Suphan, di cî de pirsî:
- Seyda, gelo Xwedê heye?
Mele, pir adis bû û bihêrs got:
- Haşa, summe haşa, tobe yarebbî tobe... Xorto, ev çi sualine eletewş in?
Suphan got:
- Na seyda, şaş fêm neke, em bawer dikin, lê me xwest em ji seydayekî wekî te jî bibihîsin û êmin bibin.
Mele, bihêrs serê xwe çep û rast hejand, lêxist çû. Kemalettîn, dîsa pirsî:
- Seyda, Xwedê mezin e yan midûr?
Mele, di gava sisêyan de ma sekinî. Ma dibe ku meleyekî wekî wî pirseke wiha bê cewab bihêle û biçe. Li paş xwe fitilî û got:
- Mezin e, hem jî ew qasî mezin e ku aqlê tu mirovan bi ber nakeve. Tu hidûdeke Xwedê Teala nîne. Ew tekane rebê erş û ferş e; xwedî qudret, merhamet û şefaeteke bê ser û ber e. Xwedê ew qasî mezin û ebedî ye ku em evdên wî yên reben, nikarin bi vî aqilê xwe yê wekî yê çûkan wî îdraq bikin. Kaînat bi tevahî, esera Xwedê ye. Em bi aqilê ku bexşî me kiriye, tenê em dikarin Wî hîs bikin, fêm bikin û evdîtiyê bikin. Lêhûrbûna li ser mezinahiya Xwedê ne kar û emele mêjiyê însên e. Ji loma badilhewa li ser mezinbûna Xwedê hûr mebin û mêjiyê xwe nebetilînin. Bes, li ser hebûna wî hûr bibin. Xwedê we efû û mexfîret bike.

Werê got û cardin lêxist meşiya. Vê carê min gazî wî kir û pirsî:
- Seyda! Kêfareta zînayê çi ye?
Hema di cî de ma sekinî. Li paş xwe fitilî, wekî tîra em bi awirên xwe qulqulî kirin. Aha, vê carê îş ber bi devereke din ve diçû. Xwe nêzî me kir, ket milê me û me hebikekî ji cemaetê dûr bir. Zor li xwe dikir ku ji sebr û hedana xwe daneyê û got:
- Xortino, werê xuyaye hûn xortine pir meraqdar in. Lê ez bim, em dû re li ser evan tiştan biaxivin, ma nabe?
Suphan:
- Seyda, mesela em rabin yekî bifetisînin û bikujin û bi dû re wekî întihar kiribe nîşan bidin, wê Xwedê pê bihese ya na?
Kemo:
- Mesela em rabin pereyên ku ji bo mizgeftê hatibin komkirin û bera berîka xwe bidin û haya cemaetê jê tunebe, wê Xweda pê bihese?
Heya ku bi guhê melê jî soromoro bûbûn, lê me keys nedayê ku cewabê jî bide.
Ez:
- Seyda efendî! Kesê ku rabe, tekane rebê kaînatê, rebê ku her tişt xuliqandiye, rebê ku hay ji masiyê binê oqyanûsê, ji galaksiyan, ji her tiştî heye, rebê ew qasî mezin ku aqilê mirovan têra biberketina mezinahiya wî nakeve bixapîne, ma yê me evdên wî yê reben rihetir mexapîne? Kesên dibêjin em ji Xwedê bawer dikin û radibin evdan dixapînin, haşa ev ne xapandina Xwedê ye? Mesela em ferz bikin, em bi mirovekî werê bihesin, tişta ku em bikin çi ye?
Mele, têra xwe tirsiyabû. Me tê derdixist ku bi ber meseleyê ketiye. Ji tirsa qirika wî ziwa bûbû. Zimanê xwe pêşî di hundirê devê xwe de, dû re li dora lêvên xwe da û bi zorê got:
- Heger hûn leqayî yekî werê hatin, xwe nêzî wî mekin.
Kemalettîn, hema xwe çeng kir û bi bestika wî girt. Pişta wî sipart dîwêr û pirsî:
- Ya ew xwe dûrî me neke, îja em ê çi bikin?
Mele, xwe tevda û kir barînî:
- Berdin ûlan!

Suphan:
- Seyda efendî, seyda efendî! Wer xuyaye haya kumikê te ji devê te tuneye? Ma meriv dîndar be û çêran bike? Me adis meke, jixwe tu zanî lingê ku şerîet jê bike xwîn jê nayê! Mele, wekî ku bibêje "Ûlan, ma ew gotin werê ye" li Suphan nêrî, lê weziyeta heyî ne ew weziyet bû ku gotinê sererast bike. Kemalettîn, destê xwe ber bi newqa xwe ve bir û got:
- Binêr seydayê dera han, em bi fihêlên te dizanin. Îşev, gere tu terka Amedê bikî. Biryara partiyê ye. Tu bi ya min bikî, heya sax bî lavahiyan ji Xwedê bike, tobe bike. Pirs ji şefaet û merhameta wî nayê kirin. Her wiha partiyê meletî û zewac jî li te heram kiriye. Seyda, wê çavê me li ser te be. Sibê ne em, wê tîmek din were te kontrol bike. Heger tu li van dera bî, hema ji te re bibêjim ew wekî me bi xeberdan meberdanê nizanin. Ew bê zar û ziman in, tenê bi serê namluya xwe diaxivin. Înşele, wexta bên, tu li vê derê bî.

Tirada Kemo werê ji bera bû, wê kêliyê min jî jê bawer kir. Wexta dest ji bestika zilêm berda, ji bo mekeve erdê bi her du destên xwe bi dîwêr girt. Reng û rûçik lê zer bûbû, şeqizîbû. Me got, ev qas besî wî ye. Tenê Suphan, tam ne êmin bû:
- Piştî tîma înfazê rêviyên zilêm derxe, li stuyê wî bilefîne û wî bi darê ve daliqîne, wê çermê wî bigurîne û goştê wî yê gurandî xwê bike, li ber tavê...

Axirkê Kemo mudaxile kir:
- Temam Suphan! Niha zilêm fêm kiriye.
- Yaw, min got çi dibe nabe, bila baş fêm bike.

Seyda çû. Wê şevê bar kir çû. Bê his û pis. Wexta çend rojan xuya nake, cemaet diçe dikeve mala wî, aha wê çaxê fêm dikin ku lêxistiye çûye. Ker kurê kera, çûye eşyayên aydê mizgeftê jî bi xwe re biriye.

Wê rojê ber destê êvarî di ber paceya mala Serabê re çûm, li benda min bû. Kêliyekê mam sekinî û me li hev nêrî. Wekî malavayiyê bike, her du çavên xwe girtin û vekirin û bişirî. Min jî di maneya "Ma ev jî gotin e, keçê ez ê xwe bi qurban bikim ha" çavên xwe bi kêlekê ve şikandin. Bi dû re di maneya

"Siktir be ecele here, wê bavê min bibîne" çavên xwe zoq vekirin. Min jî çavekî xwe jê re şikand û got "Meraqan mexwe, ez nayêm zevtê." Hîn em werê bi çavan diaxivîn, dengê dêya wê ji hundir hat, delala min bi telaş pace girt û zûzûka perdeyê kişand. Xetere û talûkeya perdeya ewil a zewacê bi vî hawî hat girtin.

Umr bû nozdeh; ne karek, ne emelek. Em bi pereyê bavê, ji xwe re li qehwe mehweyan doş dibin. Min du cot kevok stendine. Min li ser banê xêniyê me yê biax, ji wan re pîneyeke serobero çêkiriye. Ji bo nefirin û neçin, min ben li serê baskê wan lefandiye. Wexta bielimin cihê xwe yê nû, ez ê benikê wan vekim. Em ji kevokên ku dielimên hêlîna xwe re dibêjin "Şatir". Lê ya min hema werê hewes mewesek e. Ji lewra xwedîkirina kevokan karekî cidî ye. Gere tu bi her tiştê xwe di nav de bî; bi zemanê xwe, bi hezkirina xwe, bi ruhê xwe, bi tevahiya pereyê xwe... Heger tu ji heq derkevî, bi dû re tu yê baş jî qezenc bikî. Bavê min jî her carê gotinan li ber guhê min dixe. Ji ber ku ji dêvla bişixulim bi kevokan re eleqedar dibim, hindik maye min ji ber navê xwe bibe. Min ji bavê xwe re got, "Mirov çawa ji kevokan hez neke?" Werê wekî dilê wî bi min bişewite, li min nêrî.

Her roj ber destê êvarî, saet li dor çaran di ber deriyê mala Serabê re derbas dibûm. Min wextê xwe şaş nedikir. Serabê jî tim li ber pencereyê bû. Wê jî wextê xwe şaş nedikir. Mala wan yekqatî bû, paceya wan nêzî erdê bû. Hema min xwe çeng bikira, wê lêvê min li lêvê wê biketana. Heger ne ji rakêşiya Newtonî bûna, me yê karibûna hebikekî hev maç bikira. Lê meseleya sereke ne Newtonî ye, Arşîmet e! Û "qeweta avhildanê."

Rojekê li kuçeyê, tam li texma paceyê min hinekî xwe eware kir. Ji bo Serabê hîn ji nêztir ve bibînim, ber bi wê ve çûm. Lê çima dêya wê wekî xeyaletekê ji paş wê ve xuya nekir! Qofa avê ya di dest xwe de bi serê min de dakir. Werê kir qîrînî, werê kir qîrînî, tevahiya taxê li serê min kom kir. Ez ji vê ya re dibêjim "qeweta avhildanê" û ji dêya wê re jî dibêjim Arşîmet.

Aha ji wê rojê ve li ber paceya wan xwe eware nakim. Wexta di ber re derbas dibim, hema hebikekî berê xwe didimê. Jixwe Arşîmet jî ji bo vî qeysî tiştekî nabêje. Suphan û Kemalettîn jî wexta keysê dibînin ji cihê kar tên û bi min re tên peyaseyê. Kemo, li ba temîrkerê otoyan, Suphan jî li qehwexaneyê dişixule. Kemo, dereng bimîne jî miheqeq piştî kar tê serîkî li min dixe. Em ji xwe re li ser xênî, li ber pîna kevokan rûdinên. Em hem êm didin ber kevokan hem jî sohbet dikin. Carinan bîrayê jî tîne û bêyî ku kes pê bihese em vedixwin. Suphan jî carinan heya derengê şevê dişixule. Em jî diçin qehwexaneyê, ji xwe re bi kaxez maxezan dilîzin. Wexta Suphan keysê dibîne, ew jî tê li tenîşta me rûdinê û bi vî awayî em ji xwe re sohbet dikin. Wextê eskeriyê jî nêz dibe. Em diqilqilin. Em hez ji eskeriyê nakin. Lê qaçaxî jî li hesabê me nayê. Qilqiliya min, du caran li ya wan e: Serabê jî heye. Ji xwe re diponijim, wexta ez li eskeriyê bim û rabin wê bizewicînin, îja ez ê çi xweliyê li serê xwe bikim.

Naxwe ew qilqiliya min ne badilhewa bûye. Tam di wan rojan de bavê Serabê rabû ew da kurê Mûsayê Qesêb. Xwestin û nîşan bi hev re kirin. Aqil ji serê min çû. Min got, ne celpname, artêşê gişî jî bi ser min de bişînin de hêdî naçim eskeriyê. Hema wê şevê min koma serkantiyê li hev kom kir. Kurik ne ji taxa me bû, lê ji ber ku dikana wan a qesabiyê nêzî qehwexaneya ku Suphan lê dişixulî bû, kêm zêde me ew nas dikir. Navê wî Ceco bû. Kurikekî qeşeng, lihevhatî û efendî bû. A din a rojê, me hinekî vekola, lê me kir nekir, me tu qisûr û kêmaniyek wî zevt nekir. Em rabin û biçin gefan lê bixwin, wê der û dor li ber xwîna namûsê biçe. Li dû "zavê" geriyam ka bi kû ve diçe û hevalên wî kî ne. Tavilê min mesele ji hev derxist. Hema bibêje dilê Xwedê bi halê min şewitî. Min nizanibû wê ev qasî rihet be.

Zarok, êvarî saet li dor pêncan ji dikanê derdiket, li nav wan kuçeyên berteng çend tûr dihavêtin cardin dihatin dikanê. Du rojên ewil, ji ber ku min ji dûr ve ew dişopand bala min pê neketibû. Lê min roja sisêyan ferq kir. Ceco, li ber deriyê malekê meşa xwe sist dikir û bi qasî sê saniyeyan li paceyê dinêrî û cardin bi rêya xwe de diçû. Keçika di paceyê de jî li dû Ceco werê ji orta dil lê dinêrî. Erê lê! Ceco jî wekî min dewriye digeriya. Jixwe gere min ji derd û xema ser çavê wî tê derxista; çendî ku bi Serabê re nîşanî kiribe jî lê hez ji yeke din dike. Wekî din tiştekî tu bibêjî werê zehmet nema. Plan, hêsan bû. Me yê her du hezkirî bigihanda hev. Em navê keçikê jî hîn bûn û wekî Ceco şandibe me nîşheyek da destê keçikeke biçûk û jê re şand. "Roja înê saet di pêncê êvarî de were rawestgeha dolmîşa ya Baliqçilera, ez ê te birevînim. Nalan, bê te naqedînim. Ne hewce ye tu tiştekî bi xwe re bînî. Delala min, ez ê li benda te bim." Keçikê jî nîv saet şûnde cewaba xwe bi keçika biçûk re şand. Mubarek te digot qey eynî wekî axaftina bêtêlê ye: "Temam." Me nîşhe guherand û werê nivîsand: "Ez bê te naqedînim Ceco. Heger bera jî hez ji min dikî, were min birevîne. Ez ê roja înê saet di pêncê êvarî de bêm rawestgeha dolmîşa ya Baliqçilera. Delalê min, tu neyê jî ez ê li benda te bim." A mayî, evîndar û wêrekiya xwe. Û pir bawer dikim ku bi her evîndarî/ê re wêrekiya dînan heye. Roja înê saet di pêncan de li tevahiya taxê belav bûbû ku Ceco Nalanê revandiye. Heya ku her du wê tevlîheviya di çûnhatina nîşheyê de ji hev derxin, wê zarokên wan jî çêbibin. Xêr e, meriv hezkiriyan bigihîne hev. Dilê her kesî herî pir bi Serabê şewitî, "Keçika bi dergistî bêqîmet kir." Keçika ku min a din a rojê saet di çaran de ew di paceyê de dît, qet jî ne xemgîn bû. Keniya, pêşî bi çavan malavayiya min kir, bi dû re cardin got, siktir be here. Ûlan ma ka çi bikim, ez hez ji vê keçikê dikim ha!

Êvarî wexta ez çûm malê û hilkişiyam ser banê xênî, min dît deriyê pîneyê vekiriye. Tew ew qufleya mezin jî li erdê bû. Min gazî dêya xwe kir; wê jî nizanibû kê derî vekiriye û kevok li kû ne. Yekî vekiriye, ji lewra baskê kevokan girêdayî bû, lewma ne mimkun e ku firiya bin. Hîn ez lê difikirîm û min digot hebe tunebe ev kar û emelê dizekî ye, lê min ferq kir ku qufl nehatiye şikandin, bi miftê hatiye vekirin. Mifte jî li cihê xwe yê berê, di veşargehê de bû. Naxwe kesekî ku bi cihê mifteyê dizane, diziye. Li taxa me kevok pir tên dizîn. A rast pir li zora min çû. Min got, çi dibe bila bibe gere ez wan bibînm. Qasek şûnde bavê min jî hat -li firmaya barkêşiyê hemaltî dikir- û sifre hat raxistin, em rûniştin. Diya min girar çêkiribû û goştê biraştî yê mirîşka jî danîbû ser. Çawa min kevçî lêxist, min ferq kir ku tiştekî ecêb e. Ev ne mirîşk bû! Pariyê goşt di devê min de ma, min nikaribû daqurtîne. Wexta bavê min got, "Çi bû lawo? Qey ne xweş e? Ma mirov û ji kevoka hez neke?" hilqiyam. Min destê xwe bir ber devê xwe û bi bazdan çûm ber kaniya hewşê. Hema bibêje, wê kêliyê heya niha min çi xwaribû min giş avêt derve, şîrê diya min jî tê de.

Rast du rojan ji mal derneketim. Ez neçûm, min li kuçeya mala Serabê dewriye jî nekir. Gotin ji min çênebû. Min di serê xwe de, bavê xwe şer jê dikir, dibiraşt û datanî ser girarê. Wexta mirov kevokan dixwe, aştî maştî li dilê mirov lûs venade. Hefteyekê rast li werê serobero li der û dorê geriyam. Bavê min, her roj piştî nîvro li qehwexaneya ku Suphan lê dişixulî bi domînoyê dilîst. Heya lîstik biqediya miheqeq sê çay vedixwar. Ez çûm min qutiyek mushîl da Suphan. Min jê re got, her cara ku te çayê da wî, tu yê hinekî bera nav bidî. Wexta bû êvar û bavê min hat malê, hebikekî nerihet bû. Hê tam emelî nebûbû. Wexta her kes raza, ez çûm min deriyê textikî yê tualeta hewşê bi zincîrê girêda û bi qufla pîna kevokan mifte kir.

Li hewşa me tenê darek hebû, darhejîr. Li quncika hewşê ye. Bavê min li ser wan hejîran dimire. Serê sibehê wexta em şiyar bûn, me dît ku biniya darê ji silên gû xalî nabe. Naxwe Suphan baş eyar nekiriye, hindik mabû zilêm bimira. Heya sax bû hew hejîr bi devê xwe kirin; min jî yê candarên biper, mirîşk jî di nav de.

Nayê bîra min bê min kengî hebûna xwe ya li rûyê erdê daye ber lêpirsînê. Lê ez dibêjim qey wan çaxa bû, yanî destpêka salên bîstî. Belkî jî beriya ku biçim eskeriyê bû. Lê baş tê bîra min ku min ev yek ji xwe pirs kiribû: Niha bibêjim tep û bimirim, an jî wekî wan nepoxên kefikî bibêjim tip winda bibim, wê li cîhanê çi biguhere? Ma yê mirovên hez ji min dikin li ber bikevin? Eh, helbet ê li ber bikevin. Hin jê hindik, hin jê pir, hin jê qederekê, hin jê jî heta hetayê? Bêguman. Lê cardin jî ev nayê maneya ku wê li cîhanê tiştek biguhere. Yanî wexta ez ji holê rabim û tune bibim wê çerxa cîhanê wekî ku tiştek nebûbe cardin bigere? Helbet. Dilê min bi min şewitîbû. Werê valahiyek hatibû û xwe li ser dilê min danîbû. Hela lê bifikire, di nav zemanê ku diherike û diçe de, di navbera hebûn û tunebûna te de ferqek jî tuneye!

Min dixwest gava bimirim qet nebe Serabê pir li ber bikeve; gelo wê pir li ber biketa, lê axir min bi vê jî nizanibû. Jixwe bîzat bi mirinê testkirina vê yekê jî, bê mantiq û vac bû. Min got, a baş em bi saxî bibînin.

Piştî em ji xetere û talûkeya Ceco jî xelas bûn, hema me berî ku bi derengî bikeve, me qerar lê da ku em biçin eskeriyê. Jixwe celpa me jî hatibû. Di nav bîst rojî de ez ê biçûma Manîsayê, Suphan Qibrisê û Kemo jî biçûna Bûrdûrê. Me hefteya xwe ya dawî bi kêf û zewqê, bi sinemayê, avjeniyê û vexwarinê derbas kir. Min rê û resma xwe ya fermî ya li ber paceya mala Serabê jî zêde kiribû, kiribû dudo. Yek jê saet dehê sibehê, ya din jî çar. Sibeha roja ku em ê bi rê biketana, li bin paceyê sekinîm, Serabê xemgîn bû. Kifş bû ku Arşîmet jî hesasiyeta rewşê ferq kiribû, loma bela xwe ji keça xwe vekiribû. Me bixwesta me karibû dûr û dirêj xeberda. Lê em nikarin biaxivin. Tenê min karibû bigota, "Ez diçim." Serabê jî bi zorê got "Oxir be." Em ne elimandiyê axaftina bi deva bûn. Çav besî me bûn. Dû re destê xwe dirêjî min kir. Destmaleke spî xist nav lepê min, destmaleke derdora wê bi dantêlên zer xemilandî. Min got, "A rast, bi min re heye." Wê jî got, "Dizanim, lê belkî kevn bûbe."

Di ciwantiya xwe de, cara duduyan bû ku digiriyam. Hema min lêxist, bi bazdan çûm. Jiyana min a ku bi qasî destmalekê bi qîmet bû, piştî wê kêliyê bi qasî du destmalan bi qîmet bûbû. Belê, wexta bimirama wê Serabê pir li ber biketa. Ev besî min bû.

Her hal ez ê behsa bîranînên xwe yê eskeriyê nekim. Ji hijdeh mehan heft meh jê bi betlaneya hewaguhêziyê, li Amedê derbas bû. Carekê min tiliya nigê xwe, carekê jî min tiliya beranekê ya destê xwe yê çepê şikênand. Binêrin ez nabêjim şikiya. Her cara ku hesreta dîtina Serabê li min gur dibû, min tiliyek dişikênand. Carekê jî min ji delala xwe re nameyeke bênav nivîsand. Tenê hevokek: "Ji bo dîtina te, xeyal bi kêr nayên." Bersiv jî hevokek bû: "Ez ê ji ber qelebalixiya nebûna te ker bibim." Aha jixwe wê çaxê min tiliya nigê xwe şikênand. Her cara ji betlaneya hewaguhêziyê dihatim, bi nig an jî destê xwe yê bicils, wekî "xaziyê hezkirinê" di ber paceya pîroz re derbas dibûm. Bê hesab û kîtab, hezkirineke bêmenfaet, her roj bi hinceteke nû qewîkirina evîna ji bo te û hema kêlîkekê be jî noqbûna nav çavên te… Ma wekî din evîn çi ye?

Serabê jî bi vê weziyetê adis nedibû. Di awirên wê de ne gazin, ne jî xeyalşikestinî hebû. Hema carekê jî negot, "Were, min bixwaze, em bizewicin." Te digot me îmze daniye bin peymaneke bêdeng û sergirtî. Şert û merc çi dibin bila bin, pêşî gere me evîna xwe biparasta. Nizanim, wekî min xeyaline bêar, şevên bêxew ên Serabê jî hebûn ya na. Wê jî bi van xeyalên min nizanibû. Lê me hîs dikir. Evîna platonîk, xwedî ziman û enerjiyeke xweser bû, bê axaftin jî her tişt dihat fêmkirin û vegotin. Tam deh salên rast, hema bibêje ev evîn kêlî bi kêlî ez sotime. Ji bo qewîkirin û mezinkirina evîna xwe, wekî din min bi tu rêyê nizanibû. Min bi vî hawî hez ji Serabê dikir, wê jî ji min.

Piştî eskeriyê vê carê jî meseleya kar û bar zor û zehmetî didan ber me. De hêdî dewra ku em li destê bavê xwe yên belengaz binêrin ji zûv de qediyabû. Me dabû dû kar û barekî ku em karibin heqê nanê xwe bi dest bixin. Kemalettîn, li eskeriyê jî di karê temîrkirina wesayîtan de şixulîbû û hostetiya xwe bêtir pêş ve xistibû. Lewma hişê wî tim li ser temîrkeriya otoyan bû. Derd û kula wî, ji xwe re dikanekê veke. Axirê me her sêya dest da hev du û me biryar girt ku em ê dikaneke temîrkeriya otoyan vekin. Me bi pereyê xwe yê dabû ser hev, bi deyn meynên ji dost û hevalan, dikan vekir. Ev ji bo me tiştekî mûcîzeyî bû. Li ber çavê me weku li cîhanê dikana herî mezin a temîrkeriya otoyan bû. Me digot em bixwazin tu wesayît tuneye ku em ê nikaribin temîr bikin. Heta me dikaribû erebeyeke sifir jî çêbikira. Qet nebe ez û Suphan werê difikirîn. Çawa be min û wî ji temîrkeriya wesayîtan fêm nedikir. Lewma li ber çavê me her tişt hêsan xuya dikir. Helbet, ev ji ber baweriya me ya bi Kemalettîn bû. Bi rastî jî Kemo bûbû hosteyekî pir baş, ji derheqê her arîzeyê derdiket. Min û Suphan jî aliyê wî dikir, yanî wekî yê li ber destên wî. Taximan bibe û bîne, dikanê paqij bike, perçeyên yêdek bikire, çayê dem bike... Em her sê jî bi kêfxweşî dişixulîn. Piştî demekê êdî me qezenc dikir; dahata me ne xirab bû. Me bi rihetî karibû mesref ji dikanê re bike û deynên xwe bide. Li dikanê xebata bi hev re ji bo me ne eziyet bû, berevacî, cihê kêfxweşiyê bû. Wê salê tiştekî hîn xweştir qewimî. Serabê jî li kuaforeke nêzî dikana me dest bi kar kiribû. Te digot qey pariyê min di nav hungiv de dabûye. De hêdî min hem bi rihetî hem jî pir Serabê didît. Êvarî wexta ji kar derdiket, eynî wekî wan salên dibistanê min dida dû wê, heya malê pê re diçûm. Axirê cardin her tişt bûbû wekî berê.

Tam wan çaxan tiştekî ku ji binî ve tehsîrê li jiyana min bike qewimî. Li qoltuxa dawî ya wesayîteke ku ji bo lihênerînê anîbûn dikanê, çav bi pirtûkekê ketim. Ji meraqa hema min rahiştê û li ser kursiyê rûniştim û min rûpelên wê li hev xistin. Romaneke bi Kurdî bû; romana Mehmed Uzun; Bîra Qederê. Çend rûpelên wê yên ewil bi min zor hatin, lê dû re min fêm kir her ku dixwînim bêtir fêm dikim. Heya wê kêliyê jî min qet bi Kurdî nexwendibû. Min bi zimanê xwe yê zikmakî xeber dida û fêm dikir, lê xwendin tiştekî cuda bû. Tim xwendin û nivîsandina bi Tirkî rê me dabûn ku em wê jî baş fêr nebûbûn. Niha, ji ber ku bi Kurdî dixwînim û fêm dikim, pir dilxweş im. Her wiha roman jî herikbar bû. Her ku min dixwend, hîn bêtir eşqa min a ji bo xwendinê zêde dibû. Nayê bîra min bê min çi qeys xwend, lê bi dengekî "Werê xuyaya te hez ji vê pirtûkê kir?" bi xwe ve hatim. Zilam, bi Kurdî xeber dida. Hem xwediyê wesayîtê hem jî xwediyê pirtûkê bû. Ji dil û can dipirsî. Min jî bi Kurdî cewaba wî da: "Belê, pir xweş e. Cara ewil e bi Kurdî dixwînim, pir li xweşa min çû. Li qisûra min menêre. Min bêyî destûra te rahiştê, wexta li qoltixa paş çavê min pê ket…" Zilam got, "Na na, ne hewceyî destûrê ye. Tu li ku leqayî pirtûkan bêyî, ew ên te ne. Xwediyên pirtûkan tunene. Te qenc kiriye. Heke bixwazî dikarim pirtûkine din jî bînim."Nav çavên min çirûsîn. Min got, "Ez ê pir dilxweş bibim." Êvarî piştî ku min heya malê da dû Serabê, min heya sibehê çavê xwe ji ser romana Mehmed Uzun neniqand. Piştî pirtûk qediya, valahiyeke kûr li dilê min hasilî û her wiha min fêm kir ku çi qas birçiyê xwendinê me. A din a rojê, di destê zilêm de kîsikek tije pirtûk hat dikanê. Wexta em rûniştin û me çay vexwar, wî jî pirtûk ji kîsik derxistin û danî ser sêpayê: Romanên Kurdî û Tirkî, pirtûkên helbestan. Ji nav wan pirtûkek tenik dirêjî min kir û got, "Ev jî ya min e, bila diyariya min be." Min bi hawakî matmayî got, "Ev pirtûka te ye? Keko, qey tu nivîskar î?" Got, "Na, ez nanivîsim, tenê helbestên di dilê xwe de dirêjim ser kaxezê. Li ser pirtûkê "Îhsan Fîkret Bîçîçî" nivîsandîbû. Min got, "Keko, ev tu wî?" Her wiha kartvîzîta xwe jî dirêjî min kir û got, "Kengî li te qesidî tu yê werî." Piştî werê got, rabû ser xwe û hêdî hêdî meşiya, çû. Ev zilamê extiyar ku ji nişkave daxilî nav jiyana min bû, wekî peyameke ku tu fikara peyamê di xwe de nedihewand. Di destekî min de pirtûk, di yê din de kartvîzîtî, hema werê min li wî nêrî û mam sekinî. Piştî çû, min li kartvîzîtê nêrî: "Parêzer Îhsan Fîkret Bîçîçî". Naxwe zilam parêzer e jî. Min pirtûk dan ser hev û xistin kîsik. Êvarî min ew giş birin malê. Di wextê xwe yê ku ji kar û dîtina Serabê mayî de, de hêdî min pirtûk dixwendin. Her ku min dixwend eşqa min î xwendinê gurtir dibû, her ku gur dibû min hîn bêtir dixwend. Weku safîkirina birçîbûn û tîbûna salan ne mimkun bû. Hîseke wekî te digot qey pir dereng mame û çi qasî bixwînim jî ez ê nikaribim vê kêmasiya xwe temam bikim, li min peyda bûbû. Di vê navê re min Kekê Îhsan jî vekolabû. Tam zilamekî dila bû. Parêzertî jî dikir lê tenê ji bo karibe pirtûkan bikire û hevalên xwe biezimîne sifreya muhabetê û pere qezenc dikir, zêdetirî wê na. Dihat gotin, odeyên mala wî giş ji pirtûkan xalî nabin, ji binî heya binban. Li Amedê hatiye dinê, eynî wekî min li kuçeyan mezin bûye, tam qedeyekî Amedî bû. Çend caran çûm buroya wî, min pirtûkên li cem xwe bi hinên din re pevguherandin. Her cara ku diçûm, me sohbet jî dikir. Behsa pirtûkan, behsa Amedê, zemanê berê, xweşikî, evînî, veqetînan dikir û car carinan jî li ser siyasetê diaxivî. Çi bigota, miheqeq bi çîrok û helbestan dixemiland. Min pir hez ji Kekê Îhsan kiribû. Tenê ne ji ber ku pirtûk daxilî jiyana min kirin, ji ber ku di heman demê de îspateke berbiçav a jiyaneke xwerû bû, îspata ku bêyî durûtiyê jî mirov dikare bijî bixwe bû.

Ew wext, ji bo min wextine pir xweş bûn. Kar û bar, ê me bû, min têra xwe pirtûk dixwendin û Serabê didît. Lê ne dilxweşiyeke daîmî ne jî aramiyeke daîmî hebû. Wexta tê jî nabê tu kurê kê yî, li ser hev tê. Wê zivistanê, Serabê bi parêzerekî re dergistî kirin. Erê, eynî ew parêzerê ku min di serê çîrokê de behsa wî kiribû, bixwe bû. Xelasiya ji wî ne rihet bû, lê me meseleya nîşanê jî hel kir. Wexta mala zilêm hat şelihandin û rût û tazî ma û bi ser de wexta kifş bû ku yê mal şelihandiye bilxaltiyê Serabê ye! tam bûbû çeqilmast. Bi min werê dihat ku Serab de hêdî ji nîşanîbûnê neditirsiya. Jixwe çawa be ez hebûm, min ê bi awayekî safî bikira. Ji niha û pê ve kî bihata wê bixwesta wê negota na. Me baş kir an xerab, nizanim. Lê dîsa jî ji ber ku di vî warî de Serabê bi min bawer bû, bêtir şanaz dibûm. Me îş kiribû lîstika xerakirina nîşanê. Lê tişta ku em şihitandin, ne ew bû. Bûyereke hîn wehîmtir hat serê me. Her tişt, piştî xerakirina nîşana bi parêzer re bi qederekê, qewimî.

Rojekê wexta ji bo ji dûr ve Serabê bibînim, di ber kuaforê re derbas dibûm, min ferq kir ku çend xort li hember dikanê sekinîne û zoq li kuaforê dinêrin. Ewilî min got qey xizmên mişteriyên jin in. Di dest wan de tizbî, di nav xwe de bi dengekî bilind bi zimanekî çêr û sixêfî diaxivîn... Min got, ev ne tiştekî ji xêrê ye. Tam ez di ber wan re derbas dibûm, yekî ji wan bi dengekî hêla got, "Hadê Serab, dev ji xaxên xwe berde, derkeve em te bibînin!" Qet mepirsin û nebêjin ma di salîseyekê de çawa nebza mirovan ji şêst û pênca bibe sed û şêst, dibe û pir xweş jî dibe. Wekî tîreke ku ji kevanê pekiya be, çûm cem wan û hema min di cî de got hihh û li nav çavê kurik xist. Wekî kalasekî, qet netewiya, got tep li orta peyarêyê ket erdê. Her duyên din jî hîn tam bi ser meseleyê ve venebûbûn, hema rapelikîm wan jî. Pehîn, kulm, serî, dest hema çi hebe me dadiweşand hev. Esnaf giş daketibûn kuçeyê, şêniyên taxê derketibûn pace û şaneşînan. Dengê qîrîna Serabê tê min, lê ez wê nabînim. Dudoyan jê ez xistime navbera xwe; dudo ji wan, yek ji min. Kemo û Suphan jî pê hesiyan, hema di cî de hatin. Aha wê kêlîkê min li ser singa xwe êşek hîs kir. Wexta min li ber xwe nêrî, min dî pilqepilqa xwînê ye ji îşligê min diherike. Ber çavên min tarîbûn. Wexta li ser piştê ketim erdê, tiştek tenê tê bîra min, ew jî ketibûm hemêza Serabê.

Bi rojan, bi hefteyan hema bibêje tu deverê cîhanê nema ku ez û Serabê lê negeriyan. Wekî ku em heyfa salên borî bistînin, bênavber me sohbet kir. Destê me di destê hev de, em li kuçe û kolanan geriyan; li park, meydan, plajan... Her tişt rastîder bû; wekî xewn û xeyalan, wekî leylanê. Wexta min çavên xwe vekirin, dîtina min dît ez li nexweşxaneyê, li ser nivînê me. Dêya min li ber serê min Qur'an dixwend. Singa min, ji milên min ve bi bandajê hatibû lefandin. Min hewl da xwe rast bikim, lê ji êşana min nikaribû xwe tev jî bida. Wexta dêya min dît ez şiyar bûme, hema Qur'an maç kir û danî ser sêpaya li kêlekê. Hat, bi destên xwe eniya min peland, li sincirandina laşê min nêrî. Dû re xwe xwar kir, eniya min maç kir. Hingî giriyabû çavên wê sor bûbûn. Min bi Kurdî got, "Meraq meke dayê, ez baş im." Wê jî got, "Xwedê te strand lawê min." Wekî ku dermana herî bibandor li demarên min bê zerkkirin, rûyê wê bi bişirîna dê ronî bû. Xwişk û birayên min, bavê min û Kemalettîn jî hatin hundir. Rûyê gişa jî bi heman awayî li ken bû. Bala min kişand, Suphan nexuyabû. Dilê min deyax nekir ku bipirsim. Tam du rojan di komayê de mame. Wexta kurik hewl daye cara dudoyan kêrê li min bixe, Suphan xwe dadaye wî û ew kêr kiriye. Hîn jî kurik di komayê de ye, Suphan jî di girtîgehê de. Rewşa min baş e. Kêr bi qasî santîmekê dûrî qelbê min sekiniye. Siûd, ka tu yê bibêjî çi. Santîmek. Ez ê heya du sê rojan tabûrcî bibim. Jiyan e ev, te dît ji nişkave berê xwe dide cihekî dinê. Lê binêr, duh em çawa bûn, îro çawa ne. Ji bo zêde nerihet nebim, pir neman derketin. Cardin ez û dêya xwe bi tenê man. Min bîriya dêya xwe kiriye, hema her rojî jî wê bibînim cardin bîriya wê dikim. Em ji aş û baş axivîn. Got, "Ew hatibû. Her roj, rojê çend caran." Min got, "Kî?" Got, "Serabê. Wexta dihat, ez ji odeyê derdiketim, bi destê te digirt, dûr û dirêj diaxivî. Piştî ku dixtoran jî got zirar nagihê te, min jî deng ji xwe neanî. Kurê min, ez dibêjim de hêdî bes e, em rabin vê keçikê bixwazin." Keniyam û min got, "Dibe, lê hela ez baş bibim, dû re." Dêmek, ew sohbet, ew ger û geşta bi evîna min re, ne xewn bûye. Du rojan bi destê min girtiye, bi min re axiviye, lewma min hîs kiriye. Encameke telepatîk a evînê. Tew destmaleke spî ya dora wê bi dantêlên sor xemilandî jî daniye ber serê min. Dêya min, ew ji bin balîfa min derxist, xist nav destê min; di ciwantiya xwe de cara sisêyan bû digiriyam. Nizanim qey gava çav bi destmalan dikevim, xwe bi xwe giriyê min tê? Di vê navê re jiyana min bi qasî sê destmalên bireng biqîmet bûye.

Piştî nexweşxaneyê çend rojan li malê mam, min bêhna xwe veda. Tam baş nebûbûm, lê cardin jî diçûm dikanê. Di nav rojê de min seriyek li Kemalettîn dixist, min û wî li ser rewşa Suphan sohbet dikir. Roja serdanê, em bi hev re çûn serdana hevâlê xwe. Wexta Suphan çav bi min ket, ruh bi ber ket. Di du hefteyan de pir li ber ketibû; zihîf bûbû, dev û çena wî di hev de çûbûn. Çi qas veşartana jî lê rewşa wî nebaş bû. Wexta min jê re got "Çi dibe bila bibe, em ê te ji vê derê derxin." Wekî ku bixwaze bawer bike, bi awirine ku hêvî û keser tev de lê bar bûbûn, nêrî. Min jî nizanibû em ê çawa bikin, lê miheqeq gere me rêyek bidîta. Bi moraldayînê serdana me qediya. Wexta em derketin derve, qeswetê xwe li dilê me her duya jî pêça bû. Em çûn, li qehwexaneyeke nêzî girtîgehê rûniştin û em axivîn ka em ê karibin çi bikin. Beriya her tiştî pêdiviya me bi parêzerkî hebû. Ê Suphan jî, ji xeynî dê û bavên wî yê extiyar û birayekî wî yê beredayî tu kesê wî tunebû. Helbet gere em pê re eleqedar bûbûna. Kekê Îhsan hat bîra min. Em rabûn, bi hev re çûn buroya wî. Wekî her carê em bi dilgermî pêşwazî kirin. Dilê me rihet kir. Got, çi ji desta bê wê bike. Em rabûn, çûn. Kemo, ji bo karên xwe yên li dikanê hel bike xatir xwest û çû. Ez jî ji bo dîtina Serabê çûm dikana wê. Wexta di pişt cama kuaforê de çav bi min ket, weku duayan bike destên xwe bilind kirin û bi ser çavê xwe da. Çavê me her duyan jî tije bûn. Ji bo negirîm, min lêxist û bi lez û bez ji wir çûm.

A din a rojê, cardin em çûn cem Kekê Îhsan. Dosye vekolabû, çûbû seriyek li Suphan xistibû. Rewş nebaş bû. Kurikê hatibû kêrkirin hîn jî di komayê de ye û hê jî rewşa wî xetere ye. Got, "Ê dozger li gor rewşa zarok dosyeyê veke." Heger birîndar bimire wê bi sûcê kuştinê, na heger xelas bibe wê bi sûcê birîndarkirinê doz bihata kirin. Pênc sal an jî bîst û çar sal heps. Wexta got, bîst û çar sal, feleka me şaş bû. Çendî ku Kekê Îhsan behsa parêziya rewa kir jî, êdî fikra ku wê Suphan di nav çar dîwaran de birize, li me hasil bûbû. Niha, hêviya me ew bû ku kurik nemire. Wê rojê heya sibehê min lavayî ji Xwedê kirin ku kurikê bela xwe di Serabê de dabû, nemire.

Mehek di ser re derbas bûbû, birîna min baş cebirîbû. Diçûm dikanê, min aliyê Kemalettîn dikir. Wexta kar tunebûya jî me tim behsa Suphan dikir. Carekê hema werê ji nişkave gotina "Heke bivê em ê wî ji hepsî birevînin" ji devê min derket. A rast di rojên dawî de fikreke min a ku tim li ser hûr dibûm hebû, lê min newêribû ji Kemo re bibêje. Hevalê min werê ecêbmayî li min nêrî û got "Tu bera dibêjî?" Wexta dît ku bera dibêjim got, "Hela bibêje." Min bi kurt û kurmancî fikra xwe jê re got. Çendî ku hêlên planê aşkere bûn, lê dîsa jî ne xerab bû. Piştî ku ket serê Kemo jî, me qerar li ser pêkanîna biryarê da. Heger Suphan bihata cezakirin wê sewqî girtîgeheke din bihata kirin û wê plana me jî neçûna serî. Loma gere me ecele bikira.

Ewilî, li derdora girtîgehê, em ketin pêyî xaniyên bikirê. Roja çaran xaniyek bi dest me ket. Xaniyekî li qatê jêrzemînê, xaniyekî xirbende ku berê komurdank bûye. Lê ji bo plana me hew dibû. Deriyê metbaxa wê li hêla baxçeyê dawî bû. Kemalettîn û xwediyê xênî li hev kirin û hema di cî de kontrata xwe çêkirin. Kemalettîn, kirêya şeş mehan jî pêşin da. Dû re çû çend perçe eşya ji mala xwe anî, bi cih kir. De hêdî wê di qeydan de cihê mayîna Kemo ev der bûya. Ez jî qaşo hevalekî wî me ku car carina ez ê li cem wî bimînim. Kemo, bi eşyayan re xwe jî anîbû vê malê; wexta ew ne li mal bûya, wê kes guh nedana wan û wê bavêtana derve. Me bi vî awayî dest bi karê xwe kir.

Roja ewil, me malzemeyên ku bi şev ji dikanê anîbûn, bi dizîka xist malê. Wexta em dişixulîn, ji bo deng derneyê me bi çakûçekî biçûçik li serşokê dest pê kir. Wê şevê me devê tûnela ku sed û deh metre şûnde wê bigihê qawîşa Suphan, vekiribû.

Piştî kar û barên dikanê, hema me dest bi karê kolandina tûnelê dikir. A rast, Kemo dikoland. Ji bo zor li birîna min neyê nediketim tûnelê, tenê min aliyê wî dikir. Piştî me bi qasî sê metreyan berjêr koland, vê carê ber bi girtîgehê ve me bi awayekî berwarî dest bi kolandinê kir. Min axa ji tûnelê derdiket qismek jê dibir li baxçeyê paş direşand, qismek jê jî li odeyê dikir lod. Wexta ax nermbûna, min dikir herî û bera tualetê dida. Wexta Kemalettîn di tûnelê de bû, ji ber îhtimala ku kesek bê malê tim amade bûm. Bi vî awayî li ber devê tûnelê disekinîm û min qofeya ku Kemo tije dikir ber bi jor ve dikişand. Ji roja ku me dest bi kolandina tûnelê kiriye, kêfa me li cî bû. Karê ji bo xelasiya Suphan têra xwe moralê me xweş dikir. Heger hûn bêçare bin, tew hem hejar hem jî bêçare bin, naxwe tu tişt tune ku hûn nedin ber çavê xwe.

Rojên min, de hêdî bi çûnhatina di navbera Serabê, dikan û tûnelê re derbas dibû. Piştî hinekî din jî baş bûm, ez jî diketim tûnelê. Em werê dibetilîn ku nava rojê li dikanê em tim di xew re diçûn. Çendî ku temîrkirina wesayîtan bi derengî biketa jî, lê min nedihişt deqe di ser serdanên min ên ji bo Serabê re derbas bibin. Ji xeynî me, tenê hayê Kekê Îhsan ji tûnelê hebû. Wî jî gotibû "Karê hûn dikin ne rast e, lê hûn bi qîma xwe. Hela em ê binêrin bê yê kî ji me Suphan derxîne?" Her ku em diçûn serdanê me hêviya hevalê xwe qewîtir dikir. Me ji hev re gotibû, heya tûnel bi dawî nebe em jê re nabêjin. Ji lewra wexta em bi ser neketana wê bêtir li ber biketa. Ev roj û wextên me yên bitalaş, nêzî şeş mehan dom kirin. Westandin, hêvî, keser, dilxweşî, giş ketibûn nav hev. Wê çaxê min dev ji xwendina pirtûkan berdabû. Ne mimkun bû ku bixwînim. Lê min bîriya xwendinê dikir. Wexta me heftê metreyê tûnelê temam kir, geşedanek nû rû da. Kurikê birîndar ji beşa awarte derxistibûn, anîbûn li serwîsê bi cih kiribûn. Bi qasî dihat gotin, tu xetereyek nemaye. Hema di cî de bazdam, çûm mala Kekê Îhsan. Ji ber tenduristiya xwe, de hêdî nediçû buroya xwe. Piraniya wextê xwe li malê derbas dikir. Rewşa wî nebaş bû. Min li hal û ehwalê wî pirsî û tam ez ê rabûma biçûma, pirsa Suphan kir. Min jî geşedana nû jê re got. Heyecanekê mezin xwe lê girt. Telefonî parêzerê xwe yê stajyer kir û hin telîmat dan. Jê xwest ku daxwaznameyê hazir bike û ji bo îmzeyê bîne cem wî. Got, "Hela bise, belkî vê carê em tiştekî bi ser tiştekî bixin." Bi zorê bêhn distend û dida. Min nexwest wî pir bibetilînim, min xatir jê xwest û çûm. Wexta Kekê Îhsan ji bo girtina Suphan îtiraz kir, sêzdehê Mijdarê bû. Pênc roj şûnde, yanî di hijdehê mehê de Suphan hat berdan. Van dîrokên navbirî qet ji bîr nakim, ji lewra di nozdehê Mijdarê de jî xebera mirina Kekê Îhsan hat.

Kêfa me ya ji bo berdana Suphan di qirika me de ma. Wekî ku bavê min miribe, werê li ber ketim. De hêdî li ber çavê min Amed ne Ameda berê bû, kêm bû. Te digot qey pirtûk, helbest, Meyxaneya Ben û Senê ku tim diçûyê, sêwî mane. Kekê Îhsan, hem di saxiya xwe de hem jî di mirina xwe de li cîhanê hin tişt guherandibûn. Di kesî de nekiribe jî lê di min de bûbû sebeba hin guherînan. Berhewa nejiyabû, berhewa nemiribû. Merasîma cenazeyê wî qelebalix bû. Dostên wî, xizmên wî, Amediyan di rêwîtiya dawî de ew bi tenê nehiştibûn. Me jî li ser dikana xwe nivîsand "Ji ber şînê, wê sê rojan girtîbe" û em tevlî merasîma cenaze bûbûn. Wexta hat definkirin û her kes çû, çûm ber gora wî giriyam. Min pirtûka helbestan a Kekê Îhsan ji ber xwe derxsit û min helbesta wî ya bi navê "Berbangeke Qeşagirtîbû" nêhwirand:

Diyarbekir
Bajarê ku li ser navê wî zêmar tên lobandin
Gelek caran qetla wî wacibbûyî
Tim ji paş ve hatiye xencerkirin

Dîcle, her ku herikî kezeb peritî
Kela xwe rêt Qerejdax
Her hikumdarê hat, danîn li gor qewlê xwe
Qanûn, şevşevok di tariya şevê de,
Cardin wê gul zîl vedin
Ku naşibin tu gulan
Gava ax û tov
Bi tena serê xwe man
Kelogirî yî, lakîn bêfêde ye.
Tu ji bo çend dînan mirov bî
Bi çend zimanan biaxivî jî
Yek, yek jê jî
Ne têrî îmanê ne jî înkarê dike...

Zilamekî extiyar di ber min re derbas bû, jê we ye, ez Yasînê dixwînim, loma got, "Xwedê qebûl bike."
Min di dilê xwe de got, "Ê qebûl bike." Oxir be Kekê Îhsan oxir be, tim û tim oxira te ya xêrê be.

Çend roj şûnde wexta Suphan jî hat dikanê, pergala me cardin bû wekî ya berê. Ji bo danişînan, me parêzerek din girt. Kurikê birîndar jî piştî sax bû, ew jî ket ber darizandinê. Ne min giliyê wî kir, ne jî wî. Piştî çend danişîna ceza lê birîn. Suphan jî di çarçoveya parêziya rewa de beraat kir. Êdî em tam rihet bûbûn.

Piştî sal û zemanan, me hem dikana xwe hem jî karê xwe tam mezin kiribû. Serabê jî li semteke din ji xwe re dikana kuaforê vekir. Ez jî hebikekî elimîm temîrkeriya otoyan. Bûbûm hosteyê karburatorê, yanî hosteyê qelbê wesayîtê. Min dizanibû ku divê mirov çawa nêzî qelbekî bibe. Helbet qada min a pisporiyê û sereke qelbê Serabê bû. Ji bo her roj qelbê wê bi ser min ve bibe, diviyabû min jî her roj evîna xwe nîşan bida. Û ev ji bo min cihê kêfxweşiyê bû. Di jiyana min de tiştekî ku ez ecele bikim tunebû. Min xwe bi xwe digot, "Ne hewce ye tu jiyanê dehf bidî, jixwe jixweber diçe. Tu guh bide xwegihandina wê." Piştî xerakirina sê nîşanan de hêdî kes nehat Serabê nexwest. Ev mesele jî bi vî hawî safî bûbû.

Cardin li ser pirtûkên xwe hûr bûbûm. Min ji berê bêtir dixwend. Bi saya xwendineke bipergal û biplan, min tê derdixist ku pêşve diçim. Wan çaxan bûyereke ecêb qewimî. Mehmed Uzun ji bo tedawiya xwe ya pençeşêrê ji derveyî welêt hat Amedê. Pir li ber ketibûm ku nivîskarê pirtûka ku min ewil xwendibû bi pençeşêrê ketiye. Lê bi hatina wî ya Amedê jî pir dilxweş bûbûm. Min xwest biçim li nexweşxaneya ku lê dimîne serdana wî bikim, lê ji ber rojên ewil bû hem siheta wî ji bo vê nebaş bû hem jî gelek kesan dixwest biçe serdana wî. Min israr nekir. Min cara ewil wî di paceya nexweşxaneyê de dît, destê xwe ji kesên ku ji bo wî li hev kom bûbûn li ba dikir. Di nav ew qas kesî de min digot qey tenê ji bo min destê xwe li ba dike, yanî min werê ji dil û can hîs dikir. Min jî destê xwe jê re li ba kir. Min pirtûkên wî hemû xwendibûn. Sebr li min nemabû ku hema zûzûka sax bibe û biçim pê re sohbet bikim. Heqeten hewa, av û hezkirina Amedê lê hatibû û hêdî hêdî baş dibû. Min careke din şansê xwe ceriband û çûm serdana wî. Axirê li odeya wî, min û wî bi qasî pênc deqeyan li ser niga sohbet kir. Me hinekî li ser pirtûka wî ya ku min ewilî xwendibû, li ser Celadet Bedirxan, li ser dîrok û sinheta romanê xeberda. Kêfa wî jî pir hat, bi dilxweşî ji cem wî çûm. Lê belê jiyan eynî wekî rûleta Ûris e. Kes nizane wê li ku bipeqe.

11'ê Cotmehê me xebera mirina wî bihîst. Mirineke çi qas mezin û çi qas pêşwext. Piştî ew qas berhemên xweşik, belkî jî romana xwe ya muhteşem a hîn nehetaiye nivîsandin bi xwe re bir. Ma ev ji bo her nivîskarî jî ne têbor e? Dîsa jî hem di saxiya xwe hem jî di mirina xwe de li cîhanê tiştin guherandin. Wekî bi milyonan mirovan, tehsîr li min jî kir. Oxir be Mehmed Uzun oxir be, tim û tim oxir be.

Piştî çend salan şaredariyê li bajêr Pirtûkxaneya Mehmed Uzun ava kir. Aha fêrkirina piştî mirinê jî tiştekî werê ye. Ez bûm mudawîmekî pirtûkxaneyê. De hêdî bi rihetî xwe digihînim her cure pirtûkê, dixwînim û vedikolim. Her çi qas Kemalettîn û Suphan car carinan xwe adis bikin jî, lê ji bo xwendina min a bi vî rengî tiştek nedigotin. Tiştên dixwînim bi wan re parve dikim, nîqaş dikim û wan jî ber bi xwendinê ve dikişinim. Carinan fikrên min bi wan pir eletewş dihatin. Carekê Kemo gotibû, "Law xelq pirtûkan dixwîne, serê wan wekî jehrê dixebite, lê yê te serê te jehrî bûye. Mêjiyê te resmen vijîkî bûye." Hay ji xwe bûm ku guherîme, lê ne bi qasî ku min ji kirasê min dûr bixîne. Ez ê bibêjim pirtûkan çavê min vekir, lê na. Jixwe ji berê de çavên min vekirîbûne, min karibûye başî û xerabiyê ji hev veqetîne. Her ku min xwend min ev yek bêtir ferq kir. Û min ji xwe re digot, "Te rahişt kîjan pirtûkê pêşî fêm bike, lê xwe bi temamî radestî wê meke." Dustûra min a jiyanê ev bû: "Jiyana herî rast, jiyana ku hê tu pirtûkê ew nenivîsandiye." Suphan jî ji min re gotibû, "Lawo, li ba te tam bûm ehmeq ha!" *"Wexta mirov tên dinê ne ehmeq in, cahil in, bi tehsîra perwerdehiya dibînin ehmeq dibin.* Loma qet li ber mekeve Suphan, şikir yek ji me jî bi qasî bibe ehmeq perwerdehî nedîtiye." Bûbû tîqetîqa me her sêyan.

Her ku jiyana me di av û donê xwe de diqijilî, em dibûn şahidê êşine hîn mezintir. Wan salan ji tiştên ku heya niha me ji-

57

yabûn, qat bi qat êş û azar xwe li dilê me girtibûn. Zilamekî ji xwe re digot Serokwezîr, digot îleh ez ê van deran bikim "Toledo". Bi vî awayî dîroka me, bîranên me, zarokatiya me bi ser serê me de anî xwarê. Wan kuçeyên ku min cara ewil li wir dil berdabû Serabê, baniyên axî yên min kevok lê xwedî dikirin, kevirên parkeyî yên me li ser bi gogê, bi lokê dilîst, dîwarên dêran ku em ji ser wan diketin serê me dişikiyan, hewşên mizgeftên ku wexta em tî dibûn em diçûn me av lê vedixwarin, darên tû, hejîr û gwîzan ku me diziya wan dikir, her tiştê me, erê her tiştê me bi tanq û dozeran hatin eciqandin, hatin tunekirin. Tevî cenazeyên di bin de li qamyonên hafriyatê hatin barkirin û li qeraxa Dîcleyê hatin valakirin. Bi mehan ketin û têketina kuçeyan hat qedexekirin. Tenê me û Keleha Amedê ya dev heye lê ziman tuneye, dizanibû ka li wir çi diqewime. Haya zilêm jê tunebû, ne wekî Serokwezîrekî, eynî wekî *buyukelçiyekî* xedar tev digeriya. Û helbet hemû jî bi qasî ku nizanibin bi Kurdî berginda *"buyukelçî"*, "balyoz" e, biyanî û xedar bûn.

Serpêhatiya me ya dawî, ya min û Serabê jî piştî van roj û wextên bi êş û keder xwe da der. De hêdî em hatibûn nîviyê salên xwe yên sihî û me derbas kiribû. Bi gotina Cahît Sitki, em li nîviyê umr bûn. Bavê Serabê xwestiye wê bi xizmekî xwe yê li Stenbolê re bizewicîne. Ne merivekî wan ê nêz bûye û bi salan e li Stenbolê bûye. Çend sal berê hevjîna wî miriye û sê zarokên wî yên ciwan hebûne. Zilamekî belengaz, di halê xwe de bûye. Li derdorê wekî kesekî durust, binamûs tê naskirin. Ji ber dozeke siyasî qederekê di girtîgehê de maye. Li hala zebzeban barhilgiriyê dike. Qamyoneteki wî ya kevn heye. Tiştên ku me ji vekolandina xwe ya ewilî bi dest xistibûn ev bûn. Suphan got, "Zilamekî qenc e." Min jî got, "Madem qenc e, naxwe em Serabê bidinê." Min ji pozê xwe bêhn digirt û distend. Kemalettîn, ez aş kirim: "Law Qudret, tu jî hema şaş fêm dikî ha! Yanî Suphan xwest bibêje 'ev naşibe yên din.'" Suphan, serê xwe bera ber xwe da, çavên xwe qelaptin. Rabûm, min hevalê xwe hemêz kir, da ber dila û got, "Li qisûrê menêre." Dilê me yekî jî qiyar nedida ku tehdê li wî zilamî bike. Lê dîsa jî diviya me pêşî li vê zewacê bigirta. Gerçî me dev jê berdana jî wê Serabê qebûl nekira û nezewiciyana. Bi vê bawer bûm. Lê qanûn, qanûn bû, diviya min ev îş xera bikira. Em çend rojan li ser hûr bûn, me hin plan çêkirin. Aha tam jî di wê wextê de xebera trajîk gihame: Gotin, zilêm li Stenbolê qeza derbas kiriye û miriye. Em behitîn. Min nedixwest werê bibe. Çendî ku min ew nas nedikir jî, lê bi rastî jî pir li ber ketim. Ji bo dev ji vê zewacê berde, hîn me di serê xwe de hin fihêl mihêlin biçûk çêdikrin, lê zilam mir. Kedkarekî belengaz û di halê xwe de, di halê xwe de jî koç kir û çû. Daxilbûna wî ya jiyana me û çûbûna wî, yek bû. Rebeno haya wî jî jê tunebû. Jiyan werê ye; tiştekî ku em dikin carinan bêyî ku haya me jê hebe, li deverina tehsîrê li jiyana hinan dike, belkî jî ji binî ve diguherîne. Kî çi zane, belkî ne di saxîtiyê de, lê di mirinê de em dibin sebeba hin guherînan.

Tiştekî êşbar bûya jî, lê axirê Serabê nezewicî. Jixwe nebawerim piştî vî umrî cardin zewac bibe behs. Belkî jî ev defter heta hetayê hat girtin, lê dîsa jî ez ê li tetikan bim. Min dikaribû çîroka xwe û Leylanê li vê derê bi dawî bikira. Çawa be jî jixwe wê jiyana me bi vî hawî biherike û biçe. Lê belê di ser vê bûyera êşbar de salek an derbas bûbû an derbas nebûbû, tiştekî pir ecêb qewimî: Netîce hat dikana me ya temîrkeriya otoyan, hevala me ya sinifê Netîce, Netîceya "kirh".

A ecêb ne hatina Netîceyê ya dikanê bû, tişta bi xwe re anîbû: romanek. Romana xwe. Helbet tiştekî hîn ecêbtir jî hebû: Netîce, de hêdî ne kirh bû. Belkî jî ji bera berê de xweşik bû, lê ji ber ku mamosteyê fenê bi israr digot "Ne li Xetîceyê, li netîceyê binêrin" û ev yek ferz dikir, me jî ji ber ku tim li Xetîceyê dinêri, dibe ku ji ber çavan çûbû û bi me werê kirh hatibû. Niha li ber me jineke gihaştî û bedew hebû. Çawa ketibû dikanê, me her sêyan jî di cî de ew nas kiribû. Te dît hin xweşikî hene, ruhê wan ji çav û laşê wê xwe dide der û tiştekî wê bi tena xwe ne xweşik e, lê wexta bi hev re bin her tiştê wê xweşik e. Netîce, bi wê birqîniya xwe ya ku çavê meriv li ber nayên girtin û bi wê enerjiya xwe ya şên, ket hundirê dikanê. Me qederekê hev hemêz kir. Piştî lîseyê me qet hev nedîtibû. Zanîngeh

qezenc kiribû, çûbû Stenbolê. Me bihîstibû, wexta dihat Amedê
wê û Leylanê hev du didît, lê em qet leqayî hev nehatibûn. Tenê
me dizanibû li zanîngehê mamosteya wêjeyê ye û hew.
Em li quncika dikanê li ser kursiyên li dor sêpaya biçûk rû-
niştin û me çaya ku me bi xwe dem kiribû da ber wê. Wekî
karmendên lêpirsînê me pirs li ser pirse jê kir. Bêyî ku bixe-
yide, bêyî ku loman bike, bêyî ku me kêmî xwe bibîne, geh bi
ken geh jî bi xemgînî li nava çavê me dinêri û cewaba pirsan
dida. Axirê, em sê temîrkerê otoyan li ber doçenteke wêjeyê
bûn. Lê Netîce carinan wekî temîrkereke otoyan xeber dida,
carinan jî wekî em doçent bin tev digeriya. Yanî em tim wek-
hev bûn, wekî wê weziyeta me ya sinifê. Netîce, derbasî sini-
feke di ser ya me re bûbû, lê belê dîsa jî hevaltiya me ya sinifê
ji bîr nekiribû. Di wê kêlîkê de me ometek tişt xeber da. Bîra-
nîn, pêşeroj... me gelek tişt li nav wê sohbeta li ber çayê bi cî
kirin. Di vê navê re hîn ezeb bû, qet nezewciye. Wexta werê
got, hindik mabû Kemalettîn li ser pişţê biketa erdê. Ji ber çavê
me nefilitî. Ji ber çavê Netîceyê jî nefilitîbû: Pênc meh şûnde
Kemo û Netîce zewicîn; ez ê behsa awayê zewicandina wan
nekim, bes min xwest haya wê jê hebe.
Ji bo bi Serabê re biaxive, ji Stenbolê hatiye. Bi mehan e li ser
romanekê hûr bûye. Çîrokeke ji bera nivîsandiye. Di romana
xwe de tiştên hatine serê mamosteyê wê yî zanîngehê nivî-
sandine, çîrokeke trajîk a akademîsyenekî aştiyê... Di vê navê
re ew bi xwe jî akademîsyeneke aştiyê bûye û ji zanîngehê ha-
tiye avêtin. Dû re biryar daye ku romanekê binivîse. Piştî ku
romana xwe bi ser re temam kiriye, li tiştekî maye aliqî: Di ci-
hekî de kêmasiyeke mezin hebûye, lê kiriye nekiriye ji hev der-
nexistiye. Dû re rojekê wexta li metrobusê siwar bûye, çavê wê
li qamyoneteke barhilgir dialiqe. Aha wê kêlîyê ji hev veçi-
randiye. Tê derxistiye ku ajovanê qamyoneta barhilgir ji bîr ki-
riye û ew bi ruh û can nekiriye. Ji ber ku romana yên dera han
nivîsandiye, lê rabûye "ji ên dera han derahantir" ji bîr kiriye
û ev yek ew pir nerihet kiriye. Ji ber vê bi xwe de xeyidiye. Û
rabûye vekolaye. Ajovanê qamyonetê jî yê di qezaya ku di çî-

rokê de behsa wî tê kirin, li wir miriye. Rabûye vekolaye. Pê hesiyaye ku zilam ji Amedê bûye û navê wî jî Bextiyar bûye. Çûye mala wî, bi zarokên wî re axiviye û di dema sohbetê de pê hesiyayeye, berî ku zilam bimire, ji bo keçika Amedî ya bi navê Serab re bizewice, amadekariyên xwe dikirin. Wexta jê re dibêjin Serab meriva wan bûye û li cem wan wêneyekî wê heye, hema xwestiye li wêne binêre. Dû re bi çavên xwe bawer nekiriye: Ev Seraba me ye, yanî Leylana min. Netîce jî piştî çîrokê hema lêxistiye hatiye Amedê, Leylanê dîtiye û dûr û dirêj pê re axiviye. Wexta Leylan behsa min û serpêhatiya me ya qedîm kiriye, çîrok ber cihekî din ve herikiye. Gotiye, heger ez van tiştên ku haya wan ji hev tune, lê li hev aliqîne daxilî nav romanê nekim, wê roman nîvçe bimîne û xwestiye me bibîne. Axirkê hatiye. Piştî salan me cardin hev dît. Min bi henekî got, "Netîce, tu çi qas xweşik bûyî! Tu binivîse, em ê bixwînin." Wexta pê hesiya ez muptelayê xwendinê me, pir dilxweş bû. Em li ser wêjeyê jî axivîn, li ser çîroka jiyana xwe jî. Netîce hin nîşhe girtin û hin pirs pirsîn. Min nizanibû, bê ka çîrokeke çawa disêwirîne. Lê pêşenivîsareke romanê da min û got, "Piştî te xwend, miheqeq pêşniyarê xwe ji min re bişîne." Me nimroyên telefonên hev û navnîşana hev jî qeyd kir. Bi soza ku em ê tim hev bibînin, me hevala xwe bi rê kir. Kemalettîn, li ber dikanê bûbû wekî peykeran, li Netîceyê dinêrî. Suphan jî li orta dikanê bûbû wekî pûtan, li Kemo dinêrî. Heya niha me qet Kemalettîn di halekî werê de nedîtibû, yanî bi neçarî nêrîna wî ya li dû jinekê. Wexta ew di wî halî de bûn, min jî li berga pêşnivîsara romanê dinêrî. Bi herfine xember "Jiyan Tim Nîvçe Ye" nivîsandîbû.

Hema min li wir devê dosyeyê vekir û dest bi xwendinê kir.

Jiyan
Tim
Nîvçe ye

"Carinan heya em tevlîheviya serê xwe ji navê ranekin em nikarin jiyana xwe dewam bikin; carinan em safî bikin jî em nikarin dewam bikin. Ma jiyan a di nav serê me de ye? An a li derî wê ye?
Em pirî caran pê nizanin."

BEŞA EWIL

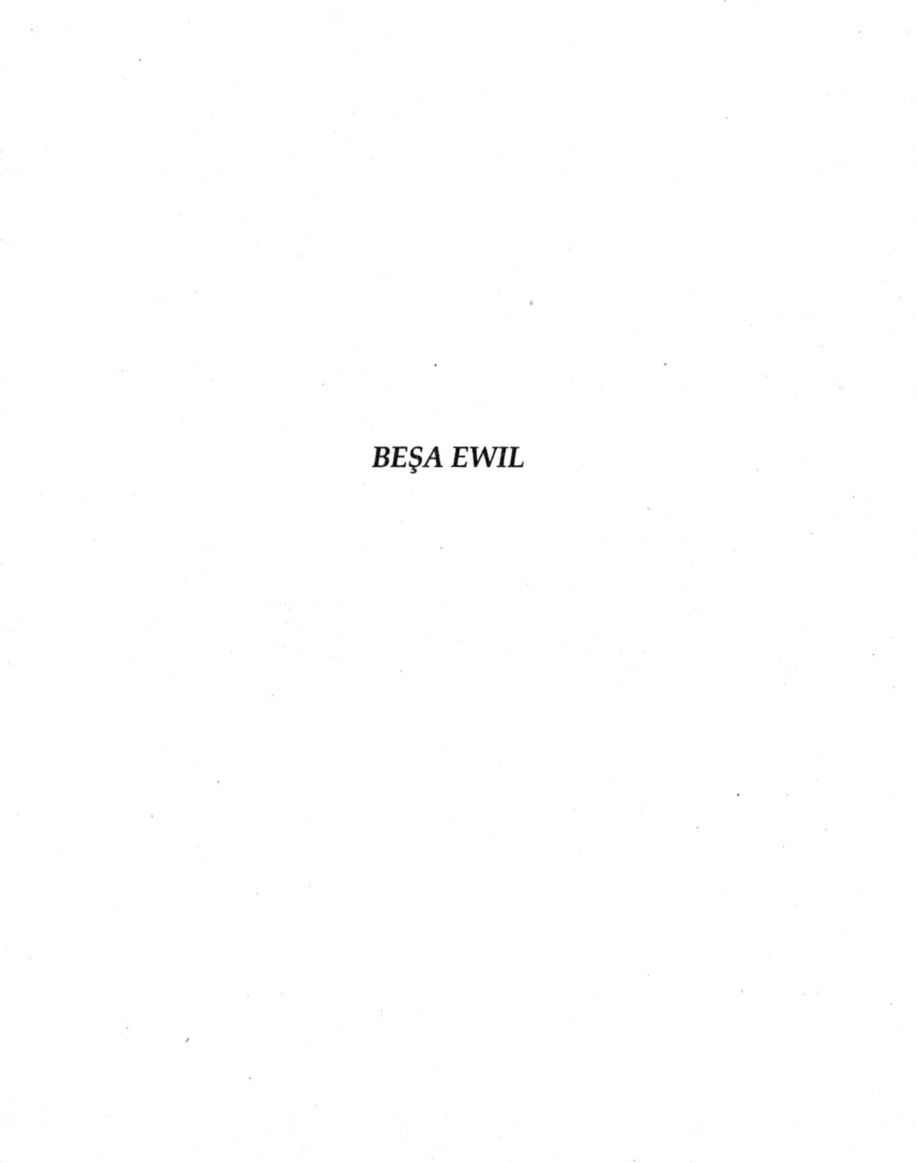

1

Wexta weku ji xeweke bi tirs û sehm şiyar bûbe çavên xwe vekirin, di otobêsê de, li qoltuxekê rûniştîbû; muewên radigihand ku hatine rawestgeha dawî, Otogara Esenlera. Dihanî bîra xwe bê ka ji bo çi hatiye Stenbolê û werê bi gavine newêrekî ji otobêsê daket. Ji ber himûgum û lez û beza li otogarê gêja wê çû. Sibeheke hênik a meha Hezîranê bû. Bîskekê li ber otobêsa Mêrdînê ku qasek berê jê daketibû ma sekinî. Her kes bi telaş, bi lez û bez, vir de wê de diçû û dihat. Nizanibû wê çi bike, hema werê ma di nav wê qelebalixiyê de.

Bi dû re Zelîxayê xwe da ser hev, çû ket hundirê buroya firmaya otobêsê. Li wî aliyê bankoyê peywirdarek û li ser sandalyeyên plastîk jî çend rêwiyên xilmaşî hebûn. Li dawiya buroyê jî bahol, denke û çewalên li ser hev lodkirî hebûn. Bêhneke giran a ji metereyên penêr û tirşiyê dihat, li seranserê buroyê belav bûbû. Ev bêhn, mala wê ya ku duh terka wê kiribû û malbata wê anî bîra wê. Di cî de di dilê xwe de got, "Lê ez ne ji bo bibîranînê, ji bo jibîrkirinê hatime Stenbolê." Zilamê li bankoyê yên her sê qumçikên ewil ên îşligê wî vekirî û ji bêhaliya wî kifş bû ku nobedarê şevê bûye, bêyî dilê xwe serê xwe rakir û li Zelîxayê nêrî.

- Biferme ezbenî?

Zelîxayê got:

- Dixwazim bi te bişêwirim.
- Helbet, fermo.
- Ez nû hatime Stenbolê. Li vê derê nasek min jî tuneye. A rast pereyê min jî tuneye. Miheqeq ez ê li çareyekê bigerim. Lê bi te ez ji ku dest pê bikim?

Zilam, bi her du destên xwe bi pişta xwe girt û xwe rast kir.
Ji pişt bankoyê bi qasî ku dikaribû bibîne ji serî heya binî li jinika umre wê li dor bîst salan û ecêb ecêb diaxivî nêrî. Jineke bedew û bi bejna xwe wek takrihanê bû; porê wê yî bi ser qehwe ve li nav pişta wê diket û wechê wê yî spî, çavên wê yî bi rengê keskê girtî tam dida der. Zelîxa ku ji ber van awiran nerihet bû, hema bihêrs destên xwe li ba kir û ber bi derî ve çû. Wexta ber bi derî ve çû, zilêm gazî wê kir:
- Bise, deqîqeyekê bise, ez bifikirim wey! Niha pêdiviya te bi cihekî mayînî û karekî jî heye, ne werê? Welehînê de hêdî wekî te kes lênaxin nayên Stenbolê. Ên tên jî nizanim çi tînin serê wan. Lê du kuçe şûnde Komeleya Mêrdîniyan heye, dixwazî pêşî biçe wir. Belkî ji te re bibin alîkar.
Zelîxa, bihêrs got:
- Na lo! Dixwazî ez biçim mala bavê xwe. Birako, jixwe ez ji Mêrdîniyan reviyame. Hela bibêje, ma qey li vê derdorê aşxane maşxaneyeke şaredariyê tuneye? Ka pêşî zikê xwe têr bikim hela.
Zilam şaşomaşo bûbû. Got:
- Li wan kuçeyên paş tiştekî wekî alîkariya civakiyî heye, lê xwarinê didin nadin nizanim. Heger bixwazî li vê derê tişt miştine taştê hene, dikarim îkramî te bikim, lê bi şertê ku tu cardin xwe adis nekî.
- Na, sax bî. Hela ez biçim pêşî ji wê navenda alîkariya civakiyî dest pê bikim.
Ji zilêm pênasa cihê ku wê biçe elimî û xwe li nav qelebalixiyê xist, ji otogarê derket. Ket kuçeyekê, li kuçeyê ji jinikeke extiyar ku li rawestgeha otobêsan rûniştibû cihê navenda alîkariya civakiyî pirsî. Weku jinikê jê re got kir, li dawiya kuçeyê li destê rastê fitilî û hat ber Pastexaneya Gulê. Navnîşana navendê ji zilamekî ku li wir rûniştibû jî pirsî. Zilêm bi gopalê xwe yê ziravik qata dudoyan a li wî aliyê kolanê nîşan da û got:
- Aha ew der e. Lê niha girtiye. Hê mesaî dest pê nekiriye.
Zelîxayê xwest çavên zilêm ên li paş camên reş ên berçavkê bibîne. Dû re wexta bala wê ket ser gopalê di dest zilêm de ku gopalekî taybet bû, ji ber xwe fedî kir û got:

- Li min bibore. Li qisûra min menêr, ez jî çûm û hatim min ji te pirsî.

Zilam keniya:

- Qisûra çi! Ma wexta mirov kor be, qey bi navnîşana nizane? Û ez dibêjim qey min cihê ku tu dipirsî tam nîşan da.

Zelîxayê ku wexta fêm kir tam edilandiye, got:

- Rast dibêjî. Divê ez ji bo vê dawa lêborînê bikim. Ji ber ku min te nerihet kiribû, ez li ber ketim.

- Tişta ku wê korek ji pirsa ji bo navnîşanekê nerihet bibe li te peyda kir, çi ye?

Zilêm weku henekê xwe pê bike, ev yek bi devlikenî gotibû.

Zelîxayê jî ji bo hêrsa xwe di dengê xwe de nede der, got:

- Çi zanim, ez dibêjim qey te jî ji edet derxist! Ji dilê min hat û min dawa lêborînê kir. Û ji bo tu bûyî alîkar jî min malavayî kir. Fêm nakim, çima werê mezin dikî!

- Çima malavayiya te nayê bîra min?

- Ohooo, sihar sihar me pêl mala cinan kir! Ev çima tu werê xeydok î lo? Temam, mala te gelekî ava. Bû?

Bişirîneke ji dil û can li ser rûyê zilêm belav bû û got:

- Helbet bû. Roja te bixêr be, oxir be xanim.

Zelîxayê wekî xweziya wê di qirikê de mabe, got "A te jî" û bi dû re tam gav dihavêt, yekî ji par re bi milê wê girt. Di wê kêliyê de motorsikletek bilez di ber re çû, milê wê şermixand.

Zilam, got:

- Divê tu hinekî din jî baldar bî, û destê Zelîxayê berda.

Zelîxa ku hê ji ber tehsîra qezaya qasek berê şaşomaşo bû, pêşî di devê xwe yê ziwabûyî de tiştin birin û anîn. Axirê got:

- Biner, bi rastî jî hem malavayiya te dikim hem jî dawa lêborînê dikim.

Zilêm pir rihet bû û bi devlikenî got:

- Naxwe, em li hev hatin.

Zelîxayê got:

- Helbet em li hev hatin.

Wexta bi dil û can bi destê zilêm girt û jidand, got:

- Navê min Zelîxa ye.

Zilêm jî ji orta dil got:
- Kêfxweş bûm. Ê min jî Mûtlû ye. Mûtlû Açikgoz[12] Zelîxa hingî matmayî mabû, hindik mabû zilêm hemêz bike. Ji bo mûtlû[13] bibe hatibû Stenbolê û tu li vê tesadûfê kesê ku ewilî ew nas kiribû jî navê wî "Mûtlû" bû. Ev yek ji xêrê re qebûl kir.
- Ha ha ha! Bi destûra te be, ez ê bikenim lê bila cardin dilê te nemîne. Tu hem kêfxweş î hem jî çav vekirî, ne werê?
Zilam got:
- Qethiyen. Dibe ku bi te ecêb bê, lê ji bo min ne werê ye.
- Baş e, cardin kêfxweş bûm Mûtlû Beg. Hêvîdar im tu yê ji bo min bibî cihê siûdê. Bi xatirê te.
- Înşele, oxir be. Di vê navê re saetek dinê wê buroya xizmetên civakiyî vebe. Li hember wê kafeyeke biçûk heye, çaya wê xweş e û tu dikarî li wir bisekinî.
Zelîxa li paş xwe fitilî û li kafeya li wî aliyê kolanê nêrî.
Zilam got:
- Borekên wan ên avî jî xweş in, tewsiye dikim.
- A rast jixwe ji bo tiştekî bixwim li buroya xizmetên civakiyî digeriyam. Ez qasek berê hatim Stenbolê, birçî me û qurîşek pereyê min jî tuneye. Min got, belkî bi xêra wê karibim tiştekî bixwim.
- Ha! Naxwe ev der bi kêrî te nayê. Li vê derê tenê alîkariya hejarên qeydkirî tê kirin; car carinan qerpal merpalan û zexîreyan li wan belav dikin. Bawer nakim aliyê te bikin.
Zilam, dewam kir û bi devlikenî got:
- Heke bixwazî, bi qasî ku karibî pê xwarinê bixwî, dikarim hin pereyan bidim te. Hema wekî alîkariyeke civakiyî qebûl bike.
Zelîxa, zûzûka ji serî heya binî werê li zilêm nêrî. Taximeke kincê baş ê rengtarî, cotek pêlavên biqalîte, îşligek spî yê sporî lê bû û yekî zarîf û şiq bû. Umrê wî li dor sî salan bû; çendî ku porê wî xelxelekî, riha wî dûz, gepikên wî tije û pozmezin bû jî, lê qeşeng bû. Ji esmeriya wî, ji birûyên wî yên qalind û ji xeberdana wî kifş bû rojhilatî bû. Zelîxa qet dubare nekir.

---

12) *Çav vekirî.*
13) *Kêfxweş.*

- Bi Xwedê tu halekî min ê ku pozbilindiyê bikim tuneye. Zûzûka divê zikê xwe têr bikim û li çareya serê xwe binêrim. Madem tu ev qas xêrxwaz î, belkî hin pend û şîretên te jî hebin. Weku ez ê zûzûka çawa karekî bi dest bixim, cihekî mayinê bimînim filan bêvan.
- Himm. Bise, bera jî hema te werê lêxistiye û hatiyî Stenbolê.
- Erê, qalpaxa serê min avêt û min jî hema lêxist bi otobêsa ewil hatim. Her hal tiştên ku ez li vê derê bi wan re rû bi rû bimînim, wê ji yên malê ne xerabtir bin.
- Werê xuyaye armanceke te ya xisûsî tuneye. Berê, xelk ji bo bibe hunermend, ji bo meşhur bibe dihat Stenbolê.
- Dizanim, dizanim. Lê tu planeke min a taybet tuneye. Tenê dixwazim hebikekî dilxweş bibim, hew.
- Baş e, li ber ketim. Axirê ev jî tercîhek e. Lê ya te tercîheke pir wêrek e. Kî çi zane, belkî ev cehd û xîreta te bibe seba dilxweşiya te. Naxwe, qet nebe em bi hev re taştê bixwin. Hem em ê hinekî din jî sohbet bikin. Meraq meke, dû re ez ê cardin hinekî pere bidim te.
- Temam Mûtlû Begê, tu îtirazek min tuneye, berî ku ji birçîna ji ser hişê xwe ve biçim em herin tiştekî bixwin.

Zelîxa ket milê zilêm. Wexta çûn ser peyarêyê meşiyan jî xeberdana wan dewam kir. Zilam, bi gopalê xwe pêşiya xwe nîşan da û got:
- Ez her sibeh têm ji vê firinê nanê germ dikirim û diçim malê taştêya xwe dikim. Heger bixwazî em li derve bixwin an jî em dikarin biçin malê, taştê ya min hîn jî li ser maseyê ye.

Wexta Zelîxa kêlikekê dudilî ma, zilêm got:
- Helbet hûn mafdar in, lê em li derve bixwin wê çêtir be. Li kuçeya paş taştêvanekî baş heye. Baxçeyekî wî yê biçûk û xweşik jî heye. Wexta tu bibînî tu yê şaş bimînî. Em biçin wir.

Zelîxa, hêdîka destê xwe danî ser destê zilam ê li ser singa wî û got:
- Na na, ji bo min îstirheta xwe xera neke. Jixwe wa li malê hazir e. Ez ê heya malê bi te re werim, em ê bi hev re taştê bixwin û dû re ez ê biçim. Înşele ên malê nerihet nebin.

- Meraq meke, ez bi tenê dimînim. Lê belkî hûn ji ber tenêtiya min bêtir biqilqilin. A baş em li derve bixwin.
- Mûtlû! Gelo dikarim ji te re bibêjim Mûtlû?
Zilam, hinekî ma sekinî û bi dû re got:
- Helbet. Naxwe ez ê jî ji te re bibêjim Zelîxa.
- Wile hema em dev ji vê axaftina bi 'hûn' û xanim û beg ber din, çi dibêjî bibêje. Dixwazî bibêje Zelîxakê jî. Jixwe her kesî bi vî navî ba min dikir.
- Na, ne Zelîxakê, ez ê bibêjim Zelîxa.
- Temam Mûtlû. Hema ez aşkere xeber bidim. Min paşeroja xwe bi temamî li dû xwe hişt û hatim Stenbolê. Dixwazim li vê derê ji binî ve dest bi her tiştî û jiyaneke nû bikim û dilxweş bibim. Ji bo vê jî min gelek tişt ji pêş çavê xwe avêtin. Min malbata xwe, hevalên xwe li dû xwe hiştin û hatim. Lê heger sirf ji bo taştêyekê tu rabî di kêlîkên ewil ên vê jiyana min a nû de zirarê bidî min, ez ê çavê te derxim. Nekene. Jixwe tu werê xuya nakî. Loma niha em ê nên bikirin û biçin mala te. Piştî taştê tu yê hin pereyan bidî min û ez ê biçim. Te got erê?
- Min baş fêm kir. Di vê navê re tu dibêjî qey em li ba firinê ne.
Zilam hêdîka ji milê Zelîxayê derket û got "Tu li vir be" û ket hundirê firinê. Her liv û tevgerek wî rihet, lê ev qasî jî talûke bûn. Wexta di nav wî deriyê teng ên firinê re ket hundir, tam di ortê re derbas bûbû û hema bibêje tam li nav çavê nanpêj nerîbû û pê re axivîbû. Her wiha kîsikê ku nanpêj dirêjî wî kiribû jî bi qasî misqalekê xwarovîço nebûbû û bi heman îhtimamê ji firinê derketibû û hatibû cem Zelîxayê. Zelîxayê bi heyr û hijmekar li zilam nerîbû û wê kêliyê fikra, dibe ku zilêm ne kor be lê peyda bûbû. Bi dû re ev dilwasiya wê gurtir bûbû, zor dayê. Wexta zilam dimeşiya te digot qey koncal, dîrek û gelek tiştên li ser peyarêyê dibîne. Carekê Zelîxayê bêyî ku pê bide hesandin berê wî ber bi qaseyên fêkiyan ku fêkîfiroş li ser peyarêyê dabûn ser hev hêl kir. Lê wexta zilêm nêzî qaseyan bû, hêdîka Zelîxayê tahm da û di ber qaseyan re derbas bû. Bi vê re Zelîxayê bêtir şik lê birin.
- Heger wê dilê te nemîne, dixwazim tiştekî bipirsim. Ji kengî ve çavên te nabînin?

Zilam bi hawakî jixwebawer got:
- Ez ji makzayiyê ve kor im. Min bi çavên xwe dinya qet nedîtiye.
- Yanî tu qet nabînî?
- Na, ronahî jî tuneye. Heger tu yê rihet bibî, belê tipûtarî yanî.
Zelîxa bitelaş got:
- Na, çima rihet bibim!
- Qasek berê wexta te berê min da qaseyên fêkîfiroş, min tê derxist ku tu dixwazî êmin bibî. A rast bi salan ez li van dera me. Gelek deverên bajêr gav bi gav dizanim. Her wiha min taxa xwe jî santim bi santim jiber kiriye. Dixwazî ez berçavka xwe derxim, da dilê te têkeve cî.
Zilêm li benda Zelîxayê û cewaba wê nesekinî, hema di cî de berçavka xwe ji ber çavên xwe hilanî û li Zelîxayê nêrî. Wexta Zelîxa çav bi wan çavên wî yên mirî ketin, ji fediya soromoro bû. Wekî zilêm fêm kiribû ku Zelîxa ketiye çi halî û got:
- Meriv dibêje qey tu li ber ketî, lê ji kerema xwe re werê meke. Ev ne cara ewil e ku tê serê min, de hêdî hîn bûme. Tenê min xwest dilê te têkeve cî.
Bi vî awayî du kuçe derbas kirin û hatin li ber apardûmaneke çarqatî sekinîn. Di destê zilêm de kîsikê nan, bi destên din jî pir bi rihetî mifte bi cî kir û derî vekir. Bi destê xwe rê li ber Zelîxayê xist û ew ezimand hundir. Wexta ketin hundirê apardûmanê, bi heman awayî deriyê daîreya ewil a li destê rastê jî vekir. Ket hundir û ji bo Zelîxa jî têkeve hundir bi destekî xwe bi derî girt. Piştî ku derî girt, kîsikê nên danî ser vestiyerê û çakêtê xwe ji xwe kir. Xirqeyê Zelîxayê jî bi heman îhtimamê daliqand û bi dû re cotek şimik danî ber wê û got:
- Tu dikarî tevî pêlava xwe jî werî.
- Na, şimik çêtir e. Mala te ava.
Li derwazeyê piştî antreyê derbasî hêwaneke mezin bû. Hêwan, sade bû û pir xweşik hatibû raxistin. Dîwarek hema bibêje ji binî heya jor pirtûk bûn. Du qenepeyên li hember hev, li bin paceyê berjerek, li nav odeyê sêpayeke ortê, li ber dîwarê wî aliyî maseyeke xwarinê ya du kesî, televîzyoneke biçûk ku

bi dîwêr ve hatibû montekirin, li jêrê seta muzîkê û li cem wê qolon û li ser wan jî refên bi dîwêr montekirî û tije CD'yê muzîkê... Erd bi parkeyên textîn ên sîqalkirî, dîwar jî bi kaxezên bi rengê ser zer ve hatibûn girtin. Li qeraxa paceyê, li hêla derve di du guldankan de derzîlok û dahîro hebûn; kûlîk vekiribûn û di nav caxên ferforjeyî yên paceyê re li kuçeyê dinêrîn. Tiştên ji bo taştê hatibûn hazirkirin û bi îhtimam di têfikên li ser maseya xwarinê de hatibûn bicihkirin, birçîbûna Zelîxayê anî bîra wê.

Mûtlû got:

- Dixwazî tu rûnê, ez ê biçim çayê bînim, û rabû ser çû metbaxê.

Zelîxayê çû li ser sendelyeyê rûnişt, lê hê jî li odeyê dinêrî. Rahişt zeytûnekê zûzûka avêt devê xwe û li pirtûkên li erdê nêrî. Li ser hemû pirtûkan peqikên wekî nuqteyan hebûn û bi dengekî hinekî bilind got:

- Ometek pirtûkên te hene.

Mûtlû jî ji metbaxê cewab dayê:

- Belê, pirtûk her tiştên min in.

Bi dû re:

- Lê mixabin min nikaribû gişan bixwîne. Mecbûr dimînim hinan jê ji CD'yan hinan jê jî ji înternetê bixwînim. Kes ji bo koran çapên taybet çênake. Lê dîsa jî pirtûkên hez ji wan dikim dikirim û wan biberg dikim û li pirtûkxaneya xwe bicî dikim. Komeleya me hin pirtûkan bi alfabeya me çap dike û li hin pirtûkxaneyan jî ji bo koran hin rojname û pirtûk hene. Lê dîsa jî tiştekî pir zehmet e.

Di destek wî de çaydan, di yê din de jî sepeta nanê hûrkirî hat odeyê. Bi heman liv û tevgerê çaydan û sepeta nên danî ser maseyê. Zelîxa dudilî mabû, gelo aliyê wî bike yan na, lê dîsa jî got:

- Bise, qet nebe ez çayan dagirim.

-Mûtlû got:

- Temam, dibe. Lê bila ya min zelal be.

Bi dû re got, "Wîîî min qedeh ji bîr kirine" û rabû ser xwe.

Zelîxayê bi milê Mûtlû girt û got, "Vê carê ez ê biçim" û berê xwe da metbaxê.

Mûtlû li dû wê gazî wê kir û got:

- Li ser lawaboyê, li destê rastê di dolaba bi qapax de."
Metbaxa wî jî lihevhatî û paqij bû. Tu tiştê wî ne li rastê bûn û ne belawela bûn. Pir neçû, Zelîxayê qedeh dîtin. Rahişt qedeheke cam û binika wê û cardin hat hêwanê. Piştî çaya xwe dagirt zûzûka li tahma hemû tiştî nêrî. Zelîxayê tim çay dagirtin. Li ser demkirina çayê jî axivîn. Piştî taştê Mûtlû teklîfa qehwevexwarinê lê kir. Zelîxayê ne got na. Mûtlû, bêyî ku dilopekê jî birijîne qehweya kefgirtî anî û bi hev re vexwarin.
Zelîxayê got:
- Mûtlû, tew min pirsa karê te nekir ha. Tu çi karî dikî, tu dişixulî?
- Belê, ez parêzer im. Buroya min heye. Hema bibêje pênc şeş salên wê qediyan.
- Erikk! Dêmek tu parêzer î ha? Diviyabû min texmîn bikira, ji her hawayê te kifş e ku tu zilamekî xwende yî. Wileh tu yekî bi qeys û qerar î.
- Yanî.
- Ê min, min bi zor û heft bela ancax heya dibistana navîn xwend. Dû re malûm e, jiyana nav malê. Mala me li Mêrdîn e. A rast cihekî xweş e jî, lê çi zanim min nikaribû îdare bike. Werê xuyaye siûda te hebûye.
- Werê bû. Wexta çêbûme, ewilî pê nehesiyane ez kor im. Dixtor bi dixtor gerandine, piştî dîtine çare tuneye, bavê min jî rabûye navê min kiriye Mûtlû. Helbet ji bo kêmaniya korbûnê hîs nekim, çi ji destê wî hatiye kiriye. Wexta mezin bûm, de hêdî ji bo min tu dezavantajeke korbûnê tunebû. Bi rastî jî zarokatî û xortaniya min pir xweş bû. Aha bi vî awayî dijîm.
- Yanî tu *mûtlû* yî?
- Mûtlû Açikgoz.
Bi hev re keniyan. Zelîxa rabû ser xwe, xwest maseyê top bike. Lê Mûtlû nehişt. Got, "Piştî ji kar vegerim, ez ê hel bikim. Jixwe pergaleke min î diyarkirî heye. Niha tu bixwazî jî tu yê fêm nekî" û bi vî awayî Zelîxayê qaneh kir. Piştî bêdengiyeke kurt, bi dengekî dudilî got:
- Zelîxa ma qey tu tişt jî nayê bîra te?

Zelîxa, wekî li tiştekî eceb binêre li Mûtlû nêrî û bitirs got:
- Mesela wekî çi?
Mûtlû wekî bixwaze di ser guh re bavêje, got:
- Dev jê ber de."
Zelîxa jî pir bi ser de neçû.
Bi hev re ber bi derî ve çûn. Berî ku derkeve Mûtlû ji qewlikê xwe hinek pere derxist û dirêjî wê kir. Pêşî Zelîxayê nexwest rahêjê, lê wekî din tu çareyeke wê tunebû. Mûtlû, kartvîzîteya xwe jî dirêjî wê kir û got, "Li pişt wê navnîşana malê jî heye. Heger bû û tu ketî tengiyê, fedî meke, telefonî min bike. Stenbol, bajarekî zor e, li xwe miqatebî."

Li ser peyarêyê xatir ji hev xwestin û çûn. Mûtlû ku bi derbekê gopalê xwe yê bisusta vekir, tevî çenteyê xweyê ewraqan ê di destên din de bi gavine jixwebawer meşiya. Heta gihaşt dawiya kuçeyê û zîvirî jî Zelîxayê lê dinêri. Bi minêkarî malavayiya vî zilamê dilxweş kir ku çawa hatibû Stenbolê derfetek baş dabû ber wê. Dû re li pereyên di nav kefa destê xwe yê xwêdandayî de jidandibûn û qijilîbûn nêrî. Ew hejmartin. Mûtlû hezar lîre dabûyê. Ne pereyekî xirab bû. Dikaribû çend rojan, çend hefteyan pê îdare bikira. Niha demildest diviya ji xwe re cihekî mayinê peyda bikira. Got, a baş ji semta ku lê ye dest pê bike. De hêdî bi xwe êmin bû. Gavên xwe wekî ku xweciha Stenbolê ye avêtin, meşiya, meşiya... Hem li kolana, hem li mirovan, hem li dikana, hem li avahiyan û hem jî li parkan dinêri û dimeşiya. Dixwest bajêr fêm bike û hewa wê bikişîne sî û cergê xwe. Çiya ji avahiyên kevirî xalî nedibû. Ev bajarê qerase ku wekî hêlîna kurmoriyan bû, de hêdî mala wê ya nû bû. Heger dilxweş bûbûya wê li vê derê bûbûya. Miheqeq wê rêyek bidîta. Her kes çawa dilxweş dibû, ew ê jî werê bûbûya. Wexta li goşeyekê fitilî, ji nişkave çav bi behrê ket. Wekî sêhr lê bûbe ber bi behrê ve meşiya. Wexta gihaşt peravê, dûr û dirêj li wê hêşînahiya mezin nêrî. Rahişt simîtekê û çû li bankeke li qeraxa behrê rûnişt. Li dê û bavên xwe fikirî. Çi qasî zor dabû xwe jî lê dikir nedikir rûyê wan nedihatin ber çavê wê.

Ji nişkave gêja wê çû û bi her du destên xwe bihêla bi bankeyê girt. Fikrên wê bûbûn kafirkeratî, dikir nedikir nikaribû ên di serê xwe de bide ser hev. Fikirî, belkî jî ji ber betilandinê bû. Dû re pirsa Mûtlû hat bîra wê; "Ma qey tu tişt nayê bîra te?" Gelo qesda wî çi bû? Bera jî tiştek nedihat bîra wê. Ji kûr de bêhn stend. Di dilê xwe de got, "Dev jê berde Zelîxakê, belkî ev bixêrtir be, jixwe tu ji bo jibîrkirinê hatiyî, ne ji bo bibîranînê." Rabû ser xwe, pişta xwe da behrê, berê xwe jî da Stenbolê û meşiya.

2

Ji ber çi bû nizanim, wexta li peravê digeriya hîseke weku ne xerîba vî bajarî be lê peyda bûbû. Di bîst salên umrê xwe de weku cara ewil bû xwe ev qasî bi hêz û qewet hîs dikir. Aha her tişt werê rihet bû. Te digot qey ji bo dilxweşîbûnê, biryargirtina ji bo dilxweşbûnê bes e. Ji ber ku ji zûv de ev biryar negirtiye bi xwe de xeyidî. Di dilê xwe de got, "Lê binêr, hebûna li Stenbolê bixwe jî ji bo bihêzbûnê bes e."

Ji nişkave hat bîra wê ku berî tarî bikeve diviyabû ji xwe re cihekî mayînê bidîta. Dîsa karibû bi pirsê dest pê bikira. Çavê wê zilamekî extiyar î birih ku li ser bankekê rûniştibû, birî. Ber bi wî ve çû û got:

- Apo li qisûra min menêre, ez nû hatime Stenbolê û xerîbim. Ez li otêleke baş digerim ku karibim çend rojan lê bimînim. Gelo cihekî tu nas dikî heye?

Zilamê extiyar pêşî ji serî heya binî werê li Zelîxayê nêrî. Zelîxayê di dilê xwe de got, "Naxwe heya kes ji serî heya binî li meriv nenêre tiştekî nabêje." Dû re hew îdare kir, bi dengekî hêla got:

- Apo, çi bû? Ma tu yê piştî kifşkirina bejn û bala min otêlekê li ber min bixî? Meraq meke, ebad ferq nake, ez dikarim di her otêlê de hilêm.

Zilêm fêm nekir bê ka Zelîxa henekên xwe dike yan bera dibêje, lê tavilê xwe da ser hev û piştî awirine nûranî dan der û dora xwe, got:

- Keça min, ez pir miameleya otêl motêla nizanim. Lê bi qasî dizanim otêlên li hêla Aksarayê bi kêrî te nayên. Li wir nemîne."

Zilêm, zoq li memikên Zelîxayê nêrîn û dewam kir:

- Li hêla me, li Eyubê cihine lihevhatî hene. Biçe, ji xwe re li wan deran bigere, an jî tu dixwazî ez bi te re bêm?
Zelîxa gavekê bi paş de avêt û wexta careke din baş li zilêm nêrî, ferq kir ku rastî serxweşekî hatiye. Dû re jê we ye çavê zilêm xwînî bûne. Wê kêliyê bi dilqiliyeke ku nizanibû ji ber çi ye, hema zûzûka çû: Çendî ku ji xwe re cihekî mayinî nedîtibû jî lê qet nebe navê du semtên ku diviyabû li wan nemîne hîn bûbû. Meşa xwe li seranserê peravê dewam kir. Helbet wê li vî bajarê qerase cihekî mayînê bi dest wê biketa.
Hem hişê wê li ser zilamê serxweş bû hem jî di dilê xwe de digot, "Ma çima min ji Mûtlû nepirsî, miheqeq wê cihekî baş pêşniyar bikira." Wê kêliyê kartvîzîta ku Mûtlû dabûyê hat bîra wê. Dikaribû biçûya ji cihekî telefonî Mûtlû bikira û jê bipirsiya. Kartvîzît, ji berîka xwe ya paş a pantorê xwe yê qot derxist. Ji bo telefonê çavê xwe li derdorê gerand. Li wî aliyê kolanê bufeyek li ber çavê wê ket. Xwediyê bufeyê kartek telefonê firot wê û cihê telefona biankesor rê wê da. Zelîxayê kart kire qulika telefonê û karvîzîta di dest xwe de zîvirand. Destnivîsa li paş kartvîzîtê xwend. Mûtlû, jê re gotibû wî navnîşana malê nivîsandiye, lê li ser kartê nîşheyeke bi destan nivîsî hebû û ev nîşhe Zelîxayê matmayî hişt:
"Zelîxa, heger pêdiviya te bi cihekî mayînî çêbû, li Kolana Gumuşsûyû ya Taksîmê here cem xebatkarê Mîr Kafeyê Oktay. Wê alîkariya te bike, tu dikarî pê bawer bî."
Zelîxa, karta xwe ji telefonê derxist û careke din xwend. Mûtlû kengî, çi wextî ev nivîsîbû? Û çawa karibûye ev qasî rast û dûz binivîse? Careke din qilqilî. Ev Mûtlû zilamekî çilo ye? Çawa hatibû Stenbolê ewilî leqayî wî hatibû, li mala wî taştê xwaribû, hezar lîre jê stendibû û niha jî leqayî nîşheya wî hatibû ku wekî Xizir xwe gihandibûyê. Temam, jêrelêhatin baş bû, lê ma bi vê ecêbe. Zelîxaya ku zûzûka ev tişt di aqilê xwe de birin û anîn, xwest di cî de telefonî Mûtlû bike û jê re bibêje, "Birako, tu kî yî, tu çi yî?" Temam, lê çi sûcê rebeno tê de heye? Ji ber ku min navnîşan jê pirsîbû, îja dîsa rabim berê xwe bidimê? Jixwe ne wî, ez leqayî wî hatim. Dev jê berda, telefonî

81

wî nekir. Axirê pêşniyareke "meleka wê ya qencê" li ber destê wê bû. Ma mexseda wê ya telefonkirinê jî ne ev bû? Cardin vegeriya çû bufeyê û vê carê pirsa Gumuşsûyûyê kir. Xwediyê bufeyê çûna bi texsiyê pêşniyarî wê kir. Zelîxa jî pir pê daneket. Berî ku tarî biketa diviya ji xwe re cihekî mayînê bidîta. Hema di cî de texsiyek sekinand û lê siwar bû.

Nîv saetê dinê texsî li ber Mîr Kafeyê sekinî. Heqê texsiyê da û piştî yê ser heya bi qurîşê dawî jî stend, daket. Texsîvanê ku ji ber mişteriya xwe ya ku heya bi qurîşê dawî jî stend adis bûbû û bi dengê badanaja wesayîteke ku li nava kolanê olan da, hema pêl xazê kir çû. Mişteriyên li Mîr Kafeyê rûniştî fitilîn li kolanê nêrîn. Du saniye şûnde her tişt bû wekî berê. Zelîxa jî piştî ji kûr de bêhn stend, ket hundirê kafeyê. Ji garsonê ku ewilî leqayî wî hat pirsa Oktay kir. Garson jî zilamê ciwan ê li ber kaseyê rûniştî îşaret kir û got, "A wa Oktay Beg li wir e." Zelîxa, bi mahdekî şîrîn ber bi kaseyê ve çû.

- Merheba, tu Oktay Begê yî?"

Zilamê li kaseyê bêyî ku ji serî heya binî li Zelîxayê binêre, rast li nav çavên wê nêrîn. Ev yek li xweşa Zelîxayê çû.

- Belê, ez im. Kerem bike?

- Mûtlû Begê ez şandim. Parêzer Mûtlû Açikgoz, ez nû hatime Stenbolê...

Hîn Zelîxa gotina xwe temam nekiribû, zilêm xwe xwar kir, ji bin maseyê zerfek derxist û dirêjî Zelîxayê kir.

- Helbet Zelîxa Xanim, ez dizanim. Jixwe ez li benda te bûm. Mûtlû Begê, ji min re gotibû, tu yê îro ber destê êvarî werî vê der û temî li min kir ku ez vê zerfê bidim te.

- Na lo, ev parêzerê me çi qas bi lez û bez e.

- Te got çi ezbenî?

- Na, min tiştek negot, tenê şaş mam. Ji min re gotibû ku tu yê ji bo cihê mayinî aliyê min bikî.

- Nizanim, lê ez dibêjim qey ev zerf ji bo wê ye.

- Hela hela, tu li vê ecêbê. Kengî ev zerf danî vê derê?

- Duh êvarî.

Zelîxayê got qey şaş fêm kiriye.

- Te got, îşev?
- Na, duh bi şev seriyek li vê derê xist û danî.
Zelîxa tam şaşomaşo bûbû. Got:
- Çawa dibe? Tu êmin î? Hîn ez vê sibehê...
- Dizanim Zelîxa Xanim dizanim. Tu bi xêr hatiyî Stenbolê.

3

Zelîxayê, rahişt zerfa ku navê wê bi herfên mezin li ser nivîsandî û bi hawakî şaşmayî lê nêrî. Bi dengekî bizdiyayî got:
- Ez dibêjim qey tu şaş î. Ez îro serê sibehê hatim Setnbolê û min hîn îro Mûtlû Begê nas kir. Ne mimkun e ku duh ev zerf danîbe vê derê.

Zilamê li ber kaseyê weku ji Zelîxayê re bibêje şaşwaziya wê fêm kiriye serê xwe hejand û got:
- Ez bi xwe bawer im ku ez nexafilîme, lê belkî cewaba pirsên te di zerfê de bin jî. Ji kerema xwe ji van maseyan li yekê rûnê, hem tu yê tiştekî vexwî hem jî di ber re nameya xwe bixwînî.

Zilam werê got û ji pişt bankoyê derket, rê li ber Zelîxayê xist û ew li ber maseyeke vala da rûniştandin û kubarî pirsî:
- Bila ji te re çayekê bînin?

Zelîxa ku hîn jî şaşmayî bû, tenê got:
- Belê, ji kerema xwe.

Wexta zilam rabû ser xwe û cardin ber bi kaseyê ve çû, jinikê nameya di dest xwe de bir û anî. Dudilî bû ka zerfê veke yan na. Hîn di roja ewil de û tiştekî werê ecêb. Ji kêliya ku ew û Mûtlû leqayî hev hatibûn heta kêliya ji hev veqetiya bûn anîn bîra xwe. Di vê navê re garson jî fîncanek çay anî danî ber wê û got "Noşîcan be" û çû. Ji nav lêvên Zelîxayê jî hew qederekê gotina "Spas" derket. Mihtemelen wexta ji hev veqetiyane Mûtlû hatiye û ev zerf daniye vê derê. Vê yekê jî wexta li mal bûne eyar kiriye û nîşheya pişt kartvîzîtê jî wexta çûye metbaxê nivîsandiye. Belê, eynê werê bû, wekî din tu îzahiyateke vê tunebû. Zilamê li kaseyê qethiyen şaş bû, lê çima bi israr digot duh bi şev

daniye vê derê? Halbûkî zilêm yekî pir biaqil û bihurmet xuya dikir. Her hal rebeno nizane, wext tevlîhev kiriye, lewma ew qasî êmin diaxivî. Lê dîsa jî dudilî bû ka zerfê veke yan na. Werê fikirî ku hema çaya xwe vexwe, zerfê deyne ser maseyê û hêdîka rabe ser xwe biçe. Hîseke werê lê peyda bûbû ku ger ên di hundirê zerfê de bixwîne wê ev tiştên ecêb bidomin. Lê li xwe jî danetanî ku qenciya zilamekî werê bêbersiv bihêle. Wexta di nav van dudiliyan de diçû û dihat, geh li ser zerfê geh jî li pişt zerfê dinêri. Werê bi baldan li zerfê dinêrî ku wekî zanibe tê de çi hatiye nivîsandin. Geh zerf datanî ser maseyê geh jî radikirê. Ferq kir ku kefa destê wê xwêdan daye. Herî dawî kir offînî û hinekî jî bi vê dudiliya xwe adis bû û di dilê xwe de got, "Ma yê çi bibe Zelîxa Xanim, veke bixwîne. Li hesabê te neyê tu yê biçirînî, bavê jî û bi rêya xwe de herî. Çi hewce ye ku ev qasî mezin dikî."
Axirê qerar lê da ku zerfê veke. Rabû ji kêleka ku devê wê bi hev ve hatiye zeliqandin, zerf çirand. Kaxezeke qatkirî di hundirê wê de bû. Bi serê du tiliyên xwe pê girt, ew kişand. Hêdîka vekir. Ev nameyeke ku li ser komputerê hatibû nivîsandin. Bi gotina "Cardin merheba Zelîxa Xanim" dest pê dikir. Li quncika jor a destê rastê dîroka duh nivîsandîbû. Lê Zelîxayê pir bawerî bi vê nehanî. Qethiyen, name îro hatibû nivîsandin û li serê jî dîroka duh hatibû nivîsandin, wekî din ne mimkun bû. Wê kêliyê ji ber vê sixtekariya jirêzê û erzanok a Mûtlû pir hêrs bûbû. Werê hêrs bûbû ku hindik mabû dev ji xwendina nameyê berdana. Pêşî ji kûr de bêhn stend û dest bi xwendinê kir:

Cardin Merheba Zelîxa,
Dizanim niha her tişt pir ecêb dixuyê, lê baweriya min bi zekaya te heye. Heger tu zorê bidî bîra xwe tu yê fêm bikî ka çi çi ye. Lê dîsa jî naxwazim hîn bêtir tehdê li hişê te bikim. Madem niha derdê te tenê dilxweşî ye, ez ê jî ji bo vê yekê aliyê te bikim. Hêvîdarim tu yê bi min êmin bî û alîkariyên min qebûl bikî.
Niha heger bixwazî bi alîkarî û pêşniyarên min dewam bikî, naxwe cardin biçe cem Oktay Begê, rahêle zerfa dudoyan ku min ji bo te daniye. Ha tu bibêjî na, ez ê li çareya serê xwe binêrim û xwe

bi xwe rêya xwe diyar bikim, naxwe ne hewce ye tu rahêlî zerfê. Wê çaxê jî em ê li çareyeke din bigerin. Zelîxa, ne hewce ye bitirsî, ez ê tim li cem te bim. Bawerim, hema tenê hinekî zorê bidî bîra xwe, wê her tişt bikeys bibe.

Mûtlû AÇIKGOZ

Zelîxa bi awayekî şaşmayî û bihêrs li derdora xwe nêrî. Çavên wê li Mûtlû yê ku li cihekî rûniştiye pê dikene û lê dinêre digeriyan. Dû re hat bîra wê ku zilam kor e û heger li vê derê be jî wê nikaribe wê bibîne. Bi vî halê xwe keniya. Di dilê xwe de, bihêrsî got, "Ev çi ye birako, tu henekê dikî? Heger dilê te û alîkariyê hebe, rasterast bike, îja ev çi awayên ciwan û biraz in? Ez di vê lîstika te ya ecêb de ne bi te re me. Min tevahiya wexta xwe li vê derê xerc kir, cihekî min ê lê bimînim jî tuneye. Mûtlû, nizanim Xwedê çi bi te neke." Name tevî zerfê çirand û ji bo bavêje hundirê çopê rabû ser xwe. Berê xwe da qofa çopê ya li ber deriyê derwazeyê. Tam wê perçeyên kaxezê bavêta nava çopê, li hundirê qofeyê çavê wê bi tiştekî ket û veciniqî xwe da paş. Cardin xwe xwar kir, li hundirê qofeyê nêrî, şaşomaşo bû û çavên wê zoq vebûn.

4

Zelîxa, di dest de nameya çirandî werê sar mabû, qufilîbû. Di qofeya çopê de wêneyê wê û zilamekî dişibiya Mûtlû hebû ku dêmên wan pev ve bûn. Di wêne de ne zilam kor bû, ne jî Zelîxayê wêneyekî werê girtibû. Ma tu dibê girtibû? Serê wê cardin bûbû çeqilmast. Werê bi hawayekî ku hest û ramanên wê tevizîne xwe xwar kir û wêneyê di çopê de derxist. Jinika di wêne de ew bixwe bû. Lê ji halê xwe yê niha wekî bi qasî deh salan extiyartir xuya dikir. Zilamê ku pê re bi awayekî samîmî poz dabû jî pir dişibiya Mûtlû. Werê xuya bû ku wêne di dema betlaneyekê, li qeraxa behrê û bi qasî ku ji navê berjor di kadrajê de hilê hatibû girtin. Li ser zilêm tîşhortekî bibendik hebû û ew jî bimayo bû. Jinika di wêne de qethiyen ew bixwe bû. Bêhemdî xwe destê xwe bir ser dewsa birîne ya li milê xwe yê çepê û bir û anî. Her hal ev wêne hîlekariyeke fotomontajî bû. Lê çi îşê wê di qofeya çopê de hebû. Hîn werê difikirî çavên wê li Oktayê ku li ber kaseyê bi karê xwe re bilî dibû, man aliqî. Di destekî wê de wêne û di destê din de jî nameya çirandî, bi hêrs û kerbeke mezin ber bi kaseyê ve meşiya. Wexta hat li ber kaseyê sekinî, Oktay jî serê xwe rakir lê nêrî. Ji hêrsa guhên wê jî soromoro bûbûn. Bi wê kerb û hêrsê qîriya:

- Hûn kî ne, çi teba ne? Hûn çi dek û dolaba li serê min digerînin? Tu û zilamê bi navê Mûtlû çi dolaba digerînin? An tu yê niha yeko yeko ji min re bibêjî yan jî ez rast berê xwe didim ba polîsan.

Oktay, berekse vê rewşa Zelîxayê, pir sakîn bû. Bi heman sakîniyê û bi rûkenî got:

- Ji kerema xwe sakîn be, kes tu dolaban nagerîne. Werê xuyaye ku Mûtlû Begê dixwaze ji te re tiştinan rave bike.

- Wê çi rave bike? Armanc û xayeya we çi ye?
Zelîxayê werê got û wêneyê di destê xwe de hejand û çeng kir avêt ber Oktay. Oktay, qederekê li wêne nêrî û bi dû re cardin dirêjî wê kir. Lê Zelîxayê ranehişt wêne. Oktay bi heman awayî, bi dengekî nerm got:
- Zelîxa Xanim, bawerim ji bo her tiştî îzahiyeteke bivac û bimantiq heye. Ji bo tu tiştî zorê li te nakim û berê te nadim cihekî. A muhîm baweriya te ya bi Mûtlû Begê û bîra te ye. Belkî Mûtlû Begê tişta ku dixwaze vebêje, nikare rasterast bibêje. Belkî dixwaze tu jî ji bo vê hinekî li ber xwe bidî. Bawer bike, ez jî bi meseleyê tam nizanim. Helbet tu jî mafdar î. Tiştên heyî ne tiştine ew qasî asayî ne. Lê bawerim heger tu zerfa dudoyan vekî û bixwînî, belkî rewş zelaltir bibe. Lê cardin jî biryar a te ye."
Zelîxayê kelogirî bû. Diwest zûzûka ji van tiştên ecêb ên hîn di roja ewil a hatina wê ya Stenbolê de derketibûn pêşiya wê xelas bibe.
- Ez ne alîkariya te ne jî ya Mûtlû naxwazim. Hûn sax bin û Xwedê tu kêmahiya we nede, lê ji kerema xwe bela xwe ji min vekin.
Zelîxa werê got û kaxezên di dest xwe de bihêla danî ser bankoyê, berê xwe da derî û lêxist çû. Oktay bi dengekî nerm ba wê kir:
- Zelîxa Xanim, gelo te nivîsa li pişt wêne jî xwend?
Zelîxa di cî de ma sekinî, lê li paş xwe nefitilî. Oktay dewam kir:
- Ez dibêjim ev ji bo te tiştekî girîng e.
Zelîxa, wekî ku di dilê xwe de bibêje "Temam ûlan, lê welehînê wê ev a dawî be" fitilî û ber bi bankoyê ve meşiya. Rahişt wêne, zîvirand û çend saniyeyan lê nêrî. Ji nişkave gêja wê çû. Ji bo nekeve bi bankoyê girt. Oktay jî zûzûka ji pişt bankoyê derket hat bi milê Zelîxayê girt. Hêdîka wê bir li ser sendelyeyekê da rûniştandin. Qedehek av xwest, garson bi lez û bez anî. Zelîxa bi zorê karibû gulpekê vexwe. Piştî hinekî bi ser hişê xwe ve hat, cardin xwend:
Evîna min, ji kerema xwe, ji bo xwe, ji bo me, ji bo zarokê me hinekî din jî li ber xwe bide, dev jê bernede. Em li vê derê li benda te ne.

Wê her tişt xweştir bibe. Min, Mazlûm û Denîz pir bîriya te kiriye. Cana min, di nêz de em ê bên ba hev, hez ji te dikim.

Zelîxayê jî de hêdî nizanibû bê ka çi difikire. Ma bera jî dîn bû? Ma ji nexweşxaneyê reviyabû? Ma her kes biaqil bû, tenê ew dîn bû? An rebeneke ku ketibû nav dînan? Lê çima ev "Mazlûm û Denîz" ji bo wê bûbûn cihê diltepînyê? Îja Mazlûm û Denîz kî ne? Hîs kir ku hin tişt ji dilê wê hildiqetin. Nexwest wekî din li ser hûr bibe. Ji bo bîstek berî bistekê ji vê rewşa muema xelas bibe, li Oktay nêrî û bi dengekî westiyayî got:

- Oktay Beg, tu dikarî wê zerfa dudoyan jî bidî min?

5

Wexta Zelîxayê zerfê dudoyan ji destê Oktay girt, çû li ber maseyekê rûnişt û ew destên wê yî ji hêrsa rehilîbûn, bûbûn wekî berê. Piştî çavên xwe girtin û ji kûr de bêhn stend, zerf vekir. Di zerfê de ligel rûpeleke ku cardin li ser komputerê hatibû nivîsandin, du mifte hebûn. Pêşî hinekî mifte birin û anîn û piştî ew danîn ser maseyê, kaxeza qatkirî vekir û dest bi xwendina wê kir.

Merheba Zelîxa,
Berî her tiştî ji ber van tiştên ecêb bi rastî jî dixwazim zanibî ku xemgîn im. Ji bo wêne jî ji niha ve dawa lêborînê dikim. Ji bo tu ji nişkave neçî, min xwest zorê bidim şensê xwe. Diviya min bala te bikişanda û tu li ser mijara esasî hûr bûbûna. Ev tişt hemû wekî tiştine eletewş xuya bikin jî lê giş ji bo qenciya te ne. Ez ê yeko yeko gişa rave bikim, meraq meke. Niha ji bo min a girîng tu zorê bidî bîra xwe û nexasim jî tu bi min bawer bî. Ma hewce ye bibîra te bixim ku di rewşeke wiha de wexta tu bi min bawer bî tu yê li xesarê nekevî?
Bi qasî li ber ketim, tu dixwazî rojek berî rojekê dilxweş bibî. Loma naxwazim tu bi pirsgirêkên wekî cihê mayînê hwd. re eware bibî û wexta te belesebeb biçe. Ez mifteya mala hevalekî xwe dixim nav zerfê. Tu dikarî wekî mala te be, bi kar bînî. Meraq meke, wê mifteya malê tenê bi te re be. Ez ji dêvla te bûma, ji bo her saniyeyek xwe bibîr bînim min ê li ber xwe bida. Xanî, li qata dudoyan a apardûmana kafeya ku tu niha lê yî, daîreya çaran e. Mifteyek ji bo deriyê derve ye. Niha rabe here malê, bêhna xwe vede. Miheqeq dû re em ê dûr û dirêj sohbet bikin. Madem dixwazî dilxweş û kêfxweş bibî, naxwe kêfxweşî para te be Zelîxa. Bi hêviya dîtinê.

Mûtlû AÇIKGOZ

Zelîxayê piştî name xwend demeke dûr û dirêj werê li mifteyan nêrî. Zor da xwe ku ka armanc û xayeya Mûtlû çi ye. Lê dikir nedikir nikaribû fikrên xwe bi ser hev de bîne, her tişt bi hawayekî perçe perçe, ji hev veçiriyayî dihatin bîra wê. Serê sibehê ji Mêrdînê hatibû Stenbolê, lê werê hîs dikir ku wekî di ser hatina wê re hefte derbas bûne. Malbata wê ya ku li dû xwe, li Mêrdînê hiştibû hat bîra wê. Dîsa yek jê jî tam xweşikî nedihat bîra wê. Pir westiyayî, birçî û bêxew bû. Berê xwe da Oktayê li ber kaseyê:
- Gelo ez ê karibim li vê derê tiştekî bixwim?

Oktay di cî de bi destan gazî garson kir û got:
- Menuyekê bidin Zelîxa Xanimê.

Piştî werê got, berê xwe da Zelîxayê û got:
- Piranî meze û tiştên aperatif hene, lê giş jî biekl in. Noşîcan be Zelîxa Xanim.

Zelîxayê jî wekî ku malavayiyê lê bike serê xwe hejand û hema bi zorê lêvên xwe libitandin.

Nîv saet şûnde zikê xwe têr kiribû, di dest wê de mifte û name û ji bo hesêb bide li ber kaseyê bû. Çendî ku israr kir jî lê Oktay pere negirt û got, "Bila ev îkrama me be, jixwe tu ne xerîb î." Zelîxa bi weziyeteke bêhêvî û wekî ku dawa alîkariyê bike rabû ser xwe û li nav çavên zilêm nêrî. Zilam jî bi heman xwîngermiyê û bi heman bêçaretiyê lê nêrî. Jinikê de hêdî nedixwest wekî din pirsa tu tiştî bike.

Ji kêliya ku navê "Mazlûm û Denîz bihîstibû hesteke bêpênase xwe lê rapêça bû. Jê we ye ji nişkave çend salan extiyar bûye. Êş bû, dilmayîn bû, bîrî bû yan jê giş bûn wê jî nizanibû, lê tiştek hebû ku dilê wê diguvaşt. Got, "êvar xweş" û ji kafeye derket. Derwazeya avahiyê hema bi kafeyê ve bû. Bi mifteyên di destê xwe de, bi yekê deriyê derve vekir û ket hundirê bînayê. Ji ber tava hîvê li rasta derî û nêrdewanên bînayê ronahiyeke melûl hebû. Çendî ku apardûmaneke kevn bû jî lê pir paqij xuya dikir. Di nêrdewanan re hilkişiya qata dudoyan. Wexta li ber daîreya çaran sekinî, hîseke ecêb lê peyda bû. Jê we ye weku berê jî pir caran li ber vî deriyî sekinîbû. Di dilê xwe de got, belkî jî ji ber gotinên eletewş ên Mûtlû werê li min hatiye. Piştî tereduteke biçûk, derî vekir û hema hêdîka ket hundir. Ecêb bû, bêhna malê jî jê re xerîb nedihat. Hundir nîvron bû. Hêdîka di antreyê re meşiya, li nav malê geriya. Wekî ku zanibû deriyê ewil ê li destê rastê, deriyê metbaxê ye, û werê jî derket. Bi vê yekê re dilê wê rihet bû. Bi dorê yeko yeko derî vekirin û li hundir nêrî. Li destê çepê hêwaneke mezin û fireh hebû, li odeya kêlekê maseyeke xebatê û pirtûkxaneyeke ku seranserê dîwêr girtibû hebû. Zelîxayê êdî bawer dikir ku berê jî hatiye vê malê. Bi qilqilî û xwebaweriyeke ecêb berê xwe da odeyên din jî. Di nav derî re li serşokê û tualetê nêrî. Ji du odeyên li dawiyê yek jê ya razanê bû; di nav derî re li hundir nêrî, dudilî bû bê ka biçe hundir an na. Bi fikra hurmeta ji bo mahremiyeta xwediyê xênî dev jê berda, neket hundir. Lê ev odeya razanê jî jê re qet xerîb nedihat. Berî ku deriyê dawî veke texmîn kir ku ew odeya zarokan e. Li hundir li hemberî hev du nivînên biçûk hebûn. Qaxezên li dîwaran bi lehengên fîlmên kartonî hatibûn xemilandin. Bi lembeya bireng a ji binban şiqitandî, bi pêlîstokên li ser nivînê û bi perdeyên xwe yên bireng odeyeke pir xweşik bû. Dudilî ma bê ka bikeve hundirê odeyê ya na, lê dû re fikirî ma yê çi eyba nihêrîna li odeya zarokan hebe û ket hundir. Tişta ku ewilî bala wê kişand wêneyê malbatê yê çarçovekirî yê li ser şîfonyerê bû. Du zarok, zilamekî dişibiya Mûtlû û halê wê yê hinekî extiyar, di heman kareyê de bi rûkenî li objektîfê nêrîne. Çawa çav bi wêne ket, bêhn lê çikiya. Ji bo bêhna wê derkeve bi kulman li singa xwe xist û li ser çokan ket erdê. Hew cesaret kir ku serê xwe rake û cardin li wêne binêre. Piştî hîseke fetisîner bi zorê û zûzûka ji kûr de bêhn stend. Her derê laşê wê ji xwêdana şilopilo bûbû. Heya jê hebû kir qîrîn û got, "Denîîîzz!" Hîs kir ku gêja wê diçe û nava wê sivik dibe. Ji nişkave xeriqî û li ser piştê ket erdê.

6

Zelîxaya ku çawa çav bi wêneyê li odeya zarokan ketibû û ji xwe ve çûbû, piştî bixwe ve hat pir matmayî ma û maneyek werê berbiçav li tiştên ku dîtibûn bar nekir. Ji lew re li mala Mûtlû, li ber heman maseya taştê bi tena serê xwe rûniştîbû. Kêliyekê werê lê hat ku wekî berê jî ev sahne hatibe serê wê, lê di dilê xwe de got "Na, ne mimkun e." Di vê navê re di destekî wî de çaydan û di destê din de sepeta nan, Mûtlû hat hêwanê. Bi liv û tevgerine rihet her du jî danîn ser maseyê. Zelîxa dudilî ma bê ka aliyê wî bike yan na. Lê dîsa jî got:
- Bise, qet nebe ez çayê dagirim.

Mûtlû, kêliyekê werê bêdeng li Zelîxayê nêrî. Wexta Zelîxayê fêm kir ku Mûtlû dixwaze tiştekî bibêje, qet îstirheta wî xera nekir. Demeke dûr û dirêj li zilamê ku çavên wî nabînin nêrî. Mûtlû jî ji bo Zelîxayê nebizdîne, bi dengekî sakîn got:
- Zelîxa, hîn jî tu tişt nayê bîra te?

Zelîxa wekî bibêje "îja ev ji ku derket" çavên xwe zoq vekirin û xwe rast kir. Bi dû re got:
- Mûtlû, tu behsa çi dikî, ez ê çi bibîr bînim?

Mûtlû:
- Temam baş e, qet nebe wê kêlîka ji otogarê heya vê derê tê bîra te, ma ne werê?
- Helbet yanî. Hîn nîv saet di ser re derbas nebûye, ma ez ê çima ji bîr bikim? Nizam haya te jê heye yan na, tu pirsine pir ecêb dikî?
- Tu rast dibêjî Zelîxa, tu pir mafdar î. Bi qasî ku zimanê min bigere ez ê ji te re behs bikim. Tekane daxwaza min ji te, tu sakîn bî û li ser paşerojê hûr bibî. Ji kerema xwe, werê pir

bertek nîşan nede, her tiştek ravekirineke wê ya bivac û bimantiq heye, wexta ez vana yeko yeko ji te re bibêjim, tu jî zorê bide bîra xwe û wateyekê li gotinên min bar bike. Ji bîr meke, ez aliyê te dikim û bi min bawer be.
Zelîxa hem ji vê xeberdana ecêb a Mûtlû tiştek fêm nekiribû hem jî bi ser de jî qilqilî bû. Hîn bibaldartir li derdora xwe nêrî, bi awirine bitirs li ser derdorê hûr dibû. Kêliyekê werê lê hat ku dixwest hema bi bazdan ji malê derkeve. Lê te digot qey Mûtlû ev yek hîs kiribû, loma got:
- Zelîxa ji kerema xwe sakîn be û guh li min bike. Ji bo hin tiştan wexta me pir hindik e, her diçe kêmtir dibe. Loma ez ê bi rê û rêbazine din hin tiştan bînim bîra te; armanca min bîra te zînde bikim û hin tiştan bibîra te bixim. Ji kerema xwe netirse, tenê lê hûr bibe. Heger hema em roniyeke biçûk jî di bîra te de zevt bikin, wekî din rihet e. Dixwazim vîdeoyeke kurt bi te bidim temaşekirin. Dibe ji ber tiştên ku tu çav bi wan bikevî tu şaş bimînî, lê reca dikim û cardin cardin diyar dikim, nebî nebî panîk bibî; bîra xwe, hafizeya xwe kontrol bike û bifikire, lê hûr bibe, bîne bîra xwe.
Zelîxa ji ber vê xeberdana absurd bêtir saw girtibû û got:
- Birako, tu henekê xwe bi min dikî yan ev henek û mesqereya ber kamaraya ye? Li qisûrê menêre, min digot qey tu yekî biaqil î loma ji bo taştê hatim mala te, lê bes. Ez diçim, noşîcan be ji te re.
Zelîxa werê got û rabû ser xwe, ji hêwanê derket, li ber deriyê derve şimikên di nigê xwe de ji pê kirin û pêlavên xwe xistin nigê xwe. Mûtlû ji cihê xwe ranebûbû, ji hêwanê gazî Zelîxayê kir:
- Na, Zelîxa na, niha nabe. Ji kerema xwe neçe, hema tenê çend saniyeyan, tu yê bibînî ku tiştên dibêjim ne tiştine eletewş in.
Zelîxa hem pêlava xwe dixist pê hem jî digot:
- Ji kerema xwe em dirêj mekin. Ev liv û tevgerên te yên ecêb li xweşa min neçûn. Bi xatirê te.
Wexta destê xwe avêt qulpa derî, Mûtlû ji hundir ve cardin gazî wê kir:
- Zelîxa, ez dixwazim tu Mazlûm û Denîz bibînî.

Zelîxa ku hîn destê wê bi qulpa derî vebû, di cihê xwe de ma sekinî; hîs kir ku çavê wê tije bûne, dilê wê teng bûye, lê nizanibû ji ber çi werê lê hatibû. Hêdîka qulpa derî berda û cardin vegeriya hat hêwanê. Mûtlû bi mirûzekî cidî û bi dengekî jidil got:
- Rûnê ji kerema xwe, rûnê Zelîxa. Ez bawerim tu yê fêm bikî.
Zelîxayê nizanibû wê bibêje çi, tenê got:
- Te got Mazlûm û Denîz?
Mûtlû got:
- Belê, û rahişt qumandaya televîzyonê û berê wê da televizyona biçûk a LCD'yî.
- Zelîxa, ji kerema xwe sakîn be û temaşe bike.
Zelîxa bi tirs çavên xwe kutan ekrana televîzyonê û ma sekinî. Te digot qey zanibû wê çav bi çi bikeve û loma nedixwest lê binêre, lê çavê xwe jî ji ser ekrana vala nediniqand. Çend saniye şûnde wexta di ekranê de çav bi keçik û kurikeke ku jê re destên xwe li ba dikin û halê xwe yê extiyar ket, bêhn lê çikiya û xirîniyek jê hat. Bi her du destên xwe singa xwe dewisand û xwest bêhna wê derkeve; çavên wê hîn jî li ser zarokan bû ku destê xwe jê re li ba dikirin. Dengê Mûtlû diçûyê ku dixwest wê aşt bike lê tiştek fêm nedikir. Wekî ku kulmek li nav singa wê ketibe, bêhna wê dernediket, wê kêliyê digot qey wê bimire. Zor da xwe û biqîrîn got:
- Denîîîzzz!, û tep ket erdê.

BEŞA DUDOYAN

7

Du meh şûnde.

Dr. Sema lepikên xwe yên emeliyatê yên bixwîn ji destê xwe, boneya xwe ji serê xwe û rûpoşa xwe ya emeliyatê jî ji ber devê xwe derxist û avêt qofeya çopê ya bermayiyên tibbî. Ji hemşîreyan yek jê aliyê wê kir ku pêşmalka xwe ya emeliyatê ji ber xwe bike. Ji emeliyatxaneyê derket, çû pêrgîngehê yanî hêwana rawestandinê. Der barê emeliyatê û rewşa nexweş de hin agahiyên ku ji bo dilê xizmên nexweş ên li vê derê sekinandîbûn têkeve cî salox dan. Xizmekî nexweş hindik mabû ew hemêz bikira û destê wê ramûsa. Lê wê di cî de destê xwe kişand, nehişt ramûse. Xizmên nexweş ên ji kêfa nav çavên wan diçirûsîn, li wir hiştin û ber bi odeya xwe ve çû. Piştî her emeliyateke serkeftî ji kûr de aramiyek xwe lê radipêça û bêyî ku ji wê cidiyeta xwe ya dixtoriyê tiştekî kêm bike bi keneke li ser lêvan silav da xebatkarên nexweşxaneyê û li korîdorê meşiya. Xwe bi xwe şanaz dibû, li meslega xwe difikirî ku çend dî zehmet be jî hez jê dike. Helbet dizanibû ev hest û hîs, piştî her emeliyateke serkeftî lê peyda dibin û hestine demborî ne. Qasek şûnde wê ji van hestan tenê westandin û qutifandin bimaya. Berî ku têkeve odeya xwe ya lê derwazeya poliklînîkê, gazî sekretera beşê kir ku çend gav wêde û li pişt bankoyê rûniştîbû:

— Nezahat, kesî pirsa min nekiriye?

Sekreterê bitelaş rabû ser xwe:

— Belê Sema Xanim, piştî tu ketî emeliyatê, bi şev saet li dor yazdehan hevjînê te telefon kir. Min jî got, di emeliyatê de ye, nizanim wê çi qasî dewam bike. Lê tu nîşhe danenîn.

Dixtor Sema, li saeta li dîwêr nêrî. Saet ji çaran bîst derbas dikir. Hema bibêje zêdetirî pênc saetan di emeliyatê de mabû. Niha Bedirxan û zarok ji zûv de razane. Wexta li ser Bedrixan fikirî, westandina wê hat bîra wê. Û ji wê hizûrê tu tişt nemabû. Wexta serê sibehê ji mal derketibû cardin ketibûn qirika hev û ji hev xeyidîbûn. Wexta Bedrixan zarok biribûn dibistanê, wê jî hema rast berê xwe dabû nexweşxaneyê û xwestibû li ser derd û kula nexweşan û xizmên wan hûr bibe ku bi vî awayî Bedirxan neyê bîra wê. Wexta êvarî diviyabû zûzûka têkeve emeliyatekê nexwestibû telefonî wî bike û jê re bibêje wê dereng were malê. Di çend mehên dawî de wê û mêrê xwe li hev nedikir. Çendî ku nikaribû tam navekî li vê pirsgirêkê bike jî, lê dizanibû ku tişta derz lê ketiye zewaca wan e. Asta dawî ya têkiliya wê û Bedirxan, ew pir diêşand, lê cardin jî ji dilê wê nedihat ku tiştekî bike. Gelek caran hewl dabû biaxive, lê kiribû nekiribû nikaribû wê ecêbiya Bedirxan ji hev veçirîne. Wê jî dev ji her tiştî berda bû.

Eşyayên xwe yên li odeya xwe dan ser hev û xistin çenteyê xwe. Wê kêliyê dît hinan pênc caran telefonî wê kiriye. Texmîn dikir kî ye, lê cardin xwest lê binêre. Çar caran Bedirxan û carekê jî Celal telefonî wê kiriye. Her wiha Celal peyamek jî rê kiriye. Zûzûka vekir û xwend:

"Îstirheta te çawa ye? Ji duh bi şev ve meraq dikim. Heger telefon bikî, ez ê kêfxweş bibim. Meseleyeke girîng heye, divê em biaxivin."

Peyama Celal û ji lêgerînên bêbersiv jî qeyda Celal jê bir.
Wexta ji odeya xwe derket, berê xwe da sekreterê û got:
- Roja te bi xêr, Nezahat. Ez ê derkevim biçim.
Sekreter rabû ser xwe:
- Roja te jî bi xêr, Sema Xanim. Di vê navê de pîroz be, hevalan got, emeliyat pir baş derbas bûye.

Sema ji dêvla bersivê, her du çavên xwe girtin, serê xwe xwar kir û malavayiya wê kir. Derket derve, bayê hênik û hewaya paqij kişand nav sî û cergên xwe; niha hîn bêtir xwe baş hîs dikir. Li wesayîta xwe ya ku li hêla vekirî ya otoparkê bû siwar bû, ew şixuland û bi paspasa wesayîtê aviya ku ji ber hênkahiya sibehê li ser camên wê yî pêşî çêbûbûn paqij kir û bi dû re pêl xazê kir.

Wexta derket ser rêya hawirdorê, ji bo çûyîna malê dudilî bû. Ji aliyekî ve ji westana bi zorê bi dîreksiyonê digirt, li aliyê din jî nedixwest vê şeveqa han biçe xwe li ser nivînan li kêleka Bedirxan dirêj bike. Dikaribû li hêwanê, xwe li ser qenepeyê dirêj bike. Lê nedixwest zarok wê li wir bibînin. Ji nişka ve biryar girt û pêşî telefonî sekretera xwe kir. Sekreterê di derba ewil a lêketina telefonê de cewab da:
- Kerem bike Sema Xanim. Qey te tiştek ji bîr kiriye?
- Na, Nezahat. Cana min, wexta Bedirxan telefon bike, tu dikarî jê re bibêjî ji emeliyatê derketiye û niha li hêwana vehesandinê radikeve? Lê bila kesine din bi vê nizanibin, temam?

Sekreterê jî weku ji halê wê fêm kiribe, got:
- Helbet Sema Xanim. Meraq meke, ez ê hel bikim.
- Sax bî, Nezahat.
- Roja te bimîne bi xêr, Sema Xanim.

Ji rêdera ewil ji rêya hawirdorê derket û ber bi Taksîmê ve ajot. Fikirî, a baş li herêma otêlan li otêlekê bêhna xwe vede.

Piştî çend saetan wexta li odeya otêlê şiyar bû, qederekê li ser piştê werê li binbaniyê odeyê nêrî. Weku fêm bike ka li kû derê ye, li derdora xwe nêrî, bi tamara xewê xwe rast kir û li ser nivînê rûnişt. Dixwest cardin xwe dirêj bike û razê, lê bi hîseke weku divê tiştina bike, dudilî ma. Kêliyek dinê jî werê rûniştî hênijî. Ji nişka ve zarokên wê hatin bîra wê. Tişta diviya bû bike hatibû bîra wê û bi vî awayê ji nav nivînan çeng bû. Li saeta telefona xwe ya ku ew bêdeng kiribû nêrî. Saet dudo û çil deqeyê esir bû. Her wiha Bedirxan du caran telefonî wê kiribû û peyamek jî rê kiribû. Xeweke neşikandî kiribû, bi xwe ve hatibû. Serê sibehê wexta bi awayekî jihaldeketî cilên xwe ji xwe kirin, hinek jê li erdê hinek jê jî li ser sendelyeyê bûn. Cilên xwe yên li erdê top kirin û wan jî danî ser sendelyeyê. Berî ku telefonî Bedirxan bike pêşî peyama wî xwend. Peyam, du saet berê hatibû rêkirin.

"Min nexwest li derî bixim û te şiyar bikim. Li lobiyê me, wexta şiyar bûyî tu yê dakevî."

Sema xwe bi xwe got:
- Xwedê qehra xwe li te neke! Erê lê! Li her derî hevalên begefendî hene! Naxwe yekî ilamê wî pê xistiye."
Di dilê xwe de got, "Naxwe hinekî din jî bisekine" û berê xwe da serşokê. Wexta avek li xwe kir û xwe amade kir, nîv saetê dinê jî derbas bûbû. Gava daket lobiyê, dît ku Bedirxan bi tena serê xwe li quncikekî rûniştiye. Pêşî çû resepsiyonê, mahmeleya derketina ji otêlê safî kir. Kêliyekê ket nav fikra ku hesab ji wan bipirsa çima ilam dane mêrê wê, lê tavilê dev jê berda. Ma wê bi kêrî kê bihata? Bi gavine sext çû ba Bedirxan. Wexta Bedirxan rabû ser xwe, Sema li rûyê wî jî nenêrî, hema çû li qoltixa hemberî wî rûnişt û nig avêtin ser nig û bi toneke qerîneyî got:
- Bala min lê ye te di cî de ez dîtime.

Bedirxan biken got:
- Wexta ev qas hevalên meriv ên kedkar hebin, tu bikî nekî îstixbarata meriv jî saxlem e. Min texmîn kiribû ku tu yê nexwazî bêyî malê, lê qet nebe meriv peyamekê rê dike.

Zoq li Bedirxan nêrî û got:
- Bedirxan, ji dilê min nehat.
- Baş e Sema, werhasil niha em nikarin vê ji xwe re bikin bar. Dixwazî em bi hev re tiştekî bixwin. Divê em bi seriyekî rihet biaxivin.

Semayê ewilî ji kûr de bêhn stend û bi dû re kêliyekê li derve nêrî. Bêguman birçîbû, lê ji meseleya ku ew û Bedirxan rûnên û bi hev re biaxivin, ne êmin bû. Ji ber ku berê jî bi nîqaş, xeydan û aciziyên werê re rû bi rû mabûn, cardin xeberdaneke bi vî rengî bêyî dilê wê bû. Ji dêvla cewaba ku Bedirxan li bendê bû, wekî ji nişkave hatibe bîra wê, bitelaş got:
- Te zarok birine malê, ne werê?
- Belê, nihêrvan li cem wan e, xeman mexwe. Piştî deng ji te nehat, piştî nîvro min ew anîn. Ma em ranebin?

Sema fikirî ku ne hewceyî inyadeke zêde ye û got:
- Temam, hadê em rabin. Lê dixwazîm em li van deran bixwin, ez pir birçî bûme.

- A rast min cihek eyar kiribû. Her wiha min gazî Celal jî kiriye, em bi hev re biaxivin wê çêtir be.

Sema, ji bo weziyeta xwe ya wê kêliyê nede der, got:
- Îja çima Celal, çima gazî wî dikî?

Zûzûka di serê xwe re bir û anî ku bê ka Bedirxan têkiliya wê ya bi Celal re dizane yan na.

Bedirxan, bi awayekî sakîn got:
- Sema, hinek tişt hene, em bi hev re biaxivin wê çêtir be.

Semayê ferq kiribû ku Bedirxan ji her wextî bêtir sakîn e, lê dikir nedikir maneyek lê bar nedikir. Her wiha bi awayekî emirwarî gazîkirina Celal jî elameta hin tiştan bû.

Bedirxan li gor berê cudatir tev digeriya. Berî ku tiştekî bike pêşî li ser hûr dibû, plana xwe çêdikir, biryarên xwe digirt û bi dû re piştî danûstendinekê, fikrên xwe li Semayê ferz dikir. Ji xwe sedema sereke ya nîqaş û şerên di mehên dawî de jî ev bû. De hêdî Bedirxan nas nedikir û werê hîs dikir ku her diçe jê dûr dikeve. Her ku dihat bîra wê têkiliya wan ber bi girêhişkekê ve diçe û carwarên Bedirhan dihanî ber çavê xwe, hîn bêtir jê sar dibû û li ber diket. Wexta evan tiştan giş dihanî ber çavê xwe û wan û rewşa niha ya Bedirxan dida ber hev, ecêb ma. Werê xuya bû di mêrê xwe de ecêbiyek didît. Wexta bi mehan di nav valahiyekê, bedbextî û hestine neçar de mabû, Celal telefonî wê kiribû û ji dilê wê jî hatibû ku derd û kula xwe ji hevalê xwe re bibêje. Çendî ku ew û Celal du caran hatibûn gel hev jî, lê xweşikî xeber nedabûn. Herî dawî duh bi şev hinekî axivîbûn û bihêrs ji cem Celal rabûbû çûbû. Niha jî Bedirxan navroj eyar kiriye û gazî Celal kiriye. Gelo dixwest bi vî awayî çi bibêje? Zilamê ku bi salan e bi Celal re nediaxivî û nediçû balê, çi bû ku ji nişkave wê her sê bên cem hev, hem jî di xwarinekê de. Lê belê Semaya ku di dilê xwe de digot dibe ku ev tesadufek be, got:

- Ji bo min ne xem e, lê heyr mam. Axirê ji zûv de ye tu û Celal xeydan in. Hêvîdarim fikreke te ya ku em meseleya xwe ya navmalbatî li cem Celal biaxivin tuneye.

Bedirxan, bi tonekî bimitale got:

- Dixwazî ez di dema xwarinê de bibêjim. Merak meke, tu tiştekî ku em nikaribin hel bikin tuneye. Em ê ji derheqê her tiştî derkevin.

Sema wekî ku tu tişt ji weziyeta niha fêm nekiribe, werê li Bedirxan nêrî û got:
- Baş e, lê ez meraq dikim bê ka tu yê çi bibêjî.
Bi hev re ber bi wesayîtê ve meşiyan.
Wexta ketin hundirê restorana li Karakoyê, serwîsa navrojê qediyabû û li hundir tenê çend kes mabûn. Li dor du sê maseyan hin mişterî hebûn, wan jî xwarina xwe xwaribû û ji xwe re sohbet dikirin. Li maseya li quncik jî Celal bi tena serê rûniştibû. Malavayiya garsonê ku rê li ber wan xist kirin û berê xwe dan maseya ku Celal lê bû. Semayê dixwest ji wechê Celal tiştekî fêm bike, lê belê ji wechê wî yê cidî û awirên wî qilqilî. Du hevalên berê du sal in bi hev re nediaxivîn. Ev bi tena serê xwe tiştek bû, lê belê bi ser de jî piştî axaftina duh êvarî ya bi Celal re û hatina wan a gel hev a niha, meraqa Semayê gurtir kiribû.

Celal rabû ser xwe, pêşî Semayê maç kir û bi dû re wî û Bedirxan zûzûka bi destê hev du girt. Li cihê xwe rûniştin. Garson hat, sîparîş girtin û çû. Ji stresê îşteh li Semayê nemabû, lê ji mîdeya xwe ya dikir xirxir fêm kiribû ku divê tiştekî bixwe. Dûr û dirêj bêdeng mabû. Ev bêdengî bêdengiyeke werê bû ku hindik mabû rageşiya li maseyê bide der. Bedirxan piştî du caran li ser hev kir kuxtînî, hema di cî de got:

- Sema, te dît hin tişt hene mirov nikare biaxive yan jî dema diaxive pir ditengije. Aha xeberdana niha ji bo min tiştekî werê ye. Berî her tiştî, ji ber ku min bi derengî xist ez çi bibêjim jî tu yê pê aciz bibî. Lê wekî din tiştekî ku bikim ji destê min nayê. Bawerim tu xwe li min negirî. Her wiha mala Celal jî ava ku ez neşikandim û hat.

Celal, weku bibêje "dev jê ber de, hewce nake" destê xwe û serê xwe hejand. Sema jî ji bo diltepîniya dilê wê ku dikir kutkut û bêhnstendina wê ya bi lez û bez neyê ferqkirin, bi destê xwe yê çepê devê xwe girt û destê xwe yê rastê jî xist bin qoltixa çepê.

- Sema, ez hinekî nexweş im. A rast, pê hesiyam ku nexweşîneke min a giran heye.

Sema ji ber ku ceraha mêjî bû, dizanibû wê hevokên bi vî rengî ber bi ku ve biçin. Ji bo xeber nede û berteka xwe ya ewil nede der, bi zorekî xwe girt.

- Hema bibêje mehek e. Hatim nexweşxaneya we, cem Çaglar Xoce.

Prof. Dr. Çaglar Serînoglû, pisporê norolojiyê bû û Semayê pir qîmet didayê. Wê kêliyê te digot qey mêjiyê Semayê sekiniye.

- Êşa serê min nû dest pê kiribû. A rast ji bo ji te bipirsim hatibûm nexweşxaneyê, lê wexta li korîdorê leqayî Çaglar Xoce hatim ez vexwandim odeya xwe û got, "Were, hem em ê hinekî sohbet bikin, hem jî em ê li wê belaya di serê te de binêrin." Me hinekî li ser kar û barê min, hinekî jî li ser sefaleta ku welêt tê de ye axivîn. Bi dû re me MR kişand û em cardin hatin odeyê û me sohbeta xwe dewam kir. Çaglar Xoce, encama MR'yê xwest. Wexta encam di nav destên wî de bûn, hem guh li giliyê min dikir hem jî pirs dipirsîn. Axirê got, "Ji bo jê êmin bim divê hin tetkîkên din bikim, lê hin şupeyên cidî hene." Me di heman rojê de hemû tetkîk kirin. Ber êvarî xoce li encaman dinêrî û min jî hema bibêdengî lê dinêrî. Bi kurt û kurmancî got: "Ûr di mêjiyê te de ye û werê xuyaye giran bûye. Em dişopînin û em ê tetkîkan bikin û demildest ez ê te têxim bin kontrolê."

Sema, lêva xwe ya bin ku destê wê li ser bû gez dikir û ji bo ji çavên wê yên ji ber hêsiran giran bûbûn hêsir nebarin, zorê dida xwe. Dizanibû ku wê piştî dilopa ewil wê kontrol ji desta derkeve û bigirî. Her wiha li aliyê din fikra, dibe ku henekê be, loma hewl dida ku temkînî ji dest neçe.

Bedirxan, her du destên xwe yên li ser maseyê dabûn hev. Li tiliyên xwe yên beranekê yên wan di hev didan de nêrî û got:

- Bi taybetî min ji Çaglar Xoce reca kir ku vê yekê ji kesî re nebêje. Ji min re got, heger bi te re parve bikim wê baş be, weku dixtorekê dibe ku fikr û pêşniyarên te yên cuda hebin. Lê min qebûl nekir. Min got, heya baş zelal nebe, naxwazim tu li ber bikevî. Jixwe di wê navê de ez û tu tim pev diçûn û xwe-

şikî me bi hev re xeber nedida. Di nav vê mehê de gelek tetkîk hatin kirin. Tekane rê, emeliyateke pir xetere ye. Sema, helbet ez ê behsa vê nekim, jixwe tu her roj dikevî emeliyatên bi vî rengî. Lê belê îhtimala serketinê jî pir kêm e. Êdî ji weziyet û cidiyeta Bedirxan fêm kiribû ku ev ne henek e. Wexta Semayê dît ku destê wê yê li ser devê wê bi hêsirên çavên wê şil bûne, êdî dereng mabû. Hêsirên ji çavan dihatin ji ser dêmên wê ber bi devê wê ve diherikîn. Te digot qey lêvên wê bi hev ve zeliqîne. Lê bi wan lêvên xwe yên ku bi zorê ji hev vekirin, axirê bi pistînî û bi hêvî got:
- Na Bedirxan, na. Tu henekê xwe dikî, ma ne?
Bedirxan bi bişirîneke êşbar li Semayê nêrî. Semayê ev awir nas kirin, tiştên gotibûn ne henek bûn. Dr. Sema ku bi salan salixên bi vî rengî didan nexweşan û xizmên nexweşan, weku cara ewil leqayî kesekî ku pençeşêra mêjî lê peyda bûye û ew kes jî mêrê wê Bedirxan e, werê sar ma sekinî. Te digot qey her peyva ku ji devê Bedirxan dertê piştî xwe bera valahiyeke dûr û dirêj didin, bi dû re digihên wê. Bedirxan bi heman tona xwe ya monoton dewam kir:
- Niha îja divê em ji bo emeliyatê biryarê bidin. Çawa be jî wê çend mehên din mêjî bêerk bimîne. Sema, ji bo ez van tiştan ji te re nebêjim çi ji destê min hat min kir. A rast min tim digot wê ev ûreke cirxweş be. Çaglar Xoce jî ewilî jê nebawer bû. Lê çend roj berê wexta got de hêdî wextê mudaxilekirinê hatiye û rewş pir xetere ye, aha wê çaxê min qerar lê da ku ji te re bibêjim. Sê roj berê min telefonî Celal kir û min ewilî jê re got, bê ka divê ez çi bikim û çawa tev bigerim. Çawa be derûnas e û wê ji min çêtir û baştir bifikiriya. Helbet wekî hevalekî jî.
Celal jî ji kûr de bêhn stend û pêşî qirika xwe paqij kir. Lê Bedirhan firsend nedayê, ji cihê mayî dewam kir:
- Hesabê me ew bû ku wê pêşî Celal bi te re biaxiviya, wê derûniya te ji bo vê amade bikira û bi dû re em ê rûniştana û xeber bidana. Hûn duh û a din a rojê ji bo vê hatin cem hev, lê werê xuyaye tu heya dev tije bûyî û loma te behsa ecêbiyên min, guherîna min û her diçe ji min dûr dikevî, kiriye. Celal,

105

wekî ku dawa lêborînê bike li Semayê nêrî. Aha wê çaxê fêm kir ku piştî du salan çima Celal werê ji nişkave derketiye holê. Semayê xwe bi Celal aciz nekir, bi mîmîkên xwe wekî jê re bibêje, "xem nake". Bedirxan axaftina xwe dewam kir:

- Qaşo wê îro Celal bi hûrgilî bi te re biaxiviya, lê hem tu ne guncan bûyî hem jî piştî Çaglar Xoce telefon kir û got, piştî nîvro em ê dest bi emeliyatê bikin, loma min jî ev hevdîtin eyar kir. A rast ne li bendê bûm ku wê emeliyat werê zû be. Min digot jixwe hîn çend rojên me mane.

Semayê nizanibû wê li ser çi bifikire û çi bibêje. Li cihê xwe werê ma aliqî. Di mêjiyê hevalê wî yê bîst û pênc salan de ûr hebû, ew ceraha mêjî bû, mehek e mêrê wê li nexweşxaneya ku ew lê dişixule tedawî dibû û evan tiştan hemûyan li restoranekê li cem hevalekî xwe yî du sal in bi hev re xeber nedidan hîn dibû. Hem jî piştî her kesî. Di xwe de derxistibû ku wê bîskek şûnde cardin bigirî, lê nizanibû di nav ev qas tiştî de wê bi ser çi de bigirî. Bi her du destên xwe ser çavên xwe girtin û ji nişkave bi deng got kûrr û giriya. Mişteriyên restoranê û garson li maseya wan nêrîn.

Ji neçarî, bêyî ku xwarinê bixwin rabûn ser xwe. Her diçû giriyê Semayê vediguherî krîzekê. Du hevalên berê, Bedirxan û Celal, xwestibûn biriyan şe bikin, lê çûbûn çav der kiribûn. Her du ketin destê Semayê û ji restoranê derketin. Wexta gihaştin cem wesayîtê Celal got "Bi her awayî li cem we me, wê haya me ji hev hebe" û ji wan veqetiya. Her du li wesayîtê siwar bûn, ber bi malê ve bi rê ketin. Di rê de Sema yek gotinek jî nekir, hema digiriya. Bi halê Bedirxan, ji ber ku jê veşartibû, bi halê xwe, bi halê zarokê xwe digiriya. Car carina disekinî, dixwest tiştina bibêje lê çawa dest bi axaftinê dikir, werê jî digiriya. Wexta nêzî malê bûn, Bedirxan leza wesayîtê kêm kir û got:

- Em diçin malê, bila zarok te di vî halî de nebînin.

Di dengê wî de hem xemgînî hem jî xweragirî hebû.

Semayê bi her du destên xwe ser çavên xwe baweşîn kirin, xwest bêhna wê derkeve.

- Temam canê min, pir, pir pir dawa lêborîn dikim. Wê ev, heya tu baş nebî giriyê min ê ewil û yê dawî be. Di dema ku pêdiviya te bi moral û piştgiriyê hebû ez ne li cem te bûm. A min diêşîne ev e. Bi ser de ev du meh in min bi te re şer dikir û moralê te xirab dikir, lê ka min ji ku zanibû... Hîn axaftina xwe temam nekiribû, cardin giriya. Lê bi dû re xwe da ser hev û got:
- Na, na, qediya.
Hem ser çavê xwe paqij dikir hem jî bişirî û got:
- Bi rastî jî ev hemleya dawî bû.
Di deriyê avahiyê re ketin hundir, hilkişiyan qata dudoyan û hatin ber deriyê mala xwe. Wexta Bedirxan destê xwe dirêjî zingilê derî kir, got:
- Bise, deqakê.
Werê got û xwe avêt stuyê Bedirxan. Dûr û dirêj ew hemêz û bêhn kir. Hema bibêje du meh bûn ku wê û Bedirxan dest li hev negerandibûn.

Nihêrvana zarokan derî vekir û zarok jî bi bazdan hatin hêwanê, dê û bavên xwe hemêz kirin. Kêfa zarokan li cî bû. Nihêrvana wan jî hema xwe hazir kir û derket, çû. Sema û Bedirxan jî çûbûn metbaxê û bi kêfxweşî xwarin hazir dikirin. Zarok jî li hêwanê li ber televîzyonê bûn; car carina bi hev re henek dikirin, bi hîqehîq dikeniyan. Sema, hewl dida meseleya sereke ji bîr bike. Lê belê her du jî hay ji wê fikra ku li nav mêjiyê wan diçû û dihat, hebûn. Bi vî awayî tevî zarokên xwe şîva xwe xwarin û piştî zarok şandin nav ciyê wan, her du bi tena serê xwe man. Li ser qenepeyê li kêleka hev rûniştin, werê bêdeng li hev nêrîn û hev hemêz kirin. Gelek tişt hebûn ku ji hev re bigotana, lê belê nekirin. Bîst û pênc sal bûn bi hev re bûn; di navbera wan de jiyan û hevaltiyeke geh êşbar, geh dilxweş û geh jî bi xurmexurm hebû. Her duyan jî dizanibû bê çi hîs dikin û li ser çi hûr dibin. Loma bêyî ku gotinekê jî bikin werê hev hemêz kirin û maç kirin. Te digot qey ne hesret û bîriya du mehan, a bi salan li nav dilê wan lod bûye. Sema bi destê Bedirxan girt û ber bi odeya razanê ve bir. Bedena wan a şilfîtazî bi azwerî û bengîniya pevşabûna ewil li hev lefiya. Her duyan jî hîs dikir ku wê ji sibê pê ve careke din pev şa nebin û bêyî ku lez bikin, wekî ji nû ve bedenên hev kifş bikin û weku dawiya pevşabûnê jî nayê û wê bi bengînî û bi pevşabûnê ber bi mirinê ve biçin li hev nêrîn.

Wexta Bedirxan di xew re çû, Sema jî enîşka xwe spartibû balîfê, serê wê di nav kefa destê wê de, li heval, hevrê û dildarê xwe yê bîst û pênc salan, li bavê zarokên xwe temaşe dikir. Car carinan jî bi baldan, ji bo şiyar nebe, tiliyên xwe di nav porê wî yê reşî xelxelekî de dibir û dihanî. Li ser çavê Bedirxan rihetî û aramî hebû. Bi pozê xwe yê mezin, bi lêvên xwe yê qalind, bi canê xwe yê esmer û bi wechê xwe yê mesûm, ji her wextî bêtir dilhebîn û dilkêş bû. Sema li ser du mehên wan î dawî hûr bû. Ji ber vê qehirandîbû, pêşî ji Bedirxan qariyabû, dû re jî ji xwe. Dêmek sedema hemû îngirokî, ecêbî û liv û tevgerên nefambar ev bû. Bedirxan, tişteke şaş kiribû. Diviyabû di cî de jê re bigota û ji destpêka tedawiyê ve li cem mêrê xwe bûna. Naxwe, ew serdanên wî yên çend hefte berê ku hatibû nexweşxaneyê jî, ji ber vê bûne. Halbûkî gotibû, "Derbas dibûm, min got ka seriyekî li te jî bixim." Bi van serdanên Bedirxan ên ji nişkave hem kêfxweş bûbû hem jî pê ecêb hatibû. Ji ber ji hev sil bûbûn. Bedirxan li malê jî behs nedihanî ser vê mijarê. Xebatkarên nexweşxaneyê jî jê veşartibûn. Mihtemelen bi telîmata Çaglar Xoce bûye; sedem jî mehremiyeta nexweş. Ji dêvla xoce ew bûna jî wê heman tişt bikira. Bi îhtimaleke mezin wê sibê Cuneyt Xoce têketa emeliyatê; cerahekî baş bû, ekîba wî jî xwedî ezmûn bû. Qasek şûnde telefonî Çaglar Xoce kir, hin agahî jê wergirtin û bi dû re xwest telefonî Cuneyt Xoce bike ku ew jî dixwaze pê re têkeve emeliyatê. Dizanibû wê Cuneyt Xoce daxwaza wê neşikîne. Lê ya girîng, hîsiyata wê ya di dema emeliyatê de bû. Fikirî ku heya niha tim bi profesyoneli tev geriyaye, li emeliyatxaneyê wexta qaqotê serî vekirine, bêyî ku lê bifikire ka ev qaqot ên kê ne ji destê çi hatiye kiriye. Lê belê mêjiyê ku dê sibê pê re rû bi rû bimîne, yê hevalê wê yê bîst û pênc salan, yê Bedirxan, yê dildarê wê, yê mêrê wê bû.

Wexta destê xwe di nav porê Bedirxan re dibir û dihanî, bi baldan ramûsanek danî ser bêvila wî.

Çû li bîst û pênc sal berê, li demên zanîngehê ma aliqî. Dûr û dirêj li rojên berê fikirî. Wê û Bedirxan hîn di salên ewil ên zanîngehê de hev du nas kiribûn. Bedirxan ji Nisêbînê, Sema jî ji Tarsûsê hatibû Stenbolê. Bedirxan di beşa dîrokê de bû, ew jî di tibbê de. Li kafeya ku piştî dersan ew û hevalên xwe diçûnê, bi saya komek heval hev du nas kiribûn û bi dû re qet ji hev veneqetiyabûn. Di dema zanîngehê de Bedirxan çend caran hatibû destgîrkirin, lê cardin jî dev ji têkoşîna xwe ya şoreşgerî bernedabû. Xwepêşandanek, çalakiyek li kû derê hebûya Bedirxan tim li pêş bû. Ji ber zor û zehmetiya dersên tibbê, çendî ku wê û Bedirxan di nav rojê de pir hev nedîta jî, lê ji tu protestoyên girîng nedima. Di salên 90'î de ji ber şewitandina gundan, cinayetên siyasî yên kiryarên wan dihatin veşartin, şkence û windakirina di dema destgîrkirinê de, zanîngeh jî tim bi liv û tevger bûn. Hema bibêje roja ku çalakiyên protestoyî nehatana lidarxistin tunebû. Kesên dihatin destgîrkirin hemû bi îhtimala bênwindakirinê re rû bi rû diman. Şkence jî, şkenceyeke sîstematîk bû. Di bin navê têkoşîna li dijî terorê de, terora hikûmetê li her derî belav bûbû. Bi hinceta alîkariya PKK'yê kirine bi sedan gundên Kurdan bi darê zorê hatibûn valakirin, li milyonan mirovî koçberî hatibû ferzkirin. Şer û pevçûnên li çiyê di navbera komên çekdarî û hêzên hikûmetê de diqewimîn, li bajaran belav bûbûn û sivîl hedef hatibûn girtin. Navendên rojnameyan û partiyan dihatin bombekirin, ro li nîvro, mirov li nav kuçeyan ji paş ve dihatin înfazkirin. Bi hezaran mirovên ku li malên xwe, li kargehên xwe dihatin destgîrkirin careke din xeber ji wan nedihat girtin. Her ku ew rojên zor û zehmet dihatin bîra Semayê, tengezar dibû. Fikirî, gerçî niha jî rewşa welêt qet baş xuya nake, lê hem zilma salên 90'î hem jî berxwedana wê tiştekî cuda bû.

Wan salan Bedirxan û Celal hevalê hev ê malekê bûn. Celal ji Tetwanê hatibû, beşa derûnasiyê dixwend. Bêyî hev firek av jî vedixwarin. Li dibistanê, di çalakiyên xwendekaran de û li malê tim û tim bi hev re bûn. Loma Semayê car carinan xweziya xwe bi Celal dihanî û heta jê diqehirî jî. Her wiha ji ber ku kesekî wekî Celal çavnetirs li ba Bedirxan bû jî dilê wê di cî de bû û kêfxweş dibû. Her duyan di pênc salan de dibistan kuta kirin, lê Semayê di wexta xwe ya asayî de, di şeş salan de kuta kir. Semayê di ezmûna îhtisasê de bi ser ketibû û ji bo cerahiya mêjî dest bi perwerdehiya pisporiyê kiribû. Bedirxan û Celal jî dest bi lisansa bilind kiribûn û jiyana akademik tercîh kiribûn. Di heman salê de Bedirxan û Sema zewicîn. Semayê perwerdehiya pisporiyê qedandibû. Wexta Sema ji bo perwerdehiyeke demkurt çûbû Qanadayê, her duyên din jî êdî bûbûn cîgirê doçent. Di kadroya heman zanîngehê de ew kirin doçent jî, lê ji ber nasnameya wan î muxalif tu carî heqê wan ê profesoriyê nedan wan. Heya du sal berê jî Bedirxan û Celal du heval û hevrêyên baş bûn. Du sal berê li hin deverên welêt cardin li kuçe û kolanan rûxandin û trajediyeke di asta şer de rû dide û bi vê re jî deqe li ser deqeyê nûçeyên kuştin û mirinê belav dibin. Li ser vê akademisyen jî radibin bi danezanekê radigihînin ku naxwazin bibin şirîkê vî şerî. Di atmosfereke werê de ku bedena zarokên biçûk nedihatin definkirin û di sarincan de dihatin sekinandin, bêhnstendin bixwe şkenceyek bû, ji loma ne mimkun bû ku Bedirxan û Celal daxilî nav vî dengê wijdanî nebin. Li bin danezana akademîsyenên ku li dijî polîtîkayên şerî yên hikûmetê, îmzeya wan jî hebû. Lê belê piştî ku bi hinceta piştgiriya terorê kirine, bi destê hikûmetê û bi rêya çapemeniyê li dijî akademisyenan kampanyaya lînckirinê dest pê kir. Bi vê re lêpirsînên edlî û îdarî jî dan dû hev. Lê di vê navê re Celal çûye serî li rêveberiya zanîngehê daye û ragihandiye ku îmzeya xwe paş ve kişandiye. Gava Bedirxan bi vê dihese, di cî de têkiliya xwe ji Celal qut dike. Nedixwest bawer bike û ji qehra dikir bifetisiya. Bedirxan dikir nedikir vê tirsonekî û paşve gavavêtina Celal hezm nedikir. Ji wê rojê ve, heya sê roj berê jî, qet bi Celal re xeber nedabû û ew nedîtibû. Semayê jî ji ber hêrsa Bedirxan a ji bo Celal, qet pirsa wî nekiribû. Lê sê roj berê, gava Celal telefonî wê kiribû û jê re gotibû "ji bo meseleyeke girîng divê em hev bibînin", bêyî ku Bedirxan pê zanibe bi dizîka du caran hev dîtibûn. Her duyan jî behsa pirsgirêkên xwe kiribûn û ji Bedirxan bi gilî û gazin bûn. Nehiştibû Celal daxilî nav meseleya sereke bibe. Îja niha gava li ser vê hûr dibû, ji ber xwe fedî dikir û poşmaniyek xwe lê digirt. Celal, nezewicîbû. Lê yê Sema û Bedirxan, yek jê keç du zarokên wan çêbûbûn. Denîzê heft salî, Mazlûm jî çar salî bû. Ji ber ku her du jî di temenekî mezin de bûbûn xwedî zarok, ji loma li ser zarokên xwe mirîbûn. Di vê navê re Bedirxan jî ji ber danezana aştiyê tevî bi sedan akademîsyenî ji karê xwe yê zanîngehê hatibû avêtin û doz lê hatibû kirin. Bedirxan ji dêvla paşve gavavêtinê, ji bo têkoşînê pêşengiya akademîsyenan kiribû. Ji bo akademîsyenên betal mabûn hewl dida fonekê çêbike, lê belê ji ber tirsa li seranserê civakê belav bûbû bi ser neketibû. Lê cardin jî ji baweriya xwe û biryardariya xwe tu tawîz nedabûn û tim û tim di nava liv û tevgerê de bû. Bibîranîna van tiştan hem Semayê xemgîn kiribû hem jî bi hêz û qewet kiribû. Çendî ku di rojên zor û zehmet de derbas bûbûn jî, piştgiriya hev kiribûn û bi piştevaniyî ji derheqê zor û zehmetiyan derketibûn. Wexta Semayê got, helbet em ê ji derheqê vê yekê jî derkevin, hêviyeke mezin xwe li dilê wê rapêçabû. Her wiha wexta Bedirxan ji kar hatibû avêtin qet vala nesekinîbû, kafe-restorana li bin xaniyê xwe dewr girtibû. Ev kafeya ku bûbû mekanê şoreşger, demokrat û rewşenbîrên li Stenbolê, bi cehd û xîreta Bedirxan di demeke kurt de bûbe mekanekî berbiçav. Êdî piştî ku Denîz dibir dibistanê û Mazlûm jî dibir kreşê, dihat tevahiya roja xwe li vê kafeyê, li cem dost û hevalên xwe derbas dikir û bi weziyeteke ji kar û barê xwe memnûn be, têkoşîna xwe berdewam dikir. Gava nîvro Semayê guncan bûbûna, diçû zarok ji dibistanê digirtin, an jî Bedirxan bixwe diçû ew dihanîn malê û datanî cem nihêrvana wan. Mîr Kafe êdî ji bo wî mekanekî nû yê rêxistinbûyînê bû.

111

8

Gava Sema ji nav ciya rabû ser xwe, hîn dinya ronî nebûbû. Bi şev çavên wê nehatibûn ser hev û ji ber lêhûrbûna li ser paşerojê xew lê herimîbû. Li nav ciya xwe biribû û hanîbû. Ji bo Bedirxan şiyar nebe, hêdîka çû serşokê. Ser çavên xwe şûştin û di eynikê de li xwe nêrî. Tayên gewr ên di nav pora wê ya qewheyî ya li nav milên wê diket de, zêde bûbûn û qermîçokên li qeraxa çavên wê yî keskêgirtî tam beloq bûbûn. Ji ber îfadeya wechê xwe yê ji bêxewiyê ku di eynikê de xwe dabû der, nerihet bû. Weku wê van dews û şopan giş jê biçin, careke din ser çavê xwe şûşt. Wexta cardin xwe rast kir û li neynikê nêrî, veciniqî. Bêhemdê xwe werê hêdîka qîriya û got, "Axx!" Bedirxan jî şiyar bûbû, li serşokê li pişt wê sekinîbû û birûkenî li Semayê dinêrî.

Bedirxan bêyî ku berê xwe bide Semayê, di neynikê de lê nêrî û got:

– Sema, ez dibêjim qey xew bi çavê te neketiye.

Piştî werê got, hema newqa Semayê hemêz kir, ser çavê xwe bera nav pora wê da û got:

– Ez raketim, lê ez dibêjim qey tu raneketiyî.

– Belê, xewa min herimî. Dixtorî rihet e, lê ya zor meriv xizmê nexweşan be.

Wexta wisa got, keniya û di nav milên Bedirxan de ku li newqa lefandîbûn, zîvirî û mêrê xwe hemêz kir.

Semayê got:

– Dixwazî avekê li xwe bike. Bi dû re em ê taştêya xwe hazir bikin.

Gava li metbaxê bi hev re taştê hazir dikirin, ji bo zarokên wan şiyar nebin hêdîka û bibêdengî hereket dikirin.
Bedirxan got:
- Hîseke werê ecêb li min peyda bûye.
Semayê got:
- Canê min, helbet wê ne emeliyateke hêsan be, lê çend rojên din tu yê bi mêjiyekî nipnû şiyar bibî. Meraq meke, em ê ji derheqê her tiştî derkevin. Wê pêvajoya tedawiyê hemû di bin kontrola min de be. Di emeliyatê de jî ez ê li cem te bim.
Dû re biken got:
- Lê ji xeynî tiştekî di nava mêjiyê te de ku tu naxwazî ez çav pê bikevim.
- Na lê, ma yê mêjiyê min çi veşêre. Lê dîsa jî çi dibe nabe, heger tu li quncik mincikekî mêjiyê min rastî tiştekî ku min ji bîr kiriye bêyî, hêvîdarim tu emeliyatxaneyê serobino nekî.
- Nizam, girêdayî wan tişta ye; heger tiştine ku hêrsa min rakin hebin, dibe ku bibêjim "Ecele, qoqê serê wî bigirin, çi hebe bila tê de bimîne."
Bedirxan biken got:
- Tu Xwedê! Ez bi te dizanim, bi Qur'ana ezîm tu yê bikî.
Semayê jî got:
- Na Bedirxan lo. Min bi vî hawayî hez ji mêjiyê te kiriye. Lê ji niha de bibêjim, heger rastî tiştine ecêb bêm, wexta tu bi ser xwe ve bêyî ez ê hesêb bipirsim.
Atmosfera vê sohbeta xweş, bi dengê cidî yê Bedirxan guherî.
- Sema, a bi min ecêb û xerîb tê ne emeliyat e. Piştî ev qas ezmûn, danhevî, agahî, xwendin û nivîsandinê, hema bibêje carekê jî ji bo xwe li ser têgiha mirinê nefikirîbûm. Mirin jî bi qasî jiyanê têgiheke kevn e, bi qasî jiyanê xwezayî û jênerevîn e. Lê em radibin tim û tim jiyanê nêzî xwe û mirinê jî nêzî hin kesên din dibînin. Nizanim ji ber çi ye, mirin tim dûrî me û bi me xerîb tê. Ên "dimirin" tim ên din in, bîzat em bi xwe namirin. Jixwe gava em bimirin jî, de hêdî ew ne em in. Loma ez dibêjim qey tiştekî wekî xweamadekirina ji bo mirinê, asayîkirina mirinê pir ne pêkan e. Helbet hin îstisna hene, lê bala te lê be ji bo wan jî na-

bêjin "mir", dibêjin "nemir" bûn. Îja ya az dibêjim, mirin ji bo me, kesên fanî tiştekî jênerevîn e, lê em naxwazin xwe nêzî wê bikin. Halbûkî her kêliya ku em ji bo xwejêdûrxistina ji mirinê xerc dikin, hîn bêtir me nêzî mirinê dike. Werhasil, mirin tiştekî xerîb e. Tu lê binêr helbesta "Strana Berbangê" ya Nevzat Çelîk hat bîra min. Çendik û çend sal berê, Ahmet Kaya striyabû:

… Ax tiştekî çi qas xerîb e dayê
Mirin tiştekî çi qas xerîb e dayê
Kendal û dûlêr di te de mezin dibin
Çiya di te de diherifin
Ez dibêjim pel, dibêjim kulîlk
Ez dibêjim gûzik
Ku li bin dara qajê pelgên xwe vekirine
Dişibe zarokên dêmgulî
Lê cardin jî
Windakirina lawê xwe
Tiştekî çi qas xerîb e dayê

Semayê xwest atmosfera heyî belawela bike û got:
- Bise Bedirxan! Tu Xwedê, te mesele ji kû anî ser mirinê. Temam, rast e helbet rojekê em ê hemû bimirin. Lê wê ew roj ne ev roj be. Niha ji bo te, ji bo me hemûyan a girîng moral e. Ne mirin, em behsa jiyanê bikin. Meraq meke, piştî mirinê tu yê têra xwe felsefeyê bikî.
Di vê navê re Mazlûm jî çavên xwe mist dan û bi çaplûka hat ber deriyê metbaxê. Semayê çok danîn û kurê xwe hemêz kir.
- Oyy qey lawê min şiyar bûye?
- Hi hiii.
- Te ser çavê xwe şûşt?
- Hi hiii.
- Kengî?
- Duh.
- Na, ew çû. Her sibehê gava em şiyar dibin, em ser çavê xwe dişon. Ma te çi zû ji bîr kir?

- Temam lê...
- Ê?
- Dayê... Dayê... Li kreşê Selviyê tim radihêje hevîrê min.
- Hela tu li Selviya nehs mêze. Niha em ê biçin kreşê û em ê ji mamosteyê te re bibêjin, bila hevîrê lîstikê bide wê jî.
- Na, ma jixwe yê wê heye. Ji qestîka radihêje yê min.
- Lawê min ka me yê pêlîstokên xwe bi hev re parve bikira?
- Temam, ez parve dikim lê... Selvî... Selvî... hez ji min nake. Aaa bavê min jî şiyar bûye.
- Hela wer wer, ez jî kurê xwe hemêz bikim.

Lawikê biçûk, milên xwe li dor stuyê bavê xwe gerandin û bi heyecan got:
- Bavo erebeya te ji ya diya Selviyê zûtir diçe.

Bavê wî keniya û got:
- Ez dibînim bala me li ser Selviyê ye, he lawê min? Hadê rast berê xwe bide serşokê.
- Temam bavo.

Bîskek dinê Denîz jî hêdîka hat metbaxê û diya xwe hemêz kir.
- Keça min tu jî şiyar bûyî? Hadê, ser çavê xwe bişo û were em bi hev re taştêka xwe bixwin.
- Dayê ma Mazlûm nehişt ez razêm! Ji saeta ku şiyar bûye ha Selvî ha Selvî, ser û guh li min kir yek.
- Keça min tu jî hebikekî pê re îdare bike, hê ew biçûçik e. Xwestiye ji xuşka xwe re bibêje, ma çi bûye. Hadê hadê, rast berê xwe bide serşokê.

Bedirxan jî got:
- Hela wer wer, ez jî keça xwe hemêz bikim.
- Roj baş bavo.
- Roj baş keçmîra min.
- Bavo çima hûn bi hev re taştê hazir dikin?

Sema û Bedirxan li hev nêrîn. Dêmek ji zûv de bi hev re taştê hazir nekiribûn ku Denîz jî ev qasî şaş mabû.

Semayê got:
- Keçkoka min, îro pir kar û barê me tuneye, loma me xwest em bi hev re taştê hazir bikin.

Denîzê got:
- Baş e, naxwe ez jî ser çavê xwe bişom, werê got û çû serşokê.
Sema, weku ji nişkave hatibe bîra wê li Bedirxan nêrî û got:
- Haya diya te jê heye? Te telefonî wê kir?
- Min telefon kir û got, ne tiştekî werê girîng e. Pir li ber re geriyam, min got emeliyateke biçûk e, ne hewce ye tu ji Nisêbînê tahbî heya vê derê bibî.
- Baş e, dû re wê bigota, çima we ji min re negotiye û wê kela xwe bi ser min de vala bikira. Jixwe Sakîna Xatûn qêmîşî te nake!
Taştêya xwe li ser maseya mezin a li quncikeke hêwanê bû hazir kirin. Mazlûm û Denîz tevî bêcemeyên xwe hatin rûniştin. Çendî ku vê saetê îşteha her duyan jî tunebû, lê ji kêfa ku dê malbat hemû bi hev re taştê bike rûniştibûn û liqeliqa dilê wan bû. Sema û Bedirxan jî weku nedixwestin meseleya sereke bînin bîra xwe, bi zarokan re bilî dibûn. Piştî taştê zarok ji bo biçin dibistanê, berê xwe dan odeya xwe ku haziriya xwe bikin. Sema û Bedirxan jî firaq xistin firaqşoyê. Gava li metbaxê bi firaqan re bilî dibû, Bedirxan gazî wê kir:
- Sema?
- Belê ruhê min?
- Ev ne îşê heneka ye, ne werê? Dibe ku ez ji maseya emeliyatê hew rabim jî.
- Ji kerema xwe li ser tiştê werê nefikire. Ez bi berfirehî bi Çaglar Xoce re axivîm. Biryara emeliyatê biryareke pir di cî de ye û çi qas zû bê kirin, ew qas baş e. An jî wê xetere zêdetir bibe.
- Na, ez nabêjim biryara ji bo emeliyatê şaş e. Dibe ku çend saet şûnde heta bi hetayê em hew hev bibînin; her ku tê bîra min werê ecêbiyek xwe li min digire. Ez dibêjim qey girêkeke hatiye û di qirika min de asê bûye, werê hîs dikim. Çi zanim, tu û zarok... Cana min, çi bûbe jî jiyaneke xweş bû.
Semayê her du destên xwe bi pêjgirê ziwa kirin û bi her du destên Bedirxan girtin. Li nav çavê mêrê xwe nêrî û got:
- Bedo, qethiyen jiyaneke baş bû, lê hê neqediyaye. Hîn ez û te em ê gelek tiştên din bikin. Divê ne li ser mirinê, li ser jiyanê hûr bibî. Ez te baş fêm dikim, helbet tiştekî pir normal e.

Lê belê lêhûrbûna li ser mirinê wê qet bi kêrî te neyê. Tu yê bi sax û silamet ji wê emeliyatê derkevî. Ez pir pê bawerim, taa ji nava dilî hîs dikim.
- Bila be, dîsa jî dixwazim zanibim. Tu ji jiyana xwe ya bi min re kêfxweş bûyî yan na?
Semayê kêliyekê xwişîşîbû, bi dû re got:
- Helbet dilxweş bûm, ya tu?
Bedirxan xwişîşiya di Semayê de ferq kiribû.
- Ez jî dilxweş bûm Sema, lê helbet dil dixwest xweştir bûbûya. Poşmaniya min ji tiştên min kiriye bêtir, ji bo tiştên min nekiriye. Hebikekî dinê jî bijiyama, min pir dixwest dilê te xweştir bikim.
- Bike Naxwe. Bi awayekî bi hêz û qewet ji vê emeliyatê derkeve. Li ser mirinê hûr nebe ku ez jî dilxweş bibim. Aha ev qasî hêsan e.
- Bera jî ev qasî hêsan e? Bi saxî derketina min a ji emeliyatê wê dilê te xweş bike?
- Bes û pir e jî.
- Ê min, piştî vê, yanî ji derheqê vê derkevim, hin tiştên dixwazim bikim hene. Wisa difikirim, me jiyanê pir badilhewa kiriye. Em hewl didin wateyekê li jiyanê bar bikin, lê pê re jiyînê ji bîr dikin. Gava em ji bo jiyaneke watedar têdikoşin, carinan em kirdeya wê, yanî jiyanê bixwe dikin alet û halet. An em dilxweşbûyînê ji bîr dikin an jî em wekî bêxemiyeke ku "sêhr û pîroziya" jiyaneke watedar xirab dike difikirin û heya ji destê me tê em xwe jê dûr dixin. Bi dû re em ji bo bedbextiyên xwe yên kronîk dikevin dû çareyan. Em pêwendiya di navbera wate û dilxweşiyê de qut dikin û di nav tengezariyên xwe de diperpitin.
- Bedirxan, em gelek caran li ser tiştên bi vî rengî axivîn. Bi tena serê xwe çi bikî jî, bi çi re bilî bibî jî liv û tevgera muazam a jiyanê mirov wekî gerînekekê dikişîne nava xwe. Lê di nava vê bezê de te karibûye çi qasî kêlîkên ji bo dilxweşiyê zêde bike, aha ev e, jê wêdetir tuneye. Yanî dilxweşiyeke bênavber û bêatlehî tuneye. Ya wekî Bûdha gotiye, em ê dev ji zewqê berdin hînî dilxweşiyê bibin, an jî em ê di vê dehl û dirr a ku

jê re dibêjin bajar de hewl bidin ku bi tiştine biçûk dilxweş bibin. Çawa be, mêjiyê mirov xwedî behreyeke bêkêmasî ye û wexta tu bi tiştên biçûk dilxweşbûyînê nîşanî wî bidî, di cî de hîn dibe. Qelebalixiya zarokan a ji hundir dihat, pêşî li ber axaftina wan birî. Semayê bideng gazî wan kir û got:
- Zarokno hadê, xwe hazir bikin, em ê bîskek dinê derkevin.

Bi dû re dûr û dirêj mêrê xwe hemêz kir û got:
- Bedirxan, em ê ji derheqê hemûyan derkevin, wê rojên me yên xweş çêbibin. Ji bo xeberdanê wê pir wextê me çêbibe.
- Wê çêbibe, helbet wê çêbibe. Lê divê em ji bo ya herî xirab jî amade bin. Wê jiyan dewam bike, tu û zarok hûn ê ji cihê mayî...

Semayê tiliyên xwe danîn ser lêvên Bedirxan, nehişt biaxive û got:
- Temam, em ser vê mijarê digirin. Bes e ev qas hestiyarîbûn.

Bedirxan, tiliya Semayê ramûsa û got:
- Naxwe em jî xwe amade bikin.

Wexta ji apardûmanê derketin, garsonê Mîr Kafeyê di destê wî de du çenteyên xwarinê, li ber deriyê kafeye sekinîbû. Bedirxan, rahişt çenteyan, da zarokan û pirsî, "Te ava fêkiyan jî xistiyê ne werê?" Garson got, "Belê Kekê Bedirxan. Hem jî ya teze." Di nav deriyê kafeye re li hundir nêrî û cardin ji garson pirsî, "Mûrat li hundir e?" "Belê keko, li hundir e, gazî wî bikim?" Bedirxan got, "Na, tu zarokan li wesayîtê siwar bike û qayîşa wan girêbide, ez ê niha bêm." Bedirxan, mifteya wesayîtê da garson û çû ket hundirê kafeyê. Der barê emeliyatê de hin agahî bi Mûrat re parve kirin û cardin jê re tiştên ku divê bike dubare kirin û zûzûka bazda. Wexta ji kafeyê derket, Sema jî hatibû.

- Ez ê di pêşiyê de biçim nexweşxaneyê, heya tu werî ez ê her tiştî hazir bikim. Bedirxan, tu êmîn î, ez bi te re bêm an na? A rast bi vî halî ajotina te ya wesayîtê jî nerast e.

- Xem nake, tu biçe. Piştî zarokan deynim dibistanê, ji wir jî ez ê biçim bankeyê çend tehsîlat hene, ez ê wan hel bikim.

Dû re biken got:
- Ma tu nabêjî jiyan dewam dike. Bihêle em jiyana xwe wekî

berê bidomînin. Wexta firsendê bibînim ez ê bêm nexweşxaneyê. Tu nekeve tatêla me.
- Baş e naxwe, herî dereng saet di yekê de divê tu li nexweşxaneyê bî.
- Temam, bi xatirê te.
Di vê navê re garson cardin hat û mifte dirêjî Bedirxan kir. Bedirxan, destê xwe da ser milê garson û got:
- Oktay, kafe emanetî we ye. Min nexin ber şermê, hadê çavê min."
Gava ber bi wesayîtê ve meşiya, çavê Oktay tije bûn û li dû wî got:
- Meraq meke keko, bila dilê te di cî de be. Ji niha ve derbasî be.
Di vê navê re Mûrat jî hatibû ber deriyê kafeyê û destê xwe ji Bedirxan û zarokên li qoltixên paş rûniştibûn li ba dikir.
Wexta Bedirxan wesayît şixuland, berî ku hereket bike li paş xwe zîvirî, cihê zarokan kontrol kir.
- Qayîşa we girêdayî ye, ne werê?
Denîz got:
- Belê, bavo. Me girêdaye."
Mazlûm, bi mizmizî got:
- Kekê Oktay a min pir jidandiye.
Bedirxan got:
- Na, gilî û gazin tunene, û hereket kir.
Heya gihîştin dibistanê henek bi zarokan kir û di nav wan henekan de ji wan re got, wê çend rojan li nexweşxaneyê bimîne.
Denîz got:
- Li nexweşxaneya dêya min?
- Belê keça min. Heger nexweşxane guncan be, wê dêya we car carina we bîne cem min. Car heye serdixtor nahêle zarok bên nexweşxaneyê. Wexta hûn nikaribin werin jî, li ber nekevin. Jixwe wê dêya we tim û tim li cem we be.
Gava Bedirxan hîs kir ku çavê wî tije bûne û dengê wî direhile, di cî de ser mijarê girt. Zarokan jî ji bo vê mijara nexweş, tiştek nepirsî. Pêşî Mazlûm danî kreşê; dûr û dirêj ew hemêz kir û maç kir. Di wê navê de jinekê jî keça xwe ya di umrê Mazlûm

de datanî kreşê. Gava Mazlûm çav bi hevala xwe ya sinifê ket, ji bavê xwe qetiya çû cem keçikê û got:
- Selvî, tu bixwazî ez dikarim hevîrê xwe bidim te.

Selviyê bi her du destên xwe pora xwe li ba kir û got:
- Qet na, hevîrê min ê lîstikê heye û jixwe ez ji te xeyîdîme.

Gava Selviyê werê got, meşiya çû ket hundirê kreşê. Mazlûm jî bêyî ku berê xwe bide bavê xwe hema bi bazdan da dû Selviyê. Gava baz dida, gazî wê dikir û bi destekî xwe jî bi çenteyê xwe yê xwarinê yê ku dihejiye digirt:
- Temam, Selvî. Naxwe were em li hev bên, hadê!

Bedirxan û dêya Selvî li hev nêrîn û keniyan. Dêya Selviyê bi henekî got:
- Di serî de hûn werê didin dû wan û gava hûn digihên hev, sêhra vî karî xera dibe, hûn ji tehmê derdixin.

Bedirxan ji bo cewabê bide devê xwe vekir, lê nizanibû wê bibêje çi. Jixwe jinik jî hindik mabû li wesayîta xwe siwar bûbûna. Ew jî li wesayîta xwe siwar bû û ber bi dibistana Denîzê ve hereket kir. Dibistana Denîzê jî du kuçe wêdeyî kreşa Mazlûm bû. Piştî ku wê jî daniya, wê biçûna bankeyê û ji wir jî biçûna nexweşxaneyê. De hêdî hîs dikir ku nexweşîna wî ya ku ev mehek bû ji Semayê û hevalên xwe veşartibû hatiye asteke xedar. Ji bo Bedirxanê ku ji xortaniya xwe ve di nav jiyaneke xedar de bû û tim bi xetereya mirinê re rû bi rû mabû, tişta qehrîner ji îhtimala "mirinê" wêdetir, fikra "mirina ji ber nexweşînekê" bû. Ji roja ku teşxîs hatibû danîn, hîseke eşbar li dilê wî peyda bûbû ku êdî ew zemanê qerase yê li pêşiya wî qediyaye û xewn û xeyalên ji bo pêşerojê wê nîvcomayî bimînin. Bîskek dinê wê xwe li ser maseya emeliyatê dirêj bikira. Îhtimala wî ya bi saxî ji emeliyatê derkeve kêm û gava bi saxî derkeve jî wê nikaribe pir bijî. Ev mehek bû, tiştên ku di salên xwe yên borî de nekiribû, tiştên ku dixwest bike hemû hatibûn li nav serê wî mabûn aliqî. Difikirî, hema hinekî din jî wextê min hebûya belkî min gelek jê bikira. Çi qas wext? Nizanibû. Belkî salek, belkî deh sal. Ya dû re… heger cardin têrê neke? Belkî jî bedena her mirovî, goristaneke wateyan a netemamkirîbû. Di dilê xwe de digot, em her saniye nêzî ya jênerevîn dibin; ji hêlekê ve temam dibin, lê li hêla din jî kêm dibin. Wexta di kolana ku di bin siha darcêwiyan de mabû bi pêş ve diçû, ji aliyekî ve di eynika dîkîzê re di bin çavan de li Denîzê dinêrî: li wê mûcîzeya ku bi hatina xwe ya dinyayê re jiyana wî ya yekşirîtî veguherandibû otobanake qerase... Gava li cihê zarokanînê li ber serê Semayê ji heyecan û tirsa direhilî, kêlîka întiqalkirina Denîzê ya ji wê hêlîna herî biewle ber bi cîhaneke bêyom ve temaşe kiribû. Û hîn wê kêlîkê hîs kiribû ku de hêdî wê ne Bedirxanê berê be. Ji bo ku vê cîhanê ji bo zarokan veguherîne cîhaneke hîn biewletir êdî sebebeke wî ya hîn berbiçavtir hebû. Gava li wir wê sebeba biçûçik, qirmiçî û pembeyî xistibûn hemêza wî, ne ji ya nava destê xwe, lê ji ber wê giraniya ketibû ser milê wî hindik mabû biherife. Di navbera wî û Denîzê, di navbera wî û Mazlûm û di navbera wî û zarokên din de gelek tiştên netemamkirî hebûn. Di dilê xwe de got, "Ax, xwezî, xwezî hinekî din jî dema min hebûya."

Gava gihîşt xaçerêya ku dê lê bifilitiya û biçûya dibistanê, ferq kir ku ji destê rastê qamyonetek barhilgir bi ser wan de tê. Di kêlîka ku dudilî ma bê ka bilezîne an pêl firênê bike de, hîs kir ku ji hêla rastê ve tiştek li wesayîta wî qelibî û wesayît dişemite. Wexta biqîrîn got "Denîz!" serê wî li cama kêlekê ket. Qîrîna keça wî, dengê dawî bû ku hatibû guhê wî. Di wê navê de hîs kir ku ji xeynî xumîniyê tiştekî dinê nabihîse. Fikirî ku derî veke û derkeve, lê dît ku nikare laşê xwe hereket bike. Xwest li paş xwe bizîvire û li keça xwe binêre, lê nikaribû stuyê xwe jî tev bide. Didît ku mirov li dor wesayîtê kom bûne, lê tiştek nedibihîst. Dixwest biqîre, lê belê dev ji qîrînê berde bêhna wî bi zorekê derdiket. Fêm kir ku çend kes wî ber derve ve dikişînin û li erdê dirêj dikin. Bi çavên xwe li Denîzê digeriya, dengek, nefesek dibihîst. Destên wî, piyên wî, stuyê wî, laşê wî hemû qerisîbûn û nikaribû hereket bike. Hingî behitîbû, hema bibêje nikaribû peyvekê jî bike. Devê xwe vedikir, lêvên xwe dileqandin û digot "Keça min xelas bikin, ji kerema xwe, keça min xelas bikin", lê nizanibû ka dengê wî tê bihîstin an na. Her diçû qelebalixî zêde dibû û deng veguherîbûnî himûgumekê. Yekî pirsî, "We gazî ambulansê kiriye?" Her diçû deng zelaltir dibûn. Ji dûr ve dengê ambulanseke ku her diçû nêzî wan dibû bihîst. Ji ber ku piraniya qelebalixiyê li ser serê wî bû, çendî çavên xwe li keça xwe digerandin jî ew nedidît. Te digot qey çend gav wêde qelebalixiyeke din jî heye. Fikirî, dibe ku Denîz di nava wan de be. Ji her seriyekî dengek diçû. Hin kesan hewl dida qelabalixiyê belav bike û xelekê dorfireh bike. Lê belê kesî guh li wan nedikir. Weku ji qelebalixiya wî aliyî yek bibêje "Zarok baş xuya dike" dengek hat guhê wî. Pê re yekî din got, "Na keko, ma tunabînî zarok miriye." Çend dengên dinê jî dengê dawî piştrast kirin: "Belê, zarok miriye."

Xirexir bi Bedirxan ketibû, diqîriya. Dixwest rabe ser xwe. Lê hîs kir ku hêdî hêdî ji ser hemdê xwe ve diçe û deng ji dûr ve tên guhên wî. Êdî ji ber kefa bi deva ketibû nikaribû bêhnê bistîne. Bi hêz û qeweta xwe ya mayî heya jê hat qîriya û got, "Denîîîzzz!" Lê ne êmin bû bê ka ji derve tê bihîstin an na. Dengên derve biriyabûn. Çavên Bedirxan hatin girtin û wekî di valahiya fezayê de be werê xwe sivik hîs kir û bi dû re ber bi tarîtiyeke gipgirtî ve gindirî.

9

Hema bibêje Semayê lavayî li ajovanê texsiyê dikir:
- Ji kerema xwe hinekî din jî lez bike, hîn bêtir, hîn bêtir! Tevî pêşmalka xwe ya spî ya dixtoriyê û telefona xwe hema li texsiyeke li baxçeyê nexweşxaneyê siwar bûbû. Ajovanên rawestgeha texsiyan hemûyan Dr. Semayê nas dikir û hez jê dikirin. Telaş û sawa dixtorê û dengê wê yê bi kelegirî, bêçaretî û weziyeta wê ajovanê texsiyê jî tirsandibû. Gava bêyî ku guh bide pîvaneke çûnhatinê bi lez ber bi Nexweşxaneya Hawariyê ya Taksîmê ve diçû, ji gotinên serobero yên ku car carina ji devên dixtorê derdiketin sedema telaş û sawa wê fêm kiribû: Hevjînê wê û keça wê qeza kiribûn, li serwîsa lezgîn bûn.

Semayê ji aliyekî ve çi qas dua hebûn -ne pir bûn- bi deng dikirin, li aliyê din jî tim telefonî Serwîsa Lezgîn a Nexweşxaneya Hawariyê ya Taksîmê dikir. Ji ber ku telefona nexweşxaneyê meşgul bû dikir nedikir zevt nedikir. Ji hevpîşeyekî xwe yê li heman nexweşxaneyê dixebitîn nimra telefon û navê dixtorê nobedar ê Nexweşxaneya Hawariyê ya Taksîmê xwestibû û car carina jî telefonî Odeya Dixtoran kiribû. Car carina wekî ku krîzê derbas bike lê dihat, lê bi telqînên ajovan bi xwe ve dihat. Sekretera klînîkê Nezahatê ev xebera nebixêr dabûyê. Ê wê jî, ji Nexweşxaneya Hawariyê ya Taksîmê telefonî wê kiribûn û ragihandibûn. Wexta Semayê ewilî bihîstibû werê sar mabû û li nav çavê Nezahatê nêrîbû û li benda sekreterê mabû ku vê xebera şaş rast bike. Her roj, rojê çend caran, der barê nexweşan de dihat agahdarkirin. Helbet di nav van nexweşan de yên qeza dikirin jî hebûn. Lê te digot qey Nezahatê gotibû; Denîz û Bedirxan.

Têgihîştina vê yekê çend saniyeyan dewam kiribû. Jixwe Nezahatê agahiyên werê, bi telaşeke werê ranedigihand. Hîs kiribû ku laşê wê hemû direhile, dest û pêyên wê pûç dibin û ji bo nekeve erdê bi Nezahatê girtibû. Nezahatê bang li peywirdarên din ên klînîkê kiribûn û alîkarî ji wan xwestibû. Wê kêliyê di nav klînîkê de liv û tevgerek çêbûbû. Li vê korîdora nexweşxaneyê ku bi salan bû piraniya wextê Semayê lê derbas dibû, niha ew bixwe ketibû pozîsyona xizmê nexweşan û sar mabû, loma nizanibû wê çi bikira. Te digot qey a qeza derbas kiriye ew bixwe bûye. Weku eciqîbe û di nav wesayîtekê de asê mabe, nikaribû xwe tev jî bida. Pir di ser re neçû, hay ji rewşê çêbû. Ji nişkave hema Nezahatê berdabû û ber bi odeya xwe ve bazdabû. Rahiştibû telefona xwe û cardin bazdabû. Ji Nexweşxaneyê derketibû. Xebatkarên li klînîkê hemûyan jî dabû dû wê û bi dengekî bilind gotibûn, "Bisekine Sema Xanim, bisekine!" Rewşa Semayê ne ew rewş bû ku ne dengê wan bibihîse ne jî gotinên ewlekarê li ber derî. Heya gîhaştibû texsiyê û lê siwar bûbû jî bi helkehelk bazdabû.

Wexta li ber derwazeya serwîsa lezgîn a Nexweşxaneya Hawariyê ya Taksîmê deriyê texsiyê vekir û xwe jê avêt, hîn jî texsî tam nesekinîbû. Loma hinekî terpilî, lê di cî de xwe bikeys kir. Gava ajovan fêm kir ku derî vebûye, hema pêl firênê kir; wesayîtê da qeraxê û wî jî da dû Semayê, ket hindirê serwîsa lezgîn. Serwîsa Lezgîn wekî her carê qelebalix bû. Her kesî rê li ber Semaya ku pêşmalka dixtoran lê bû û bitelaş baz dida vekir. Wexta Semayê ket hundirê odeya mudaxilekirinê ya serwîsa lezgîn, biqîrîn got:

- Ka keça min, ka keça min li kû ye?

Xebatkarên serwîsa lezgîn hemûyan bi hev re li aliyê vî dengî mêze kirin û tê derxistin ku ya hatiye kî ye. Ji dixtoran yek jê di cî de hat cem Semayê û xwe pê da naskirin.

- Dixtor xanim, meraq meke baş in; were, va li vê derê ne.

Piştî dixtor werê got, ber bi dawiya odeya fireh ve meşiya. Semayê jî bilez da dû wî. Li ser nivîna ku hemşîre û stajyer li dora wê kom bûbûn, pêşî çav li her du lingên biçûk ên Denîzê

ketin û paşê di nava qelebalixiyê de dît ku ew çavên reşî belek ên Denîzê lê dinêrin. Bi dû re dengekî xweş hat guhê wê ku jê we ye ev dengê herî xweş ê cîhanê ye:
- Dayê!

Denîzê hewl da xwe rast bike, lê hemşîreyan nehişt. Semayê jî ji bo negirî kefa destê xwe da ber dev û pozê xwe. Dizanibû ku gere keça xwe hemêz neke, lê bi zorekê xwe digirt. Bi wan destên biçûçik ên Denîzê girtin û ew maç kirin. Ji bo keça xwe bihewîne û wê teselî bike, hema ji nav lêvên wê li ser hev du hevokên dilxweşkirinê herikîn; hevokine ku ew bi xwe jî li wan heyr mabûn. Di vê navê re dixtor jî der barê tenduristiya Denîzê de ew agahdar dikir. Çend çilhitînên biçûçik, trawma û behitîneke demborî ya ji ber ku li wesayîtê ketiye; niha rewşa wê pir baş û stabîl bû. Bedirxan Beg jî di beşa awarte de bû. Sema bi vê hevoka dawî xwe ji ser nivîna xwe bi ser de xwar kiribû rast kir û got:
- Te got beşa awarte?

Bê ka ji ber çi bû nizanibû, lê wexta xebera qezayê gihîştibûyê jê we ye rewşa Bedirxan baş bû, lê ya Denîzê giran bû.
Bitelaş pirsî:
- Gelo ez ê karibim wî bibînim?

Dixtor got:
- Helbet, dixwazî em bi hev re biçin.

Semayê ji Denîzê re got, wê qasek dinê were û tavilê da dû dixtor. Ji odeya mudaxilekirinê derket. Odeya beşa awarte li dawiya korîdorê bû. Wexta bi hev re ber bi wir ve dimeşiyan, bi dengê ku ji paş ve hat û digot "Sema!" li paş xwe zîvirî. Çaglar Xoce û çend xebatkarên nexweşxaneya wan bi gavine bilez ber bi wan ve dimeşiyan. Çaglar Xoce, hema şipyakî demildest agahî ji pisporê beşa lezgîn girtin. Gava Bedirxan ji ambulansê hatibû derxistin, dixtorê beşa lezgîn wî dibîne û hema di cî de telîmat dide û dibêje "Wê bibin odeya RES'ê!" Bedirxan, ne li ser hişê xwe bû. Kifş bû ku rewşa wî xedar bû. Hemşîre û teknîsyenên tibbê demildest Bedirxan biribûn danîbûn ser nivîna mudaxilekirina lezgîn a li nav odeya RES'ê. Tavilê ew bi monîtorê ve girêdabûn û ji her du milên wî rêyên demaran vekiribûn. Zûzûka rûtînên lezgîn hemû hatibûn kirin, rontgenên wî hatibûn girtin û ji ber ku şik biribûn ser trawmaya mêjî tomografiya mêjî jî hatibû girtin. Dixtorê beşa lezgîn, serî li nêrînên pisporên cerahiya mêjî û ortopedî-travmatolojiyê jî dabû. Encam û akamên wî bi awayekî kolektîf zûzûka dihatin nirxandin. Li ser hişçûyîna ji ber trawmaya mêjî disekinîn. Çaglar Xoce jî agahiyên der barê rewşa tenduristiya Bedirxan de û amadekariyên ku îro ji bo emeliyatkirina wî kiribûn bi pisporê beşa lezgîn ra parvekirin. Di vê navê re Sema pêşiya wan çûbû unîteya awarte, pêşmalk li xwe kiribûn, galoş xistibûn piyê xwe û bone jî dabû serê xwe û xwe bi hemşîreyên li ber unîteyê dabû naskirin û ketibû hundir. Li ser singa Bedirxan elektrot hatibûn zeliqandin û tiliya wî ya beranekê bi haleta pûls oksîmetriyê hatibû mandalkirin û werê bi awayekî jixweveçûyî dirêjkirîbû. Semayê ji duh ve xwe ji bo vê dîmenê hazir kiribû, lê tişta ku xwe ji bo wê hazir kiribû ne qezayek bû. Ji bo negirî bi zorê xwe girt. Rahişt dosyeya nexweş a li hêla nigan a nivîna nexweş bû. Zûzûka dosye raçav kir. Hişê xwe da hev û bi çavê dixtorekê li dosyeyê nêrî. Di laşê wî de cihekî şikestî tunebû, rewşa tansiyonê û xwînê baş bû, di mêjî de xwînîbûn nehatiye tespîtkirin, li jora guhê wî yê çepê ji ber serê wî li wesayîtê ketiye morbûn hatiye tespîtkirin, lê derzandin tunebû. Ji çaxa ku wî anîne ne li ser hişê xwe bûye.

Di vê navê re Çaglar Xoce û dixtorê beşa lezgîn jî ketin hundir. Çaglar Xoce, qet dirêj nekir û got:

- Ez bi Dixtor Beg re axivîm. Em ê Bedirxan zûzûka neqlî nexweşxaneya me bikin.

Semayê tiştek nepirsî. Êdî Bedirxan nexweşê wan bû. Vegeriya, li Bedirxanê ku haya wî ji tu tiştî tuneye û li ser nivîna xwe dirêj kiriye nêrî. Di dilê xwe de got, "Li vê derê me Bedo, li vê derê. Li cem te me delalê min. Qet ecele meke, ez ê nehêlim tu bi cihekî ve jî biçî."

Diviyabû Denîzê herî kêm bîst û çar saetan li ber çava be. Loma Semayê wê jî sewqî nexweşxaneya ku lê dixebitî kir.

Panzdeh deqe şûnde bi du ambulansên ku sîrenên xwe vekiribûn bi rê ketin. Gava gihîştin nexweşxaneyê, Semayê keça xwe Denîzê li klînîka xwe, li odeyeke taybet da razandin. Hemşîre û Nezahatê pê re eleqedar bûn. Bedirxan, cardin xistin unîteya awarte. Çaglar Xoce, Dr. Cuneyt ku dê Bedirxan emeliyat bikira û Sema, ji bo dosyeya Bedirxan binirxînin li odeya civînê kom bûn. Bedirxan ne li ser hişê xwe bû û nediyar bû ku wê kengî bi ser xwe ve bê. Ji ber behitîn û derba ji serê xwe xwaribû têkiliya wî ya bi cîhana derveyî re qut bûbû. Bi vî awayî destpêkirina emeliyatê û paqijkirina ûrê xetere bû, lê belê heya ku Bedirxan bi ser xwe ve bihata jî wê zêde wext derbas bûbûya û wê ev jî rê li ber xetereyên hîn mezintir vebikira. Axirê bi yekdengî biryar girtin ku ya baş dest bi emeliyatê bikin. Jixwe amadekarî li ber qedandinê bûn û ne hewce bû bisekinin. Piştî civînê telîmat dan koma emeliyatê ku xwe hazir bike. Sema jî ji bo karê helkirina anîna Mazlûm a ji kreşê çû odeya xwe. Pêşî wê telefonî nihêrvana zarokan bikira, wê ji jinikê re bigota wê Oktay were wê bibe û bi dû re wê ji wan bixwesta ku yek ji wan biçe Mazlûm ji kreşê bîne û bibe malê. Her wiha diviyabû ji jinikê re bibêje divê li mala wan rakeve. Telefona xwe derxist, nimroya nihêrvanê dît û telefonî wê kir. Piştî çend caran lêket, nihêrvanê cewab da û got:

- Merheba Sema abla, fermo.

Semayê got:

- Merheba Zelîxa, û tiştên qewimîbûn bi awayekî sakîn jê re gotin û tişta divê bike jî li dû hev rêz kirin. Bi dû re telefonî Oktay jî kir û tiştê divê bike jê re gotin. Piştî ji kûr de bêhna xwe stend, ber bi emeliyatxaneyê ve meşiya.

10

Çawa ber bi emeliyatxaneyê ve meşiya, sekretera wê Nezahatê gazî wê kir. Ma sekinî û li dû xwe nêrî.
- Deqakê Sema Xanim, divê ez tiştekî ragihînim.
Semayê heya Nezahat a li serê korîdorê hat cem wê, bi meraq lê nêrî. Axir jinik hat û bi helkehelk got:
- Sema Xanim, parêzerek hatiye. Dibêje, berî ku Bedirxan Beg têkeve emeliyatê teqez divê wî bibîne. Haya wê ji qezayê tuneye. Piştî min got, pê hesiya. Lê min kir nekir, min ew qaneh nekir. Bedirxan Beg jê re gotiye, di vê saetê de teqez gere em li nexweşxaneyê hev bibînin. Min rewşa Bedirxan Begê jê re got. Vê carê jî ji bo ku te bibîne israr kir. Min jî got belkî tiştekî girîng be, loma min xwest ragihînim.
- Kî ye? Çi dixwaze?
- Nizanim, lê bi israr dixwaze te bibîne.
- Tu li vê ecêbê! Îja ez ê dev ji emeliyatê berdim û parêzer bibînim? Ma tiştekî werê dibe? Jê re bibêje bila bisekine yan jî bila rojeke din were.
- Temam. Di vê navê re kesekî bi navê Celal Begê jî hat. Hevalê Bedirxan Begê ye, min ew jî şand odeya rawestandinê.
- Te baş kiriye Nezahat. Wexta hin kesên din jî bên, li odeya rawestandinê yan jî li kafeteryayê bi wan re eleqedar bibe. Wê emeliyat dûndirêj be. Ên bên û bimînin, çay, qehwe filan bêvan îkramî wan bike.
- Temam Sema Xanim, meraq meke. Qewet be, Xwedê bi we re be, înşeleh wê baş derbas bibe.
- Înşeleh, sax bî Nezahat.

Semayê cardin berê xwe da emeliyatxaneyê û meşiya. Xebatkarên emeliyatxaneyê haziriyên dawî dikirin. Dr. Cuneyt, hîn nehatibû. Semayê amadekarî hemû kontrol kirin û dû re ji bo ligel Bedirxan be berê xwe da beşa awarte. Hemşîre û nihêrvanên nexweşan, ji bo Bedirxan li gor emeliyatê amade bikin, bi baldan dixebitîn. Porê Bedirxan ji binî ve qusandibûn. Semayê cara ewil bû ku mêrê xwe bêpor didît. Nizanibûya mêrê wê ye, dibû ku Bedirxan nas nekira. Nihêrvanên nexweşan bi refeqatiya Semayê bi baldan nexweş hildan û danîn ser sedyeyê. Li ser wî tenê rûbera kesk a emeliyatê hebû. Semayê her ku li vî zilamê di devê wî de maskeya oksîjenê, wechê wî zihimokî lê biaram û bêpor dinêrî û difikirî ku Bedirxan e, tengezar dibû û çavên wê tije dibûn. Bi hev re li asansora nexweşan siwar bûn û daketin qata jêrê, emeliyatxaneyê.

Di dema emeliyata ku tam heşt saetan dewam kiribû de, ekîb hemû ji her carê bêtir bi baldan û îhtimam xebitîbû. Sema, di dema emeliyatê de dest nedabû tiştekî, tenê temaşe kiribû û car carina li ser daxwaza Cuneyt, alîkarî kiribû yan jî nêrîna xwe anîbû ziman. Zor dabû xwe ku wekî hevjîna nexweşê ku li ser maseya emeliyatê tev negere û heya jê hatibû her tiştî bi çavekî profesyonel temaşe kiribû. Lê dîsa jî car carina ji ber maseyê dûr ketibû û bêyî ku kes pê bihese, bi hêsirên xwe nikaribû. Hemû ekîb heya ji desta hatibû a baş kiribû, emeliyateke serkeftî kiribû û ûrê di serî de bi temamî paqij kiribû. Ji niha û pê ve êdî her tişt girêdayî lênihêrîneke baş û muqawemeta Bedirxan bû. Piştî emeliyatên bi vî rengî dibû ku hin komplîkasyonên cuda jî rû bidin. Nayê texmînkirin ku lebateke wekî mêjî têvel û hîn jî tam ji hev nehatibû veçirandin, wê sûprîzên bi çi rengî bike.

Bedirxan cardin xistin odeya awarte. Dixtor hemû dixwestin wê kêlîka ku tehsîra narqozê ji ser biçe û bi ser hişê xwe ve bê, li cem wî bin. Loma hemşîreyan hişyar kirin û ji bo vehesînê çûn odeyên xwe. Sema jî çû cem keça xwe Denîzê ku li serwîsê radiza. Rewşa Denîzê pir baş bû û di xew de bû. Car-

129

din vegeriya çû beşa awarte, cem Bedirxan. Ê wî jî hemû nîşaneyên wî baş xuya dikirin. Qoqa serê Bedirxan bi temamî hatibû pêçandin û ji ber tehsîra narqozê wechê wî qulibîbû. Semayê dûr û dirêj li rûyê mêrê xwe nêrî. Qasek din wê tehsîra narqozê kêm bibûya û wê qalpaxên çavên wî hêdîka biliviyana. Diviya werê bûbûna. Lê wekî dixtorên din Semayê jî nizanibû wê ew hişçûyîna beriya emeliyatê, piştî emeliyatê tehsîreke çawa bike. Nedixwest vê îhtimalê bîne bîra xwe. Fikra wan ew bû ku wê hişçûyîna demborî nebe sedema xesareke mayînde. Loma herî kêm saetek dinê diviyabû Bedirxan bi xwe ve bihata. Semayê xwe pir westandî hîs dikir, bi zorekê li ser piya disekinî. Piştî israra hemşîreyan wê jî tê derxist ku hinekî bêhna xwe vede, wê baş be. Heger Bedirxan xwe bileqanda wê haya wê pê bixistana. Loma ji odeya awarte derket û ber bi odeya xwe ve meşiya. Çawa di deriyê duqanat ê korîdorê re derbas bû, Nezahatê ew pêşwazî kir. Gava Semayê jê re got wê ji bo vehesînê biçe odeya xwe, Nezahatê bibîra wê xist ku hêwana rawestandinê pir qelebalix bûye û her kes li benda xeberekê ye. Semayê ev yek ji binî ve ji bîr kiribû. Piştî her emeliyatê diçû hêwana rawestandinê û ilam dida xizmên nexweşan. Lê vê carê jê we ye tenê ew xizma nexweş bû. Bi helwesteke fedîkar got:

- Erê wele! Tew min ji bîr kiriye. Tu bi wan re eleqedar bûyî, ne werê?

- Belê Sema Xanim, çi ji destê me hat me kir.

Lê dîsa jî Semayê pêşî çû odeya xwe. Telefonî Zelîxayê kir, pirsa Mazlûm kir. Gava dît tu mişkule nîne, dilê wê ket cî. Bi telefonê hinekî bi kurê xwe re axivî. Lawikê biçûk ku dimizmizî, gava dengê dêya xwe seh kir aş bû. Wê Denîz wê şevê li nexweşxaneyê bimana. Ji ber vê jî wê Zelîxa û Mazlûm jî li malê bi tena serê xwe bimana. Ji biçûkaniya Denîzê ve Zelîxa nîvdanî li cem wan dişixulî. De hêdî bûbû xweha zarokan. Qet nebe di vî aliyî de dilê Semayê rihet bû. Di eynikê de li xwe nêrî. Pir westandî xuya dikir. Saet heft û nîvê êvarî bû. Çendî ku xirxira nava xwe hîs dikir jî, lê mahdê wê nediçû tiştekî. Zûzûka xwe bi rêk û pêk kir û çû hêwana rawestandinê.

Bi rastî jî hêwana rawestadinê qelebalix bû. Fikirî "Ne mimkun e yên li vê derê hemû li benda Bedirxan bin." Mihtemelen hin ji wan xizmên nexweşên din in. Çend kesên ku çav bi Semayê ketin hema zûzûka rabûn ser xwe û ji yên din re gotin "Va dixtor hat!" Mirovên li ser pêya, ên li ser qoltixan, ên qelefîska rûniştibûn û ên pişta xwe dabûn dîwêr ji nişkave tevgeriyan û çûn ber Semayê sekinîn. Semayê hinan nas dikir. Mûratê kafeyê, ji zanîngehê hin akademisyen, ji sendîkayê hin heval û ji esnafên cînar hin kesan di cî de nas kir. Lê piraniya qelebalixê nas nekir. Quncikeke hêwanê îşaret kir û ji yên nas re got,"Hûn dixwazin em derbasî vî aliyî bibin." Mûrat hema xwe da pêş û got:
- Sema Xanim, ên li vê derê hemû li benda Kekê Bedirxan in.
Semayê şaş ma û bi dilxweşî got:
- Wa? Mala we hemûya ava be, çima hûn tahb bûn. Em aniha ji emeliyatê derketin, emeliyat...
Hîn Semayê gotina xwe temam nekiribû, Mûrat xwe di navê re rakir û bi heyecan got:
- Sema Xanim, li kafeteryayê jî gelek kes li bendê ne. Dixwazî em bi hev re biçin wir, hema bila her kes di carekê de gotinên te bibihîse.
Semayê pêşî hinekî ma sekinî, bi dû re got:
- Temam, naxwe em werê bikin.
Bi hev re heya kafeteryaya li derwazeya nexweşxaneyê meşiyan. Pêşî Sema ket hundirê kafeteryayê. Çawa ket hundir, di cî de şaş ma sekinî. Li paş xwe zîvirî, bi hêdîka ji Mûrat pirsî:
- Ev hemû?
Mûrat got:
- Belê, her kes li benda Kekê Bedirxan e.
Semayê ji çavên xwe bawer nekirin. Dor maseyên kafeye hemû tije bûn. Gelek kes jî di destên wan de qedehên qartonî, li qeraxên paceyan bûn. Di vê navê re ferq kir ku qefleyek jî ji derve ber bi wan ve tê. Tevî yên li hêwana rawestandinê û yên li baxçe kafeterya heya dev tije bû. Sema piraniya van mirovan nas nedikir. Lê ji kêfa û heyecana qederekê ma sekinî, nizanibû wê çi bibêje. Helbet Bedirxan ew kes bû ku mirovan

hez jê dikir. Lê dîsa jî ne li benda tiştekî ev qasî qelebalix bû. Bi sedan kes li hundirê kafeteryayê, li ber deriyê kafeteryayê û li derveyê wê li hev kom bûbû. Hemû jî bi baldan li benda gotinên Semayê bûn. Werê xuya bû piranî jê karkerine hejar bûn; çavê bi sedan ciwan, extiyar, jin û zilaman li ser Semayê bû. Di salên dawî de ji ber ku tenê bi karê xwe re bilî dibû, haya wê ji xebatên sendîkayî û zanîngehê yên Bedirxan tûnebû. Aha di wê kêliyê de çav bi encam û akama xebatên wî ket. Semayê pêşî got, "Mala we hemûyan ava." Di wê navê re ferq kiribû ku dengê wê naçe her kesî û her wiha dengê wê direhilî jî. Pir hestiyar bû. Ji bo negirî bi zorê xwe girt. Dev lêvên xwe kir û kêlîkekê xwe xwe bi keys kir. Ji kûr de bêhna xwe stend û bi dengekî pêbawer got:

- Hevalino, bi rastî jî mala we pir ava be.

Di wê kêliyê de xwe wekî nûnereke xwendekaran hîs kir ku li kantîna zanîngehê bang li xwendekaran dike. Gerçî Bedirxan ev tişt baştir dikir, lê îro rol guherîbûn. Niha ya ku divê moralê van mirovan xweş bike, ew bû. Vê carê hîn bi cesaretir axivî:

- Bi rastî jî hatina we ya vê derê, ji bo me pir watedar e. Emeliyat pir baş derbas bû. Emeliyateke serketî bû. Aniha rewşa Bedirxan, nîşaneyên laşê wî pir baş û normal xuya dikin.

Ji nav qelebalixiyê ligel gotinên "Şikir ji Xwedê re", "Ez pir dilxweş bûm", "Şikir ji te re Xwedêyo", "Ezgorî", "Şikir ji Xwedayê rebil alemîn re" hebikekî jî dengê çepikan hat. Lê her çû dengê çepikan xurtir bû û her kes bi coşeke mezin dest bi çepikan kir. Semayê ev enerjiya geş ji nava dil hîs kir. Danê nîvro ji xizmên Bedirxan ew tenê bû, lê piştî emeliyatê bi sedan xizmên wî li wir bûn. Bi vê dilxweşiyê axaftina xwe dewam kir:

- Bawerim, aniha Bedirxan jî vê piştevaniya we ya xweşik û hezkirina we, ji nava dil hîs dike. A ku wê bihêle bijî jî ev heskirina we ye. Ji ber di vê roja zor û zehmet de hûn li cem Bedirxan û cem me ne, ez pir bextewar im. Ji bo Bedirxan rojek berî rojekê vegere nava me, çi ji destê me tê em dikin. Bi rastî jî ji ber ku bi saetan e hûn li vê derê ne, ez pir hestiyar bûm. Hûn sax û silamet bin.

Mûrat devê xwe bir ber guhê Semayê û got, "Dixwazî ji wan re bibêje, ne hewce ye pir bimînin." Ji ber ku ev yek ji bîr kiribû telaşek xwe lê girtibû û bi vê telaşê cardin dengê xwe bilind kir û li bendê ma ku himûguma ji nav qelebalixiyê tê sar bibe.

- Belê, cardin mala we ava be û reca dikim ne hewce ye hûn li vê derê bisekinin û xwe bibetilînin. Wê ji niha û pê ve jî pêvajoyeke dûr û dirêj a tedawiyê dest pê bike. Em ê xeberên bixêr bigihînin we. Mala we ava be.

Qelebalixiyê cardin li çepika xist. Piştî deng ji çepikan biriya, kafeterya jî hêdî hêdî vala bû. Ên di ber Semayê re derbas dibûn an bi destê wê digirtin an jî destê xwe didan milê wê û digotin "Derbas bûyî be, bi xêr û silamet be, xwedê şîfa xêrê bişîne." Çend deqe şûnde ji xeynî çend kesan kes li kafeteryayê nemabû. Yek ji vana Celal bû ku xwe spartibû paceyê. Çend kesên ku ew nas nedikirin jî ji xwe re herkê li ber maseyekê bûn. Celal, çû cem Semayê, ew hemêz kir û got, "Derbasbûyî be." Kelogirî bû, ew jî westandî û bêhal xuya dikir. Bi destê xwe baxçeyê kafeteryayê îşaret kir û got, "Sema, dixwazî em hinekî rûnên, xuyaye tu jî pir betiliyî." Semayê weku bibêje "dibe" serê xwe hejand û ji Mûrat reca kir ku du qehweyan ji wan re bîne. Li baxçe, li dor maseyeke li nav daran rûniştin. Celal, li ser maseyê her du destên xwe dan hev, serê xwe bera ber xwe da û got:

- Sema, bi rastî jî nizanim ez ê bibêjim çi. Mirov bawer nake. Nizanim ez li ber nexweşîna wî bikevim an li ber qezayê? Bi rastî jî aqilê mirov nagire. Axirkê rewşa Denîzê baş e.

Semayê ji kûr de kir axînî û got:

- Belê, şikir ku her du jî bi giranî birîndar nebûne. Ez bibêjim bêsiûdî yan qeder, nizanim. Wexta tê li ser hev tê.

- Sema, bi rastî jî rewşa Bedirxan baş e, ne werê?

- Aniha baş xuya dike, em li bendê ne qasek şûnde bi ser xwe ve bê. Hîn tehsîra narqozê derbas nebûye. Ez jî qehweya xwe vexwim û derbasî hundir bibim. Qet nebe wexta bi xwe ve bê ez li cem wî bim.

- Wexta bi ser xwe ve hat tu haya min jî pê bixî. Wexta guncan be, dixwazim bêm wî bibînim. A rast beriya emeliyatê me

yê hev li vê derê bidîta. Ji min re gotibû, ez ê tiştekî pir girîng ji te re bibêjim. Tu bi Bedirxan dizanî, tim û tim hêleke wî ya nepen heye. Ev ji dema xwendekariya wî maye; tim û tim hêleke wî îllegal e. Lê gotibû, beriya emeliyatê îlle gere em biaxivin, dû re jî ev qeza...
Piştî werê got, girêk ketin qirika Celal û ma sekinî.
Di vê navê re her du jî bi dengê kesekî nêzî wan dibû hinekî veciniqîn.
- Merheba Sema Xanim.
Gava Sema li paş xwe zîvirî û li xwediyê deng nêrî, şaş ma. Jineke li dor bîst salan, pora wê reşî kurt û dûz û berçavkek reş a ber tavê di çavan de, îşligekî spî yê bişkokê wî heya ber qirikê girtî û di bin çakêtekî reş de lê, etegekî gewr e heya kabokê lê û di desta de gopalê wê ku wisa xuya bû kor e, sekinîbû. Çendî ku ser çavê jinikê bêmakyaj bû jî, pir duzgin bû û ev yek bedewiya wê dida der. Ji wechê wê xem û bextewarî xwe bi hev re didan der. Jinikê destê xwe dirêj kir û li bendê ma ku Semayê pê bigire. Semayê piştî lihevçûnhatineke kurt hema bitelaş rabû ser xwe û bi destê jinikê girt. Fikirî ku mihtemelen hevaleke Bedirxan e.
Semayê got:
- Merheba, sax bî, tu tahbûyî hatî heya van dera.
- Zehmetiya çi! A rast beriya emeliyatê min hewl da bi te re biaxivim, lê ez dibêjim qey tu ne guncan bûyî.
Semayê, bîskekê ma sekinî, lê nehat bîra wê. Bi dû re jinikê dewam kir:
- Bedirxan Xoce, gotibû beriya emeliyatê gere em biaxivin û ji bo vê gazî min kiribû. Wê tiştekî pir girîng bigota. Lê mixabin qeza kir. Min jî got, belkî karibim beriya emeliyatê wî bibînim, loma min bi sekretera te re xeber şand.
Sema û Celal, werê bimeraq li hev nêrîn. Dû re Sema li jinikê nêrî û got:
- Parêzera dixwest min bibîne tu bûyî?
Jinikê bi ken got:
- Belê. Min ji bîr kir xwe bidim naskirin. Navê min Mûtlû ye, Parêzer Mûtlû Açikgoz.

11

Semayê jê re got, "Ka tu rûnanêyî?" û ji hêla din sendelye-
yek ber bi maseyê ve kişand. Jinikê destekî xwe da sendelyeyê
û rûnişt. Celal, şaşmayî li jinikê dinêrî. Weku jinikê ev yek ferq
kiribe berê xwe da Celal û got:
- Li min biborin, min û te xwe bi hev neda nasîn.
Celal, devê xwe bir û anî û got:
- Ez... ez Celal.
Jinikê got:
- Tu Celal Xoce yî, Celal Karakûş?
Celal, biheyr pirsî:
- Qey em hev nas dikin?
Jinikê bi dengekî qerîneyî got:
- Ez te nas dikim. Ez parêzerê komek akademisyen bûm,
akademîsyenên ji peywirê hatibûn girtin. Navê te jî di hin dos-
yeyan de derbas dibû.
Celal, hîs kir ku soromoro bûye. Nizanibû wê bibêje çi. Tenê
di ber xwe de got, "min fêm kir." Lê belê rûyê jinikê xerîb ne-
dihat. Dişiband hinan, lê dikir nedikir nizanibû kî ye. Jinikê
cardin berê xwe da Semayê û got:
- Derbasbûyî be. Li kafeteryayê min guh li te kir. Hêvîdarim
Bedirxan Xoce rojek berî rojekê baş bibe.
- Wê baş bibe. Bedirxan yekî pir bihêz e. Hûn ê bibînin, di nêz
de wê bi xwe ve bê. Tu parêzera Bedirxan î? Qet behsa te nekiribû.
- Belê Sema Xanim, em komeke parêzer bi van dozan re ele-
qedar dibin. Ez bi taybetî bi dosyeya Bedirxan Xoce re eleqe-
dar dibim. Fêm dikim çima behsa min nekiriye, lê em ji zûv

de hev nas dikin. A rast min digot îro belkî behsa vê mijarê bike, loma hatim vê derê. Lê bêtalihiyek mezin... Min digot, belkî berî emeliyatê ji te re hin tişt gotibin. Ji lewra gotibû, hin tişt hene divê beriya emeliyatê ji te re bibêjim. Jixwe wisa xuyaye wê çaxê ne li ser hişê xwe bûye.

Semayê got:

- Belê, wisa bû.

Her sê jî bêyî ku biaxivin qederekê rûniştin. Bi dû re jinik rabû ser xwe û got:

- Ez pir ji wextê we nexwim. Wexta Bedirxan Xoce bi ser hişê xwe ve bê, ez ê cardin werim. Ji bo me hemûya derbasbûyî be, bi xatirê we.

Jinikê bi destê her duyan jî girt û gopalê xwe yê bisusta bi derbekê re vekir. Ber bi aliyê ku jê ve hatibû çû.

Sema û Celal qederekê lê nêrîn. Jinik ku bi alîkariya gopalê xwe pir bi rihetî dimeşiya, ji ber çavan winda bû.

Mûrat, di destê wî de sêniyeke plastîk a kafeteryayê hat. Qehweyên anîbûn danîn ser maseyê û çû. Gava Semayê qehweya xwe vedixwar, Celal got:

- Min navê vê parêzerê nebihîstiye. Nizanim, belkî jî di du salên dawî de hev nas kiribin. Jixwe tu dizanî, wan çaxan min û Bedirxan hev nedidît. Lê rûyê wê bi min qet xerîb nehat.

Semayê got:

- Ma te nedît, jinikê got em ji zûv de hev nas dikin. Her hal ji du salan zêdetir e. Axir bi qasî dizanim gelek nas û hevalên Bedirxan ên ku ez wan nas nakim hene. Ma te qelebalixiya gava din nedît? Pirî ji wan jî nas nakim. Bawerim hemû jî kedkarine hejar in û ew û Bedirxan bi awayekî leqayî hev hatine.

Celal got:

- Bê guman. Ez bi xwe jî dibihîsim ku ji roja ji peywirê hatiye girtin heya niha hem li sendîkayê hem jî li kafeyê bênavber kar û barê rêxistinbûyînê û propagandayê dike.

Bi dûr re bi tinazkerî û wekî wî biçûk bixe got:

- Ev Bedirxan e, ne sekin lê heye, ne dev jê ber dide. Zarokê serîhildêr ê şoreşê ye.

Piştî vê zûzûka xwe da ser hev û wekî ji ber van gotinên xwe poşman bûbe, got:
- Şaş fêm neke, ne ku hurmetê nîşanî kar û barî nadim. Lê Sema, êdî tiştên werê ji me derbas bûne. Qasek berê gava min li wê axaftina te ya biheraret a li kafeye guhdar kir, salên me yên xwendekariyê hatin bîra min. Min jî, Bedo jî me pir bi vî awayî qise kiribû.
Sema biken got:
- Tu li vê ecêbê, gava ez diaxivîm ev tişt hatin bîra min jî. Ew salên ku nayên jibîrkirin. Ka di kîj me de şopek ji wan salan maye? Lê di vî warî de Bedo ji ya xwe daneket. Her kes bi cihekî ve teriqî û xwest bibe diranokek çerxa jiyanê. Lê Bedirxan, ev yek ne hezm kir ne jî qebûl kir. Nizanim; belkî dara wî, karaktera wî werê ye. Wisa bawerim a ku wî bi jiyanê ve girêdide ev kesayetiya wî ya têkoşîner e. Her tişt di nava serê min de bûye mij û dûman, ji zûv de ye nikarim wan bi ser hev de bînim û li deverekê bi cî bikim. Salên dawî ji bo her kesî pir zehmet derbas bûn. Bi dû re avêtina ji kar û bar. Em difikirîn, me digot wê bê girtin. Di mehên dawî de em ketibûn nav tengayî û ketûmiyeke werê ku em pir ji hev dûr ketibûn û bi dû re jî ev nexweşîna nebixêr û îro jî ev qeza. Bi rastî jî mirov bawer nake, her tişt wekî kabîsekê ye. Ez xwe werê hîs dikim ku, dibêjim qey vîna min belawela bûye. Kîjan rast, kîjan çewt bû; me li ku şaşî dikir, têkiliya me kengî û çawa ket vî halî nizanim. Lê tişta jê bawer im; hîn jî pir hez ji Bedo dikim û ji xeynî başbûna wî wekî din tu tiştî naxwazim. Hela bila baş bibe, em ê bi awayekî van tiştan bi keys bikin. Celal, te dît hema çawa te zevt dikim werê derd û kulê xwe ji te re dibêjim. Ji kerema xwe li qisûra min menêre.
- Na na, werê mefikire! Te dît dibêjin wexta meriv derd û kulê xwe bibêje, siviktir dibe.
- Derûnasê me yê delal, ma ji bera jî sivik dibin?
- Gotineke klîşe ye. Ma derdekî ku bi parvekirinê sivik bibe heye? Tenê em bi xeberdanê nav dilê xwe rihet dikin. Halbûkî em baş dizanin, heya ji bo derdan derman neyê dîtin sivik

nabin û heta hin derd jî hene bêderman in. A rast sê roj berê wexta Bedirxan telefonî min kir, ewilî pir şaş mam. Dengê wî nerm û nebihêrs bû. Gava xwest em hev bibînin, bi rastî hinekî qilqilîm. Bedirxanê em nas dikin belesebeb bi paş ve gav navêje. Jixwe gava me hev dît, min fêm kir ku neytekî wî ya ku paş ve gav bavêje tuneye. Berevajî, werê kir ku min paş de gav avêt. Behsa nexweşîna xwe û xetereya wê kir. Wexta wekî ku wê bimire û hosiya xwe bibêje axivî...

Dengê Celal guherî, kelogirîbû. Hinekî bêhna xwe berda û cardin dewam kir:

- Gava werê axivî, ez perîşan kirim. Wê kêliyê min dixwest rabim hema her derî belawela bikim. Wexta min hevalê xwe yê herî qenc, herî durist û wî zilamê bêtirs werê bêçare û hestiyar dît, min nalet li xwe anî. Heger kesekî ku mirineke pêşwext heq bike hebûya, ne Bedirxan, ez bûm. Tew du sal bûn me bi hev re xeber nedida, min dilê wî zaf hêla bû. A rast heya wê çaxê jî tişta ku min kiribû, bi min şaş nedihat.

Sema ket navberê û biken got:

- Celal jixwe tişta ku Bedirxan pir adis dikir jî, ev bû; neqebûlkirina te ya vê şaşiyê bû. Carinan wexta behs dihat ser te bideng digot, "Ûlan bibêje ez tirsiyam, bibêje min avêtina ji kar nedida ber çavê xwe, lê nebêje tişta min kiriye ne şaş bû." Yanî di vî du salî de, te têra xwe çêr xwarin. Me te pir pir yad kir."

Celal biken got:

- Texmîn dikim, û bi dû re domand:

- Ji min xwest, soz bidim ku ez ê vê şaşiya xwe rast bikim. Û qaşo ji min xwest ku hinekî bi te re biaxivim da ku di warê derûniyî de xwe rihet hîs bikî. Lê min dizanîbû ev bahane ye. Armanca wî gava em bihatana cem hev, gotinê ji min dewr bigire. Yanî bi şahidiya te. Jixwe gava li restoranê tu werê nebaş bûyî, neket nav meseleyê. Îro, gotibû beriya emeliyatê dixwazim tiştina ji we re bibêjim. Bi min werê tê ku tişta wê biaxiviya ji vê meseleya îmzeya nebixêr wêdetir bû. Lê piştî min dît ji bo heman tiştî gazî vê parêzerê jî kiriye, serê min tam tevlîhev bû. A rast nizanim bê ka qesda wî çi bû.

- Helbet Bedirxan bi tiştekî dizane. Lê meraq meke, hela bila bi ser xwe ve bê, em ê hûn bibin bê ka çi ye.

Celal, kêliyekê ma sekinî û bi dû re got:

- Tu dizanî Sema? A rast li xwe mikur neyêm jî, lê ev her du sal di jiyana min de salên herî berbad bûn. Carinan difikirim, min îmze paşve nekişanda jî tiştên bihatana serê min wê ji van tiştan ne xirabtir bûna. Hema bibêje min xwe ji binî ve qedand. Di her kêliyê de min hîs kir ku ruhê min qirêjî bûye û bûye hîçek. Di eynikê de jî min nedixwest çav li xwe bikevim. Mirov her kesî bixapîne jî, lê nikare xwe bixapîne. Ji yên berê tenê hevalek min jî nemaye. Zanîngehê bi akademîsyenên, qaşo akademîsyenên, alîgirê îqtidarê tije kirine. Bi yekî ji wan re jî hêleke min a hevpar tuneye. Gava di korîdorê de leqayî wan têm, tenê bi serê xwe silavê didim û di ber wan re derbas dibim. Di dersê de heya ji min tê li nav çavê xwendekaran nanêrim; lê cardin jî wan awirên didarizînin, tawanbar dikin û mirov mehkûm dikin hîs dikim. Yanî ne bi kêrî mizgeftê hatim, ne jî dêrê. Min texmîn nedikir ku ez ê ev qasî noq bibim. Axirê her kesek xwedî helwestek e; ez çawa hurmetê nîşanî yên îmze dane didim, divê ew jî rêzê nîşanî fikrên min bidin. Ji min tirê demek şûnde wê ser meseleyê bihata girtin û bihata jibîrkirin. Halbûkî diviyabû min ji xwendin, kirin û tiştên heya wê çaxê dîtibûn dersek bigirta. Ji min we ye, tereziya min xera bû û di ber meseleya sereke re derbas bûm: Li cihê ku zilm, kedxwarî û şer hebe, tiştekî bi navê bêalîbûnê tuneye. An tu ji terefê serdesta yî, an jî ji terefê bindesta yî. Orta wê tuneye. Tu nikarî bişelafiyê serî bi faşîzmê re derxî. Faşîzm, ranebe û bi kesî re li hev nayê. Tenê doza bîadê dike yan jî tune dike. Lewma li dijî faşîzmê mirov tenê bi berxwedanê dikare li ser pêya bimîne. Sema, min liv û tevgereke wekû min ev ji bîr kirine, weku ev tunene tercîh kir. Loma min nikaribû li ser pêya bisekine, min çok danîn. Wekî din tu îzahiyateke vê yekê tuneye. Tam du sal in hay ji vê heme û ditirsiyam li xwe mikur bêm. Du sal in bi vî awayî dijîm. Min xwest li cem hevalên xwe yên ji kar hatin avêtin, hatin girtin û hatin darizandin bim; lê min nikarîbû Sema, lew hasil gihaştibû Mûsil.

Wexta Celal axivîbû çavên wî tije bûbûn. Te digot qey ne ji Semayê re, lê ji xwe re digot û xwe bi xwe diaxivî. Tiştên di nav û hinavên xwe de lod kiribûn, weku bixwaze hemûyan verêşe hevokên xwe li dû hev rêz kiribûn û zûzûka di devê xwe re avêtibû derve. Weku bibêje axaftina wî bi dawî dibe pişta xwe da sendelyeyê û bi dengekî hîn bi qeys û qerar got:
- Axirê em aniha li vê derê ne. Ez, li vê derê di ber qirqala ruh de me û Bedo jî li hundir. Xwezî niha ez di dewsa wî de bûma. Li ber mirinê ye, lê biserfirazî; pir nêzî mirinê ye, lê serîbilind e. Dizanim, ji terefê min ve veger ne mimkun e. Te dît min gava din got, hin derd hene bêderman in. Lê dîsa jî piştî wextekê ya rast kîjan be divê meriv wê bike. Hema bi kêrî tiştekî jî neyê, qet nebe belkî dilê min rihet bibe. Werê xuya bû ku Bedirxan jî di ferqa vê de bû. Texmîn dikir ku bê ka çi qasî tengijîme. Pir li zora wî jî diçû. Hevrêtî û hevaltiyeke me ya bi salan heye, mirov nikare werê bi derbekê dev jê berde. Di vî warî de hem dixwest min hem jî xwe rihet bike. Dixwest ji min bibihîse ku tişta em dikin, tişta em dijîn ne şaş in û ji bo vê yekê pêk bînin, li bendê bû ku soz bidim. Ji lewre ev mijareke têkildarî wateya jiyana wî bû. Ji ber ku wateya jiyana me, ji ber helwesta min ketibû ber lêpirsînê, pir adis dibû. Dixwest berî ku biçe vê yekê sererast bike. Êmin im, ji lewra ez Bedirxan nas dikim. Lê meraqa mexwe Sema, hem wê ew neçe hem jî ez ê vê bişkoka şaş hatiye pevgirêdan rast bikim. Off! Bi ser de ez kirim profesor, wexta ev tê bîra min pir fedî dikim. Halbûkî tam pênc salan kadrotiya me ya profesortiyê nedihat pesendkirin, çendî ku heqê me bû jî. Û newêrim bibêjim, lê werê xuyaye van rojan wê min bikin dekan û tayinî fakulteyê bikin: "Xelata mezin a îxanetê." Hela bise, em ê hin tiştan bikin.

Wexta Celal gotinên xwe yên dawî bilêv dikir, deng ji telefona Semayê hat. Nezahatê telefonî wê dikir. Mihtemelen wê bigota Bedirxan bi ser xwe ve tê. Lê dengê ji telefonê dihat tiştekî dinê digot:
- Sema Xanim, ecele, ecele were! Bedirxan Beg...

Nezahatê digiriya. Semayê li tu tiştî nefikirî, ma sekinî. Hema ji nişkave rabû ser xwe û bazda. Celal jî da dû wê.

12

Wexta Semayê bi bazdan ketibû hundirê odeya awarte, ekîba tenduristiyê li ser serê Bedirxan kom bûbû û ji dixtoran yekî jê qelbê wî masaj dikir. Semayê ku heya wê kêliyê jî bi xwînsarî tev geriyabû, piştî çav bi rewşeke wiha ketibû ew xwînsariya li ser çûbû. Wê kêliyê êdî ne dixtorek, xizma nexweşekî bû, nexweşekî ku dilê wî hew lêdixist. Dilê ku di vê jiyanê de herî pir hez ji wê kiribû, dilê Bedirxan, sekinîbû. Cîhan sekinîbû, her kes sekinîbû, Sema jî li erdê, li ser çokan bû û hema werê zoq mabû. Na, her kes nesekinîbû, dixtor hîn jî dilê Bedirxan masaj dikir, dev jê bernedabû û jixwe ji bo devjêberdanê hîn zû bû, lew li dibistanê werê elimîbûn. Semayê hîs kir ku hemû laşê wê direhile, sar bûye bûye wekî cemedê. Cardin xwe berhev kir, rabû ser xwe û çû heya ber serê nivînê. Ekîba tenduristiyê bi xwînsarî û bi cidiyet karê xwe dikir. Werê li Semayê hatibû ku wekî zanyariyên dixtoriyê hemû ji bîr kirine. Li monîtorê dinêrî, lê tiştek jê fêm nedikir û nedixwest fêm bike. Na, di navbera vê xetê û Bedirxan de tu têkilî tuneye, miheqeq şaşitiyek heye. Tiştên dihatin axaftin fêm nedikir û di nav himûgumê de peyv hildibijartin. Te digot qey yekî digot, "elektroşoq". Belê, werê gotibû. Laşê Bedirxan hemû ji ber haleta şoqê dihejiya. Carek din, carek din, hîn bihêltir. Her ku Bedirxan dihejiya, Sema jî dihejiya, dilê wê jî zûzûka lêdida. Dixwest biaxive, lê belê weku masûlkeyên wê li hev qerimîbin; nikaribû devê xwe veke, nikaribû lêvên xwe bilebitîne. Êdî ew bêhna ku ji pozên xwe digirt têr nedikir, wexta fêm kir ku wê ji ser hişê xwe ve biçe, bi destekî xwe bi maseyê girt û bi destê dinê jî bi milê Bedirxan girt. Mêjiyê wê ji nav wê himegumê hevoka "Nebza wî lêdixe" hilbijart. Di cî de li monîtorê nêrî û tê de sêgoşeyên navberkurt dîtin. Ji hemşîreyan yek jê biqîrîn got, "Hat!" Dixtor dev ji haleta elektorşoqê berda û çavê wî û Semayê li hev man aliqî. Dixtor bişirî, Sema jî got tepp û ket erdê.

Gava bi ser xwe ve hat, li nav nivîneke nexweşxaneyê bû û li ber serê wê hevalên wê yên kar hebûn. Niha xwe baştir hîs dikir; li ser çavê wê şermesariyek hebû, ji ber ku profesyoneltiya xwe ji bîr kiribû û ji xwe ve çûbû. Hêdîka xwe rast kir û hema pirsa Bedirxan kir. Gotin, "Rewşa wî pir baş e, lê hîn bi ser hişê xwe ve nehatiye." Bi xwe de qehirî û di dilê xwe de got, "Sema, êdî wextê xwebikeyskirinê ye. Ma bi vî awayî bi kêrî çi têm? Tew bi ser de xebatkar bi min re eleqedar dibin, Xwedê qehr û xezaba xwe li min bike!" Ji ser nivînê daket, xwe bikeys kir û bi her du destên xwe pora xwe rast kir. Got, "Hevalino meraq mekin, ez baş im. Hûn sax bin." Ji hemşîreyan yek jê got, "Sema Xanim, te hebikekî din jî bêhna xwe vedana." Semayê got, hewce nake û rast berê xwe da odeya awarte, cem Bedirxan. Bedirxan jî werê bêdeng raketîbû. Hema bibêje di ser emeliyatê re du saet derbas bûne, lê bi qasî serê derziyê jî nîşaneyên bixwevehatinê nedidan der. Dixtor û hemşîreyek tim li cem wî bûn. Çaglar Xoce û Dixtor Cuneyt jî li odeya serwîsa awarte bûn. Semayê çû cem wan û bi hev re rewşa Bedirxan nirxandin. Di merheleyeke pir xetere de bûn. Nexweşekî ku qezaya trafîkê kiribû, ji neçarî xistibûn bin emeliyateke mêjî ya giran. Lê hîn jî nexweş bi xwe ve nehatibû û bi ser de jî nebza wî sekinîbû. Mudaxileyên tibbî yên ku divê bên kirin, îhtimalên xirab yeko yeko di ber çavan re derbas kirin. Tabloyeke tedawiyê diyar kirin. Wê dixtorê nobedar û hemşîre tim û tim li ber serê nexweşbûna. Semayê jî got, ew ê jî tim bimîne û ligel hemû îtirazan jî ji ya xwe daneket. Jixwe Denîz wê îşev li nexweşxaneyê bimana, loma çûyîna malê qebûl nekir.

Sema, çû odeya xwe û telefonî Zelîxayê kir. Dilê wê ketibû cî ku rewşa malê baş e. Telefonî dêya Bedirxan kir û bêyî ku

142

galgalê dirêj bike her tiştji wan re got. Jinikê jî got, "Demildest têm Stenbolê" û wê jî tu îtiraz mîtiraz nekiribûn. Axirê ew jî dayik bû û ji her kesî bêtir heqê wê bû ku li cem kurê xwe be. Ji xesuya xwe re got, wê bilêta wê ya balafirê eyar bike û wê hinekan bişîne balafirgehê pêşiya wê. Dê û bavên wê li Tarsûsê diman, lê dudilî ma ku bê ka telefonî wan bike yan na. Lê dîsa jî telefonî dêya xwe kir û pê re axivî. Ew ê jî bi balafirê bihatana. Wekî din xizmine wê yî werê nêzîk ku telefonî wan bike tunebûn. Jixwe çawa bûna wê xizmên ji dûr ve bi hawayekî bibihîstana.

Bi dû re çû odeya ku Denîzê lê dima. Axirkê rewşa keçika wê baş bû. Dûr û dirêj li keça xwe ya radiza nêrî. Pora wê mist da û sincirandina laşê wê seh kir. Hêdîka ramûsanek danî ser eniya wê. Tiştên ji duh heya niha hatibûn serê wê, ew heyr hiştibûn. Çê xirab jiyanek wan hebû, lê berê xwe ji nişkave dabû aliyekî dinê. Dibû ku mêrê wê û keça wê îro jiyana xwe ji dest jî bidana, lêhûrbûna tiştekî werê bixwe mûyê canê wê çik kirin. Lê hîn her tişt bi dawî nebûbû, belkî jî têkoşîna sereke hîn nû dest pê dikir. Hîn jî Bedirxan bi xwe ve nehatibû û ev ne elameteke xêrê bû. Dibû ku ji rewşa qomayê dernekeve û her tiştên wî yên bîrbiriyî stewr bimana. Loma diviya bû zûzûka bi xwe ve bê û dest bi kar û bar bikira. Niha ne wextê qelsbûyînê bû. Wexta li ser van tiştan hûr dibû, pê re jî xwe di ber keça xwe re rakir û xwe dirêj kir. Hingî westiyabû nikaribû li ser pêya bisekine. Denîzê jî bi awayekî xilmaşî li dêya xwe nêrî û xwe di ber re rakir. Dê û keç hev du hemêz kirin û raketin.

Wexta şiyar bû, saet nîvê şevê derbas kiribû. Keça wê hîn jî di xeweke şirîn de bû. Sincirandina laşê wê û nebza wê seh kir, her tişt asayî xuya dikir. Bêyî ku Denîzê şiyar bike hema hêdîka rabû ser xwe û ji odeyê derket. Cardin çû ûnîteya beşa awarte. Dixtor û hemşîre li cem Bedirxan bûn. Ji wan xwest ku der barê rewşa dawî de wê serwext bikin. Cedwela nexweş seh kir. Qet nebe di nebza wî de tu pirsgirêk tunebûn. Pişta destê xwe da eniya Bedirxan û dêmên wî. Xwest bi vî awayî jî sincirandina laşê wî seh bike. Li ser wechê Bedirxan bi qasî serê derziyê jî îfadeyek nedixuya: ne êş, ne xemgînî, ne jî dilxweşî. Te

143

digot qey ew bêîfadebûna beriya emeliyatê qerisiye. Semayê xwe bi ser de xwar kir û ramûsanek danî ser dêmên mêrê xwe. Hêdîka bi destê wî girt, mist da û li bendê ma ku Bedirxan refleksekê nîşan bide. Lê hîn jî tu his ji Bedirxan nedihat. Cardin vegeriya çû cem keçika xwe û xwe li ser nivînê dirêj kir. Heya sibehê bêyî ku çavê xwe biniqîne li ser wan, li ser tiştên dê biqewimin fikirî.

A din a rojê Denîzê tabûrcî bû û ew şand malê. Di vê navê re dêya Bedirxan û dê û bavên wê jî ji balafirgehê rast hatibûn nexweşxaneyê. Hiştibû ku ji hêla camkirî ya odeya awarte li Bedirxan binêrin, lê çendî ku îtiraz kiribûn jî nehiştibû li nexweşxaneyê bimînin û wan jî şandibû malê. Qet nebûna wê zarokên wê li cem dapîr û bapîrên xwe bimana û wê bi vê re dilê wê hinekî din jî rihet bûbûna.

Di nav rojê de nîşaneyên laşê Bedirxan hemûyan ji nêz ve şopandibûn û ji bo bi xwe ve bê çi mudaxile hebûn kiribûn. Piştî nirxandina MR û EEG'yê, leqayî tu tiştekî awarte nehatibûn. Diviyabû Bedirxan bi ser hişê xwe ve bihatana, lê dikirin nedikirin bi ser hişê xwe ve nehatibû. Tekane îhtimala bivac û bimantiq ew bû ku hişçûyîna ji ber şoqa qezayê hîn jî dewam dikir. Hevalên wan ên dixtor ên pisporên norolojî û norpsîkolojiyê jî ev îhtimal piştrast kiribûn. Dixtorên pispor ên herî baş ên li Stenbolê jî di nava rojê de hatibûn nexweşxaneyê. Hem ji bo daxwaz û niyaza xwe ya derbasbûyînê ragihînin Semayê, hem jî nêrînên xwe yên der barê Bedirxan de diyar kiribûn. Di nava rojê de hevalên Bedirxan jî hatibûn nexweşxaneyê û li rewşa Bedirxan pirsîbûn. Kafeterya cardin qelebalix bû. Celal jî bi şev çûbû malê û şeveqê zû cardin hatibû nexweşxaneyê, Semayê bi tenê nehiştibû. Sema ji aliyekî ve bi nexweşên xwe yên din re bilî dibû û nedihişt karê wê bi derengî bikeve, ji aliyê din ve jî geşedanên der barê Bedirxan de gav bi gav dişopand. Rewşa Bedirxan wekî berê bû, tu tiştek neguherîbû. Halê wî yê qomayê wekî berê dewam dikir.

Rojan da dû hev. Semayê di navbera malê û nexweşxaneyê de hema diçû û dihat, sekin lê tunebû. Dêya Bedirxan û dê û bavên wê nedixwestin wê di vî halî de bihêlin û biçin. Loma li malê bi cih bûbûn û neçûbûn. Çendî ku her sê extiyar carina biketana qirika hev jî, Sema ji vê rewşê dilxweş bû. Ji ber vê aqilê wê li ser zarokê wê nedima û xwe bi tenê hîs nedikir. Bi vî awayî hema bibêje du meh derbas bûn. Bedirxan êdî ketibû rewşa riwekî. Her çûbû hêviya wan jî kêm bûbû û tu rê û rêbaz nehiştibûn, loma hêviya xwe bi mûcîzeyê ve girêdabûn. A ku bêhêvî nebûbû û dev ji qeys û qerara xwe bernedabû, Semayê bû. Berê jî bi nexweşên di heman rewşê de rû bi rû mabû. Gerçî yek jê jî beriya emeliyatê ji hiş ve neçûbû, lê nexewşên wê yên bi roja bi ser hişê xwe ve nehatibûn hebûn. Nedixwest nexweşên xwe yê jiyana xwe ji dest dabûn bîne bîra xwe. Her wiha ya ku herî zêde Bedirxan nas dikir ew bû û Bedirxanê ku nas dikir dev ji jiyanê bernedida. Û jixwe dilê wê jî tunebû dev ji têkoşînê berde. Wê Bedirxan ji wir û wê jî ji vir di vê têkoşînê de bi ser biketana. Îhtimaline din nehanîbûn bîra xwe.

Bi hevpîşeyên xwe yên li welêt û derveyî welêt, bi nexweşxane û zanîngehan re pêwendî danîbû, pûxteya dosyeya Bedirxan ji wan re şandibû û ji wan xwestibû nêrîn û pêşniyarên xwe pê re parve bikin. Di cîhana tibbê de, nexasim di bîst salên dawî de geşedanên diqewimîn, pir bi lez û bez diqewimîn. Loma ji hêla dixtorekî/ê ve şopandina wan hema bibêje ne mimkun bû. Ji ber vê yekê, dabû dû rê û rêbazên tedawîkirinê û amûrên tibbî yên li çar hawirdorê cîhanê û hêviya herî biçûçik jî bi baldan vedikola. Ji Navenda Cerahiya Mêjî ya Zanîngeha Arkansasê ya DYA'yê bigire heya Zanîngeha Bonn a Almanya û heta bi Qanadayê pêwendî bi navendên lêkolînê yên mêjî yên girîng re danîbûn. Her agahî û pêşniyareke ji wan deran dihat, tevî ekîba dixtoran li ser hev nîqaş dikir bê ka li gor rewşa Bedirxan e yan na. Her wiha hin pêşniyar pêk anîbûn jî, lê belê bi kêr nehatibûn. Di vê demê de Semayê werê hîs dikir ku ew û Ruhstîn di nav têkoşîneke dijwar de ne û tu carî bêhêvîtî qebûl nedikir.

Di vê navê re cihê emeliyata Bedirxan cebirîbû û capûnên li serê wî hatibûn vekirin, lê belê ji bo elektrotên ji bo şopandina pêlên mêjî porê wî tim hatibû qusandin û nehatibû hiştin dirêj bibe. Sema, du rojan carekê bi nihêrvanên nexweşan riha Bedirxan dida qusandin. Ji xeynî vê wê lê dinêrî, nedihişt xebatkar tiştên din ên Bedirxan bikin. Ji ber dixwest mêrê wê tim paqij û li cihekî paqij be, ev yek wê bêtir bi hêz û qewet dikir û dikir ku bêtir xwe baş hîs bike. Dibû ku Bedirxan ji nişkave şiyar bibe û wexta şiyar bibe diviyabû xwe baş bibîne.

Gava Semayê lêkolînên xwe didomand, rojekê ji Zanîngeha Zurîh a Swîsreyê maîlek jê re hat. Di vê maîla ku Navenda Lêkolînên Mêjî ya Zanîngeha Zurîhê jê re şandibû de, hatibû diyar kirin ku haya yên li navendê ji rewşa Bedirxan heye û dixwazin li ser dosyeya wî hûr bibin. Xebatkarên vê navenda ku der barê cerahiya mêjî û norolojiyê de lêkolîn dikirin, ragihandibûn ku ji zûvde ji bo nexweşên ji ser hiş ve diçin li ser metodekê hûr bûne û dixwazin ji bo nexweşê ketine rewşa riwekî bi ser hişê xwe ve bê, bixebitin. Semayê hema di cî de dosyeya nexweş a di komputera wê de qeydkirî û her roj rojane dikir, ji vê navendê re şand û li binî dosyeyê jî nivîsand ku zûka cewabê bigihînin wê.

Têkoşîn, liv û tevgera ku du meh in Semayê di navê de bû, xebatkarên nexweşxaneyê, hevalên Bedirxan û malbata wî bi çavê xwe dîtibûn û ew texdîr dikirin. Celal jî hema bibêje her roj telefonî wê dikir û du rojan carekê, piştî mesaiyê seriyekî li nexweşxaneyê dixist. Parêzera Bedirxan Mûtlû Xanimê jî Semayê bi tenê nehiştibû. Wê jî hem telefonî wê dikir hem jî dihat nexweşxaneyê. Semayê ji nêzîkatiya vê jinikê tê derxistibû ku nêzîkatiya wê ji parêzertiyê wêdetir bû, lê taqeta wê tunebû vê mijarê tev bide. Jinikê der barê paşeroja xwe û Bedirxan de tu tişt nedigot, lê tu carî jî Semayê nerihet nedikir. Belkî ecêb bû, lê ya herî zêde morala Semayê xweş dikir parêzer Mûtlûyê bû. Semayê carekê xwestibû têkiliya navbera wê û Bedixan tev bide, lê ditirsiya bi cewab an jî dereweke aşkere ku niha ji bo wan ne amade bû re rû bi rû bimîne. Loma dev jê berdabû. Parêzer Mûtlûyê bi vê weziyeta xwe jineke baş bû û ev jî ji bo Semayê bes û pir bû.

Cewaba nivîsa ku ji Zanîngeha Zurîhê re şandibû, rojek şûnde hatibû. Ji ber ku ev qasî zû hatibû şaş mabû. Li nexweşxaneyê di dema bêhnvedana nîvro de bû. Li kafeteryayê navroja xwe xwaribû û tevî qehweya xwe ya di qedeha qartonî de vegeriyabû, çûbû odeya xwe. Jixwe her cara ku firsend didît, li ser komputera xwe lêkolînên xwe didomandin. Aha wê kêliyê çav bi cewaba ku ji Zanîngeha Zurîhê hatibû, ketibû. Semayê ji dêvla ku di ekranê de bixwîne, hema çûbû kopiyek wê derxistibû û xwestibû li ser kaxezê bixwîne. A rast cewabeke pir kin bû: "Lêkolîna der barê nexweş û rewşa wî de hatiye kirin. Rewşa nexweş û lêkolînên ku navenda mêjî dikin, pir li hev dikin. Heger bê qebûlkirin, em navend dixwazin mesrefên nexweş gişî hildin ser xwe û rojek berî rojekê nexweş bînin Zurîhê. Puxteya lêkolînê û pêşniyarên ji bo tedawiyê di pêvekê de ye û em bêsebr li benda cewabê ne." Sema pir kêfxweş bûbû ku li navendeke din a tedawiyê hin kesan serê xwe bi rewşa Bedirxan ve êşandiye. Hema di cî de kopiyek belgeyên di pêvekê de derxistin. Belgeya şeş rûpelî rêz bi rêz, bi baldan xwend. Piştî ku qedand, xwe bi xwe got, "Ma bera tiştekî werê dibe? Helbet, dibe, ma çima nebe? Bi rastî jî belkî ev amûr çêkiribin."

Tevî belgeyan zûzûka ji odeya xwe derket û bi bazdan berê xwe da odeya Çaglar Xoce. Bi heyecan ket hundirê odeyê û hemû cewab bi Çaglar Xoce dan xwendin. Çaglar Xoce jî wekî wê got, "Ma bera jî tiştekî werê dibe? Ma tu dibê bera jî ev amûr çêkirine?" Semayê werê bi şaşwazî got, "Mamoste hela lê binêr, bi awayekî zelal diyar kirine. Behsa du mêjiyên cuda dikin û dibêjin, me ew bi hev vekirine." Sema û Çaglar Xoce li hev nêrîn û gotin, "Erê lê, çima nebe. Dibe ku bi vî awayî karibe ji wê rewşa riwekî xelas bibe." Axirê biçûk be jî hêviyek derketibû pêşiya wan û çendî ku hin xetereyên wê hebin jî xwe gihandibûn metodeke tedawiyê. Demildest gazî dixtorên din jî kirin û rewşa heyî nirxandin. Axirê biryar girtin ku wê Bedirxan veguhêzin Zurîhê.

BEŞA SISÊYAN

13

Gava balafira ambulansî ber bi Balafirgeha Zurîhê ve dadiket, hindik mabû tarî bikeve erdê. Rêwîtiyeke rihet bû. Tevî Semayê hemşîreyek jî ligel Bedirxan bû. Bedirxan tevî amûrên pê ve girêdayî li balafira ambulansî siwar bûbû û heya gihîştibûn Zurîhê jî tu liv û tevgerek wî çênebûbû. Kes ne li benda guherîna rewşa wî bû, lê belê bisiûd bû ku di dema neqilkirinê de tu rewşeke neyînî jî rû nedabû. Gava xeber ji Zurîhê girtibûn a din a rojê hemû amadekarî temam kiribûn û bêyî ku bi derengî bixin, biryara veguhastinê dabûn. Wexta ji Stenbolê bi hewa ketibûn, fikra gelo wê karibe Bedirxan bi sax û silametî cardin bîne vî bajarî li Semayê peyda bûbû û bi vê fikrê destê Bedirxan xistibû nava destê xwe û ji paceya balafirê li Bogazîçiyê nêrîbû û xemgîniyekê xwe lê girtibû. Her wiha di rê de li ser awayê tedawiyê jî hûr bûbû. Belkî jî ev şansê wan ê dawî bûna. Her ku ev yek dihat û xwe lê digirt, Sema bêtir diqilqilî, lê di heman demê de jî dizanibû ku niha dem ne dema dev ji xwe berdanê ye. A baş wê li ser awayê tedawiya nû hûr bûbûna. Her wiha di vî awayê tedawiya nû de, di warê teknîka tibbî de rol û risteke mezin diket ser milê wê jî.

Tevî ekîba tenduristiyê ya ku li balafirgehê ew pêşwazî kiribûn zûzûka derbasî nexweşxaneya zanîngehê bûbûn û Bedirxan li odeya beşa awarte ya li qisma lêkolînên taybet a klînîkê bi cih kiribûn. Hem bi koma ku dê emeliyatê bike û hem jî bi koma ku dê piştî emeliyatê "seansan" bi rê ve bibe civîneke dûr û dirêj kiribûn û awayê tedawîkirinê û bi taybetî jî rola Semayê ya di tedawiyê de bi dorfirehî nirxandibûn. Ji ber ku wê tedawiyeke ezmûnî be, ji bo qebûlkirina hemû xetereyan, îmzekirina gelek belgeyan ji Semayê hatibû xwestin. A rast Semayê jî beriya her emeliyatê belgeyên bi vî rengî yan bi nexweşan an jî bi xizmên wan didan îmzekirin. Lê belê ya niha cuda bû; axirê bi îmzekirina vê belgeyê re wê qebûl bikirana ku Bedirxan bi amûreke nû ve bê girêdan, amûreke ku hîn di asta ceribandinê de bû. Yanî wê bi vî awayî di ceribandinekê de kobaybûna Bedirxan qebûl bikirana. A rast ji ber ku du meh bûn Bedirxan di qomayê de bû û di rewşa riwekî de bû, dayîna vê biryarê bi Semayê zehmet hatibû. Lê belê di dema dayîna biryarê de tişta wijdanê wê rihet dikir, ew ê bixwe jî daxilî nav vê ceribandinê bibe. Yanî bi qasî ya Bedirxan nebûna jî, wê jiyana wê jî têketa ber xetereyê û wê di rêbaza tedawiyê de xetere hilgirtana. Her wiha wê ev amûra nû cara ewil rasterast li ser nexweşekî bihata bikaranîn. Heger di tedawiyê de bi ser biketana, wê tiştekî mezin li zanyariyê zêde kiribûna. Bi qasî Semayê, mirovên zanyar ên ev amûr pêşve xistibûn jî pir biheyecan bûn. Helbet heyecana yekî ji wan jî ne wekî ya rayedarên şîrketa tenduristiyê bû ku ev amûr finanse kiribûn û wê piştî vê tedawiyê berpêşî bazara cîhanê bikirana. Lê belê haya Semayê jê hebû ku ji xeynî qebûlkirina van tiştan wekî din tu vebijêrkeke wê ya din tunebû. Loma gava belge îmze kirin, biken di dilê xwe de digot, "Hey Bedirxanê nizam çi, umrê te bi têkoşîna antî-kapîtalîzmê re derbas bû, bi salan te xizmeta tenduristiyê ya bêheq parast, lê heke werê dewam bike wê seba te amûrek berpêşî piyaseyê bê kirin û mihtemelen wê ev amûr ewilî bi kêrî zengînan bê. Binêr Bedo, bi rastî jî kapîtalîzm herî zêde mêjiyê çepgiran bi kar tîne û mezin dibe."

Piştî hemû prosedur hat temamkirin, ji bo vehesînê Semayê birin odeyeke cuda. Ev der, ji odeya nexweşxaneyê bêtir dişibiya odeyeke otêlê. Sema ku li şaneşîna biçûk a odeyê ya berê wê li daristanê bû rûniştibû, piştî du mehan cara ewil bû ku xwe ev qasî rihet û biaram hîs dikir. Axirê ji bo Bedirxan şenseke cidî bi dest xistibû û ji bo wî jiyana xwe jî danîbû holê. Wexta werê bimitrî difikirî, bihîst ku deng ji deriyê odeya wê

tê. Rabû çû derî vekir. Ji koma tenduristiyê ya qasek berê li hev kom bûbû, jineke di umrê wê de, tevî pêşmalka xwe ya spî û di destê wê de du qûpa qehwe li ber derî sekinîbû.
Jinikê bi Tirkiyeke biaksan lê dihat fêmkirin got:
- Min got, belkî dilê te çûbe qehweyekê.
Semayê bi awayekî şaşmayî rahişt qûpayek qehwe. Bi dû re fêm kir ku jinik sirf ji bo qehweyê nehatiye, loma hinekî ket ber fediyê û xwe da alî û got:
- Mala te ava. Kerem bike were hundir.
Jinikê got:
- Naxwazim tu nerihet bibî.
Semayê got:
- Na, na. Ji kerema xwe were, jixwe ez jî li şaneşînê rûniştîbûm. Were, em ê qehweya xwe bi hev re vexwin.
Sema û jinikê bi hev re derbasî şaneşînê bûn. Çendî ku havîn bû jî, lê dinya hênik bû. Daristan wekî tariyeke ripîreş li ber çavên wan bû û bayeke ku hema hema hil dibû xumîniyek li derdorê belav dikir û bêhna darqajê ber bi hundir ve hêl dikir. Jinikê bi bişirîneke xwîngerm li Semayê nêrî û got:
- Cardin derbasbûyî be.
Semayê got:
- Mala te ava be, minetdarê we me.
- A rast em minetdarê we ne. Hûn ê bi wêrekiya xwe li ser navê mirovahiyê tevkariyeke pir mezin bikin û hêvîdarim wê siheta Bedirxan baş bibe.
Sema şaş ma gava ku jinikê bêqisûr û jidil navê Bedirxan bilêv kir. Ji bo biyaniyên bi Tirkî diaxivin bilêvkirina "Bedirxan" navekî zehmet bû. Lê di dema civînê de jî hîs kiribû ku di vê jinikê de cudatiyek û nêzîkbûyînek heye. Tew jinikê ji bo wan pêşwazî bike hatibû balafirgehê jî û bi xwîngermî nêzî wan bûbû. Ev jinika ku hîn ji kêliya ewil ve bala Semayê kişandibû, niha rûyê wê jî bi Semayê xerîb nedihat.
Jinikê bi heman xwîngermî û bişirînê got:
- Sema Xanim, te ez nas nekirim, ne werê? Helbet, pir zehmet e ku bê bîra te. Tam bîst û pênc salên qerase di ser re der-

bas bûne. Ez Lînda, Lînda Clîff. Bîst û pênc sal berê di çarçoveya guherandina xwendekaran de hatibûm Stenbolê. Min û te, Bedirxan û Celal li wir hev du nas kiribû. Ew jinika ciwan ku wekî xeyalan dihat bîra Semayê, niha li pêşberî wê bû, lê bawer nedikir. Belê qethiyen ew bixwe bû. Lînda bû. Wê çaxê pora wê dirêj û kej bû, lê niha porkin bû û bi ser sore ve bû. Lê ev kesa ku bi qama xwe ya dirêj, bi bedena xwe ya wekî takrihanê û bi çavên xwe yê keskî bi ser gewr ve niha li ba wê bû, qethiyen Lînda bû. Semayê bi her du destên xwe bi destê Lîndayê girt û bi dilxweşiyeke hinekî fedîkar got:

- Bawer nakim! Bera jî tu yî. Li min bibore, ji ber ku min ewilî te nas nekir. Lê niha heyr û behitîme. Di navê re çendik û çend sal derbas bûne. A rast di demên dawî de pir ne li ser hişê xwe me. Lê bi dîtina te pir kêfxweş bûm Lînda.

- Ez jî Sema, bi rastî jî bi dîtina te pir kêfxweş bûm; helbet ji ber hevdîtineke bi vî awayî xemgînim. Bi awayekî din leqayî te bihatama, mihtemelen min ê te nas nekira. Ez ji hevaleke me ya hevpar ku demekê li navenda me şixulî û niha li Îzmîrê dixtoriyê dike, bi rewşa Bedirxan hesiyam. Ez behsa Dr. Nîlgun Ceylanê dikim. Wê jî ji bo Bedirxan pêwendî bi me re danîbû, lê ya rast haya wê ji lêkolînê tuneye. Yanî bi tesadufî bi rewşa Bedirxan hesiyam. Bi dû re me dosyeya wî ji te xwest û gava dosye gihîşt navenda me, ez jî di nava komê de bûm, koma ku daxilî nirxandinê bû. Ji bo hatina Bedirxan, min koma lêkolînê bi rihetî qaneh kir.

- Dêmek ji ber vê yekê veguhêstina me ev qasî zû hat qebûlkirin. Ne ji ber hewldanên te û Nîlgunê bûna belkî em niha ne li vê derê bûna. Mala wê jî ava be.

- Helbet bi saya Nîlgunê ye, yan na em ê pê nehesiyana. Jixwe rewşa tendurîstiya Bedirxan pir li gor lêkolîna me bû, min tenê hinekî lez da pêvajoyê. Min ji lêkolînê bêtir ji bo tenduristiya Bedirxan werê kir. Bedirxan, ji bo min mirovekî pir hêja û taybet e. Pir alîkariya wî gihîşt min. Min tim xwe deyndarê wî hîs dikir, niha jî heger hema çenikek mifha min jî bigihêjê, ez ê pir dilxweş bibim.

Nedihat bîra Semayê ku Bedirxan jê re behsa Lîndayê kiribû. A rast di sala dawî ya zanîngehê di navbera Lînda û Celal de têkiliyeke kurt çêbûbû. Werê dihat bîra Semayê ku Celal û Lîndayê ewil du dildarên baş bûn. Wan rojan çend caran bi hev re çûbûn xwarin filan bêvan jî xwaribûn. Lê midetek şûnde Celal û Lînda dev ji hev du berdabûn û Lîndayê jî ji holê winda bûbû. Celal gotibû, çûye Îrlandayê, bajarê xwe. Bi qasî ku tê bîra wê, ji ber vê meseleya veqetînê navbera Celal û Bedirxan jî nexweş bûbû û demeke dirêj xeydan mabûn. Çendî ku wan çaxan Sema li ber neketibû jî, ecêbiyek ferq kiribû, lê kesî tiştek jê re negotibû. Jixwe bi çûyîna Lîndayê re qederek şûnde mesele hatibû jibîrkirin. Gelo dibe ku di nav van salên borî de Bedirxan û Lîndayê pêwendî bi hev re danîbe? Ji lewre li ber nediket ku bê ka Bedirxan bi çi awayî alîkariya Lîndayê kiribe. Lê belê fikirî ku niha ne wexta tevdana vê meseleye bû. A girîng hebûna Lîndayê ya li wir bû û wê ev ji bo Bedirxan jî pir baş bûna. Lînda berî ku axaftina xwe bidomîne, gulpek din jî li qehweya xwe xist û got:

- Piştî Stenbolê min perwerdehiya xwe ya tibbê li Londrayê domand. Piştî perwerdehiya pisporiya noroanatomiyê ya li Berlînê, vegeriyam Dûblînê. Heta du sal berê jî min li wir dixtorî dikir. Lê belê piştî li Zurîhê pêşniyaza daxilbûna nav vê koma lêkolînê hat, hema min di cî de qebûl kir û niha li vê derê me.

- Lînda, li ser navê te pir kêfxweş bûm. Wexta tu li Stenbolê bûyî, me pir hev nedît lê belê tu bi bîranînên xweşik di bîra min de mayî.

- Pir kêfxweş bûm, ji bo min jî ceribandineke pir cuda bû. Min te û Bedirxan tim û tim bi başî bibîr anî.

Semayê jî heq dabûyê ku çima behsa Celal nekiribû. Semayê biken got:

- Min jî pisporiya noroşîrûrjiyê temam kir, bi dû re ji bo demeke kin çûm Qanadayê û jê pê ve tim li Stenbolê xebitîm. Niha jî werê ye.

- Baş e, naxwazim zêdetir te biwestînim. Jixwe wê hîn pir wextê me yê axaftinê çêbibe. Niha tu baş bêhna xwe vede. Serê sibehê em ê giş dest bi rojeke giran bikin. Sema, ez pir bihêvî me, ez bawer dikim ku em ê bi ser bikevin.

- Hêvîdarim wekî te be. Ez jî cara ewil e, ev qasî bihêvî me.
- Baş e, ez ê niha biçim. Qasek dinê wê serwîsa odeyê xwarina te bîne. Li jêrê kafeteryayeke me ya xweş heye, heger bixwazî tu dikarî li wir jî bixwî.
- Spas, dixwazim li odeyê bim.
- Naxwe, bi xatirê te, em ê sibê hev bibînin.
- Oxir be, Lînda.

Sema, piştî xwarina xwe xwar çû odeya serwîsa awarte, Bedirxan seh kir. Rewşa wî asayî xuya dikir. Bedirxan wekî her carê bêyî ku haya wî ji tiştekî hebe, di xeweke giran de bû. Gerçî Semayê ev yek jî tim dihesiband; dibe ku mêjiyê wî cîhana der îdraq dike, lê nikare bertekê nîşan bide. Kî çi zane, belkî du meh in haya Bedirxan ji tiştên diqewimin heye. Fikirî, "Ez ê sibê vê yekê tam fêm bikim." Dê ji bo wê bibûna cihê ceribandineke biheyecan; wê mêjiyê wê û Bedirxan bi hev ve bihata girêdan. Wê cîhana wê ya hişî û ya Bedirxan bûbûna yek. Di aqilê Bedirxan re çi derbas bûbûna -heger hebe- wê bidîta û wê wekî mêjiyek tenê bûna hereket bikira. Ji bo Bedirxan bi ser hişê xwe ve bihata, wê tevî wî di nava heman cîhana xeyalî de bimana, wê aliyê wî bikira, wê jêdera pirsgirêkan bidîta û wan hel bikira. Bi qasî xuya dikir, di mêjiyê Bedirxan de pirsgirêkeke organîk nemabû. Tenê îhtimalên noropsîkolojîk diman. Ev jî, wê ew bixwe daketena navenda bîrê û ew bidîtana. Berî ku biçe odeya xwe careke din li mêrê xwe nêrî, xwe bi ser guhê wî de xwar kir û got, "Li bendê be Bedo, dilê min em ê sibê bên gel hev, ez têm cem te."

14

Semayê, li odeya nexweşxaneyê bêyî ku baş rakeve şeva xwe borand. Heya sibehê çend caran şiyar bûbû. Her carê hewl dabû ku qilqiliya li nava dilê xwe ji ser xwe bavêje û cardin zorê dabû xwe ku rakeve. Herî dawî wexta bi hişyariya telefona xwe şiyar bû, ronahiya gewr ya Zurîhê li perdeyên storî yên turincî yên odeya wê dixist û dirbê studyoyeke tarî ya wêneyan dida odeya wê. Piştî zûzûka avek li xwe kir, ji kincên xwe yên ku tê de rihet dike bi xwe re anîbûn, yek jê li xwe kir. Qatekê daket jêrê û di baxçe re xwe li tunela camî ya ber bi klînîkê ve diçû xist û çû ket bînaya li kêlekê. Gava gihîşt odeya civînê, deriyê odeyê vekirîbû û ket hundir. Tevahiya koma tenduristiyê li wir bû. Piştî silav da Lîndayê û yên din, tevî qedeha xwe ya avê ya dirêjî wê kiribûn çû li ser sendelyeyeke vala ya li dor maseya civînê rûnişt. Şefê projeya şeş kesî profesorê Swîsreyî bi kuxikeke nerm ilam da ku civîn dest pê dike. Semayê bêhna qehweya di kûpayên li ber dixtorên din kişand nava xwe û pê re hîs kir ku birçî ye. Lê diviyabû beriya emeliyatê tiştekî nexwe. Ji qedeha ber xwe gulpek av vexwar û pişta xwe da sendelyeyê.

Bi îşareta profesor dixtorekî ronahî tefand. Aniha wê li odeya ku tenê ronahiya slaytê li dîwêr şewq dide, li ser emeliyatê û hûrguliyên seansên ku dê piştî emeliyatê bên kirin biaxiviyana. Profesor, piştî ku careke din paşeroja lêkolînê û asta wê ya niha bi pûxteyî vegot, ligel ronahiyên li dîwêr xwe didin der dest bi vegotina hûrguliyên operasyonê kirin. Jixwe Semayê kêm zêde bi projeyê zanibû û ji roja ewil ve zanibû wê rêbaz çawa bê pêkanîn. Lê belê beriya emeliyatê tevî komê lêhûrbûna li ser hûrguliyan, wê bikêr bihata. Profesor, ewilî li ser tiştên ku dê di dema emeliyatê de bên kirin sekinî. Ji ber ku Semayê jî ceraha mêjî bû, tiştên dê bihatana kirin, bi têgihên tibbî bi kurt û kurmancî vegot. Li gor vê, wê kaskek nîvşefaf a bixirpik ku bi awayekî organîk hatibû çêkirin, li ser qoqê Bedirxan û Semayê bi cih bikirana. Wê bi vî awayî bi rihetî aktîvîteyên noronal ên di nava mêjî de bihatana pîvandin û wê ji derve ve hişyariyên biyoelektrîkî ber bi mêjî ve bihatana şandin. Wê bi vî awayî hîkariya biyoelekrtîkî ya di navbera nexweş û donor de bi awayekî hevdem pêk bihata. Wê Bedirxan û Sema bi hev re têketana emeliyatê û wê operasyona ku ji aliyê du komên cuda yên emeliyatê ve bihata kirin, bi qasî sê saetan dewam bikira. Wê ne li bendê bûna ku nexweş piştî emeliyatê bi ser hişê xwe ve bihatana, lê ji bo Sema bi ser xwe ve bihata wê bisekiniyana. Li gor usûlê Semayê gere herî kêm di nava du saetan de bi ser xwe ve bihata. Piştî vê merheleyê heger di dawiya tetkîkan de bê dîtin ku her tiştên wê asayî ne, wê çaxê bênavber wê dest bi sesansan bihata kirin. Sê rojan mayîna nexweş û Semayê ya di nava kaskê de xetere bû, lê heger di dawiya vê demê de encam û akamek rû nedana, diviyabû operasyon bi dawî bûbûna. Lewma ji bo seansan li pêşiya wan dê sê rojên wan hebûna. Her seans herî zêde wê saetekê dewam bikira û wê di navbera seansan de jî nirxandin, vehesandin û sehkirinê hebûna. Di nava rojekê de, wê sê seans bihata kirin û wê di nava sê rojan de mêjiyê Bedirxan û Semayê bi giştî sê caran bi hev ve bihata girêdan. Amûra ku dê her du mêjî bi hev ve bikira, dişibiya du amûrên MR'yê yên li kêleka hev. Bedirxan û Sema wê li ser du nivînên bi hev ve bihatana dirêjkirin, serê wan heya milê wan di qulika orta her du amûran de wekî kûreyekê ber bi hundir ve bihatana tehmdan. Tevahiya komê, wê li pişt dîwarê ji camê yê ku seans lê bên kirin û ji komputerên ber xwe aktîvîteyên bên kirin bişopanda û wê bi diyaloga ku bi Semayê re daniyana, rê li ber seansê bixistana. Lewma di nava komê de ligel cerahan, noropsîkologek, derûnasek, norfîzyologek û pisporekî anesteziyê hebû. Piştî her du mêjî bi amûran bi hev ve bihatana girêdan, bi saya sinyalên elektrîkî yên hişyarker ên ji derve ve ber bi mêjiyê Bedirxan bihatana şandin, wê hewl bidana nexweş xeyalan çêbike. Di vê navê de Semayê jî wê fealiyetên noronal ên di mêjiyê Bedirxan de îdraq bikira û wê bi vî awayî xeyalên ku Bedirxan çêbikin û tiştên bifikire, wekî di mêjiyê wê de pêk tên bidîta. Ji ber ku tam nedihat texmînkirin bê ka wê Bedirxan xeyalan çêbike yan na û çêbike jî wê çawa çêbike, loma di vir de rola girîng diket ser milê Semayê. Dibû ku Semayê di destpêkê de pir nikaribûya mudaxileyî fikrên di hişê Bedirxan de çêbûbûna bikira. Bedirxan, wê di xeyalan de bi awayekî asayî azad û sînornenas bûna û Semayê wê tenê bi mudaxileyên biçûçik rê li ber van fikran bixista. Bedirxan wê nizanibûya di nava xeyalan de ye; wê bi pêvajoyeke bi xeyalên ku dema biroj lê hasil dibûn rasteqîntir û ji xewnan cudatir re rû bi rû bimana. Wê di dema seansan de pirsgirêkên di mêjî de bihatana tespîtkirin, wê Bedirxan bi alîkariya koma lêkolînê bihata berhêlîkirin û wê hewl bidana ku bi ser hişê xwe ve bê. Piştî her seansê wê Semayê tiştên jiyane bi komê re parve bikira û ji bo pirsgirêkên rû bidana wê rêbazine nû bihatana ceribandin. Piştî seansa ewil wê ferqa demê ya di navbera dema rasteqîn û dema xeyalî yên Bedirxan de bihatana hesabkirin. Ji ber ku di dema xeyalçêkirinê de mêjî pir zû dixebite û nikaribû xwe bi dema rasteqîn bisînor bike, wê rojeke dema xeyalî beranberî 5-7 deqeyên dema rasteqîn bûna. Ji bo komplîkasyoneke ji nişkave ya di dema seansan de wê koma emeliyatê û emeliyatxane jî tim û tim hazir bûna. Di dema seansê de mafekî Semayê hebû ku bêyî hincet kirariyê bi dawî bike. Heger di nûveyên jiyanî de rewşeke neasayî bê tespîtkirin, wê koma tenduristiyê karibe kirariyê bi dawî bike.

Di civînê de li ser gelek hûrguliyên bi vî rengî hat sekinandin û nîqaşkirin. Çendî ku hin xetereyên vê operasyona ezmûnî hebûn jî, lê belê ekîb bi tevahî ji bo serketinê motîve xuya dikir. Ev yek hebikekî din jî dilê Semayê rihet kiribû. Helwesta

Sema ya ku ji bo Bedirxan xwe dabû ber her xetereyê, kiribû ku koma lêkolînê bi rêz û sempatiyeke mezin nêzî wê bibe. Piştî civînê, atmosfereke xwîngermî û dostane cihê fermiyet û rageşiyê girt. Ekîbê weku qedera wê û Semayê yek be, werê nêzî Semayê bû. Semayê jî hîs dikir ku bi her awayî ji bo emeliyatê hazir e. Piştî civînê xwestin ku Semayê bi qasî nîv saetê bêhna xwe vede; bi dû re demildest wê dest bi amadekariyên operasyonê bihata kirin.

Pora semayê hat qusandin. Dû re pêşmalka emeliyatê lê hat kirin û li ser sedyeyê hat dirêjkirin. Sema, heya ku çû emeliyatxaneyê lembeyên binban hejmartin û bi vî awayî xwest qilqaliya li ser xwe bavêje. Bi vî awayî li ser bi sedan nexweşên ku radestî nav destên wê hatibûn kirin fikirî. Muhtemelen gava ber bi maseya emeliyatê ve diçûn, ev tişt hatibûn bîra wan jî; miheqeq wan jî hîs kiribû ku kêlî bi kêlî nêzî mirinê dibin. Semayê fikirî ku ya rast bi başî nêzî hemû nexweşan dibû. Lê aniha wexta sermaya odeya emeliyatxaneyê li seranserê laşê xwe hîs kir, tê derxist ku di vî warî de pir ne êmin e. Ji lewre li bendê bû ku ji dixtoran yek jê bê bi destê wê bigire, mist bide û jê re bibêje "Ne tiştekî ku mirov jê bitirse", lê belê wê jî ev yek qet nekiribû. Heya bi tehsîra anesteziyê ji xwe ve çû jî li bendî tiştekî werê bû. Ronahiya emeliyatxaneyê şolî bû û Semayê bêyî ku ferq bike ketiye xeweke giran, çavên wê hatin girtin.

Wexta çavên xwe vekirin, hewl da ku dîmenên şolî yên di nav mijê de ji hev derxe. Piştî kêliyekê tê derxist, ev dîmen xebatkarên tenduristiyê bi xwe ne ku li dor nivînê rêz bûbûn. Emeliyat serketî derbas bûbû û kaska sûnî bêpirsgirêk neqlî wê û Bedirxan hatibû kirin. Niha jî piştî vehesîneke kurt, diviyabû bênavber dest bi seansan bikirana. Weku dengê dixtor ji kûr de dihat, lê cardin jî bihîstina van tiştan ji bo Semayê pir xweş bû.

Wexta piştî pênc saetan wê birin odeya seansê, li kêleka xwe Bedirxanê dirêjkirî didît. Kaska organîk ji kirkirkeke nîvşefaf ve pêk dihat û elektrot pê ve hatibûn zeliqandin. Xwe nedidît, lê dizanibû ku ew jî di heman rewşê de ye. Her duyan jî bi qasî ku serê her duyan bi temamî têkevê hundirê amûrê, hatin bicihkirin. Li gelek deverên laşê wan elektrot hatibûn bicihkirin. Ronahiyên odeyê hemû hatin tefandin û niha her der tipûtarî bû. Ji hundir bi awayekî sivik tenê dengê vingîniya amûran dihat. Qasek şûnde wê dest pê bikirana. Semayê ji hoparlora odeyê dengê profesor bihîst ku dengekî baweriya wê xurt dikir. Ji Semayê dipirsî, "Gelo tu amade yî?" Semayê jî got, "Amade me" û bere bere vingîniya amûrê zêde bû. Semayê hîs kir ku gêja wê dere û dilê wê dixele. Gava di nava mêjiyê wê de dîmenek xuya kir, pê ecêb hat ku niha li ser vê yekê difikire. Lê wexta fêm kir ku ev ne fikra wê ye, hêdîka qîriya û bi heyecan got, "Xwedêyo! Bedirxan!"

BEŞA ÇARAN

15

Semayê di destpêkê de bi zorekî fikrên xwe bi ser hev anîn. Piştî du mehên zor û zehmet ên bistres, bibêhêvî, bikeser û bi tirsa ku mêrê wê jiyana xwe ji dest bide, ji nişkave cîgirtina wê ya di nava mêjiyê Bedirxan de bûbû sedema heyecanê. Bêyî ku tam li ber bikeve bê ka çi diqewime, di cî de bideng axivîbû û ev jî bûbû sedem ku girêdana hatibû kirin qut bibe. Halbûkî diviyabû qet neaxive, tenê bi fikrên xwe daxilî pêvajoyê bûbûna. Dîmena ku Semayê ewilî ew îdraq kiribû, halê wê yê salên bîstî bû û di otobêseke rêwiyan de bû, bi ger û geştê ketibû. Di otobêsê de kesî nas tunebû. Di dîmenan de leqayî Bedirxan jî nehatibû. Bedirxan, bîst saliya Semayê xeyal dikir. Piştî ku ev dîmen bi koma lêkolînê re parve kirin, cardin amûrê dan şixulandin û derbasî seanseke nû bûn. Semayê vê carê bi baldan û bêmudaxile temaşe kir. Dîmen bi heman awayî di nava otobêsê de dewam dikir. Nizanibû ji van fikran çi qeys jê yên wê ne û çi qeys jî yên Bedirxan in. Nikaribû wan ji hev veçirîne. Lê texmîn dikir ku hêz û qeweta xeyala wê li nav mêjiyê Bedirxan tev digere û ew jî temaşevanek e, ji derve lê dinêre. Di dîmenê de Sema li qeraxa camê rûniştîbû, ji xwe re li derve dinêrî. Ê di dîmenê de ket nav xeyaleke ku ji nişkave serê Semayê dizîvirîne, lê Semaya di xeyalê de hîn jî li derve dinêrî. Naxwe, mêjiyê wî bi tena serê xwe nikaribû qerar li vê yekê bîne. Bi vî awayî çend carên din jî ceribandin, lê belê fikrên Bedirxan di besta xwe de wekî xwe diherikîn. Bi vî awayî fêm kir ku nikare rasterast mudaxile bike. Diviyabû bi awayekî din daxilî nav xeyalê bûbûna. Kêliyekê hindik mabû bibêje "Rabe Bedirxan, lê binêr ez li cem te me", lê bi zorê xwe girt. Ji ber ku di bîra xwe de li ser hin tiştên din hûr bû, dîmen ji nişkave şolî bû û bi dû re jî girêdan qut bû. Semayê tiştên di vê seansê de dîtin û hatin serê wê, ragihandin komê. Piştî bi hev re nirxandin, biryar girtin ku bêyî mudaxileyî herikbariya fikra Bedirxan bikin, wê qederekê bişopînin û gava hin karakterên din jî bi awayekî çalak tevlî xeyalê bibin, wê bi rêya wan mudaxile bikin. Di seansa sisêyan de çawa amûr hat vekirin, Semayê cardin xwe di nava otobêsê de dît. Otobês sekinîbû. Li otogarekê bûn û muewên radigihand ku gihîştine rawestgeha dawî. Ev der Otogar a Esenler a Stenbolê bû. Bi dû re bi zilamê li buroyê re diaxive û ji bo li navenda alîkariyê ya civakiyî bigere ji otogarê derdiket. Zilamê ku Semayê di rê de leqayî wî hatibû û navnîşan jê dipirsî, ciwantiya Bedirxan bû. Lê belê ji ber çi bû nizanibû, Bedirxan xwe nas nekiribû, weku biyaniyekî û zilamekî kor xeyal kiribû. Her wiha Bedirxan, navê Zelîxayê li Semaya di xeyala xwe de kiribû. Yanî Bedirxan, di xeyalê xwe de ji halê bîst saliya jina xwe re digot Zelîxa. Xwe jî wekî parêzerkî kor didît. Di vê merheleyê de Semayê xwest navberekê bidin seansê. Ji lewre tam nizanibû wê çi bike. Tiştên ku dîtibûn bi komê re parve kir û bi hev re xeyalên Bedirxan şîrove kirin. Li gorî tiştên hatibûn parvekirin, bîra Bedirxan tevlîhev bûbû. Dibe ku nav û kesan tevlîhev dike. Lê belê wexta di xeyalên Bedirxan de rasterast xwestina bextewariya Zelîxayê baş hat ferqkirin, xwestin bi awayekî din li ser vê yekê bisekinin. Şîroveya koma tenduristiyê; dibe ku ev ji ber hingofiyekê be. Ji ber ku di dema xeyalkirinê de bi heman hingofiyan re rû bi rû dimîne, loma hin pêşniyaz dan ber Semayê ku ji bo Bedirxan karibe ji derheqê vê rewşê derkeve. Wê Semayê di warê armanca xeyalê de aliyê Bedirxan bikira û wê vê yekê jî bi saya zilamê kor ê di xeyalê de bikira. Dîsa jî li gor şîroveya noropsîkolog, ne tiştekî tesadufî bû ku Bedirxan çawa dest bi xeyalkirinê dike, rasterast dixwaze kêfxweş bibe. Ji lewre ji zûv de bû mêjiyê Bedirxan derkirina serotonînê[14]

---

14) **Serotonîn:** Norotransmîterîkek e ku hîsa dilxweşî û zîndebûyînê li mirov peyda dike.

kêm kiribû. Ji bo kêmaniyê temam bike diviyabû vê hormonê
der bike. Ev ji bo şiyarbûna Bedirxan xaleke girîng bû.
Biryar girtin ku di dema seansê de aktîvîteya serotonînê zêde
bikin, lê îhtimala wê ya ku mêjî îdraq bike qels bû. Gerek mêjiyê
Bedirxan serotonîniya xwe hilberanda. Heger serotonîn baş bê
hilberandin, ev peyam wê bi rêya noronan ber bi mêjî û deverên
din ê laş ve bihatana şandin. Bi vê re wê aktîvîteyên biyoelek-
trîkî yên mêjî cardin birêkûpêk bûbûna û wê pêşî li ber kêmbûna
hiş û tevgerê bihata girtin. Her wiha ne tesaduf bû ku Bedirxan
Zelîxayê yanî Semayê ji bo dilxweşbûna wê hilbijartibû. Dibû ku
ev girêdayî hinkofiyeke berê be. Bedirxan, di xeyala xwe de
xwestibû Sema dilxweş bibe. Belkî ji ber fikra ku Semayê baş
dilxweş nekiriye, ketibû nav xeyaleke werê. Cardin jî diviyabû
tespît bikirana, ji bo çi ji Semayê re dibêje Zelîxa. Bi kurt û kur-
mancî, ji bo mêjiyê Bedirxan hormona dilxweşiyê hilberanda, di-
viyabû Zelîxa di xeyala wî de, yanî Sema, dilxweş bûbûna. Dibû
ev hem pir rihet bûya hem jî nepêkan bûya; her tişt girêdayî bin-
hişiya Bedirxan bû. Helbet wê Sema jî di dema seansê de barê
wî sivik bikira û aliyê wî bikira. Semayê tiştên hatibûn gotin car-
din di serê de xwe de nirxandin. Kêliyekê xwe pir bêçare hîs kir.
Lê dîsa jî dest bi amadekariyên seansa dinê kirin.

Di seansa dinê de Zelîxa, zilamê kor nas kir. Zilamê kor
wekî parêzer Mûtlû nas kir. Semayê tevlîheviya di vê derê de
jî fêm dikir. Lê hîn zû bû, ji bo sererastkirinê. Ji dêvla wê, bi
rêya Mûtlû rê li ber Zelîxayê xist û hewl da aliyê wê bike. Di
cara ewilî de Zelîxayê bir Mîr Kafeyê û mala xwe. Li vê derê jî
ji bo Bedirxan nasnameya xwe ya rasteqîn nas bike, dest bi hin
mudaxileyan kir, lê Bedirxan çawa çav bi wêneyên zarokan
ket behitî û girêdan qut bû. Di ceribandina dinê de gava di ek-
rana televîzyonê de çav bi dîmenên Semayê û zarokan ket, car-
din behitî û seans bi dawî bû. Komê di nirxandin û tespîtên
xwe de diyar kir ku Bedirxan ji ber zarokan û nexasim jî ji ber
Denîzê bi trawmayekê re rû bi rû maye û mihtemelen ev di
dema qezayê de çêbûye. Jixwe Bedirxan ji wê wextê ve ji ser
hişê xwe ve çûbû û careke din bi xwe ve nehatibû. Mihteme-

len ji wî we ye Denîzê miriye û nedixwest ew û vê yekê bi darî hev bikevin. Ev jî yek ji wan pirsgirêkan bû ku dihatin fêmkirin. Di rewşeke werê de diviyabû li ser hin rêbazine din bihatana sekinandin. Her wiha ji bo Bedirxan şiyar bibe, dibû ku pêdivî bi çareserkirina nakokiyên di serê wî de mane aliqî yan jî pêşî li ber tevlîheviyê vekirine, çêbibe.

Ji ber westandina roja ewil, biryar girtin ku navberê bidin seansan û bêhna xwe vedin. Sema û Bedirxan, herkê xistin odeyeke beşa awarte. Lîndayê hat odeya ku Semayê lê dima. Bi destê wê girt û ji bo moralê wê xweş bike, jê re got ji ber ku her tişt ber bi başiyê ve diçe gelekî dilxweş e. Jê re got, ji bo hinekî bêhna xwe vede wê aniha biçe, lê bi dû re dixwaze der barê seansê de pê re biaxive. Semayê jî jê re got, wê li benda wê be û malavayiya wê kir. Kêliyek şûnde di xew re çû.

Wexta şiyar bû, li saeta dîwar nêrî: Nêzî sê saetan razabû. Lîndayê jî xwe li ser qoltixa li derve ya ji deriyê cam ê odeyê ve xuya dikir, quncisandibû. Gava hemşîreyan ferq kir ku Sema şiyar bûye, Lîndayê şiyar kirin. Lînda di cî de ket hundir û pirsa wê kir:

- Çawa yî? Tu baş î, ne werê?

Semayê got:

- Belê, tu dibê qey min hinekî bêhna xwe veda.
- Pir baş e, naxwe berî biçî odeya seansê, divê em li ser tiştekî girîng biaxivin. Ji lewre ji bo tu wê tevlîheviya di xeyala Bedirxan de ji holê rabikî, divê xwedî hin zanyariyên rast bî.

Semayê bi awayekî şaşmayî pirsî:

- Ma ji te we ye ez nexwediyê zanyariyên rast im?"
- Tu dibêjî qey werê ye. Ma tu zanî Parêzer Mûtlû kî ye?
- Belê, me hev nas kiribû. Roja Bedirxan qeza kiribû, hatibû nexweşxaneyê. Parêzera Bedirxan e. Jineke li dor bîst û pênc salan, parêzereke kor e. Lê her çi be, Bedirxan di xeyala xwe de, xwe bi navê wê û xwe wekî yekî kor da naskirin.

Lîndayê got:

- Min nizanibû tu û Mûtlûyê hev nas dikin. Lê ji ber ku we hev nas kiriye, kêfxweş bûm.

- Ma haya te ji Mûtlûyê heye, yanî tu wê nas dikî?
- Nizanim ez ê çawa behs bikim, a rast çîrok dirêj e.
- Ma tu nikarî beriya seansê bibêjî, yanî ew qasî dirêj e?
- Na, lê qethiyen divê ji te re bibêjim.

Lîndayê, qederekê ma sekinî. Di nava çavên wê de keserek giran û li ser wechê wê xemgîniyeke heya wê çaxê qet nehatibû dîtin. Dû re bi dengekî lerzok got:

- Ew... Mûtlû keça min e.

16

Ji Semayê we ye şaş fêm kiriye. Lewma bi awayekî şaşmayî pirsî:
- Te got, keça min e?
- Belê, keça min e. Sema, ji bo min behskirina vê yekê ne rihet e. Bi salan e bi vê fedî û êşê dijîm. Min digot, belkî ez hînî vê rewşê bibim, belkî veguhere tiştekî asayî. Lê nebû, bi rastî jî pênasekirina vê yekê pir zehmet e. Çendî ku min tiştên xwe yê berê tune hesibandibin jî, lê tim û tim di quncikek dilê min de hebûn. Di wê demê de wekî jiyaneke min a dumendî hebe, min xwe tim û tim wekî du kesayetiyan hîs kir. Te digot qey hêleke min tim tarî û lanetkirî bû. Jixwe min dizanibû ez ê tu carî aram nebim. Lê wexta min bihîst tu yê Bedirxan bînî vê derê, wê çaxê min hîs kir ku ez û vê rastiyê em ê bi darî hev kevin. Mirov biçe kû derê jî, paşeroja xwe jî bi xwe re dibe, reva jê ne mimkun e. A rast di xeyala Bedirxan de hebûna Mûtlûyê ji bo min jî peyamek e. Êdî wexta hevrûbûyîna bi vê rastiyê re hat. Sema, ne ji bo kesekî be jî, lê ji bo Bedirxan divê ez vê yekê bikim. Qet ne muhîm e, encamên wê yên der barê min de.

Lîndayê rabû ser xwe û qoltixa xwe baş nêzî nivîna Semayê kir. Ser çavê wê sipspî bûbû. Semayê jî helkehelka xwe hîs dikir. Ji ber ku mijar ber bi Bedirxan ve çûbû, qilqilandina wê jî zêde bûbû. Lê dîsa jî ji bo tenduristiya Bedirxan amade bû ku bi her tiştî bihese û bike.

Lîndayê ji kûr de bêhn kişand nav sî û cergê xwe û got:
- Wexta ez ji bo dibistanê hatim Stenbolê, midetek şûnde min û ciwanên Tirkiyeyî hev nas kir û em bi hev re bûn canêcanê. Jixwe armanceke bernameya pevguherandinê jî, naski-

rina çanda wî welatî bû. Loma min jî bi hewes hewl dida ku
gelek mirovan nas bikim. Wê çaxê li zanîngeha we, li ser hev
çalakiyên xwendekaran çêdibûn. Ez yeke Îrlandî bûm û ev ça-
lakî bala min dikişandin. Ji dûr ve bûya jî min temaşe dikir û
min dixwest fêm bikim. Carekê di dema çalakiyeke li kampusa
zanîngehê, pevçûnek rû da. Xwendekar serober direviyan. Ez
û hevalek xwe jî çend gav wêde li ser bankekê rûnîştîbûn û me
li qewimînê temaşe dikir. Ji xwendekaran dudo jê ber bi me
ve direviyan. Ji bo xwe ji polîsan xelas bikin, ji nişkave hatin li
bankê, li kêleka me rûniştin. Helkehelka her duyan bû. Ji awi-
rên wan diyar bû ku dixwestin em aliyê wan bikin. Carekê
rabûn ser xwe ku birevin, lê êdî bi derengî ketibû. Wê kêliyê
bêyî ku bifikirim, hema min kurikê li kêleka xwe maç kir. Ewilî
hinekî şaşomaşo bû, lê wexta li nav çavê min nêrî, li ber ket.
Hîn me hev radimûsa, hevala min jî xwe dada kurikê din, ew
hemêz kir û wan jî hev ramûsa. Gava polîs di ber me re derbas
bûn, hinekî man sekinî lê dû re lêxistin çûn. Belê, kurikê ku
wê rojê min ew maç kir û min ew ji polîsan xelas kir, Celal bû.
Hevalê li kêleka wî jî Bedirxan bû. Her duyan jî bi awayekî
rêzgirî malavayiya me kirin û çûn. A din a rojê Celal hat, ez
dîtim. Me hev nas kir û dawiyê me bi hev re têkilî danî. Niza-
nim tê bîra te yan na, ez û we, me çend caran bi hev re xwarin
xwar, lê min û te pir bi hev re xeberneda. Jixwe têkilaya di nav-
bera min û Celal de, ne bi dilê Bedirxan bû. Ez ji bo salekê ha-
tibûm Stenbolê û paşê ez ê biçûma. Bi min wiha dihat ku
Bedirxan ji ber têkiliyeke dawiya wê diyar, ji Celal adis bûbû.
Wê çaxê jî min ferq dikir ku her du çi qas qîmetê didin hev du.
Her ku min Celal nas kir, hîn bêtir min hez jê kir û min dil
dayê. Bi qasî ku umrê xwe pê re derbas bikim bengiyê wî bûm.
Berî vegerim Îrlandayê bi mehekê, pê hesiyam ku ez ducanî
me. A rast pêşî weku dinya bi ser serê min de bê xwarê, li min
hat. Lê wexta fikirîm ku wê bi saya vê, têkiliya me û Celal heta
hetayê bidomîne, dilê min rihet bû. Min bi awayekî fedîkar ji
Celal re got. Aha, wê kêliyê cîhana min ji binî ve guherî. Ber bi
cihekî dinê ve herikî. Min bi wî dilê xwe yê safikî gotibû, wê

pir kêfa Celal bê. Lê berteka Celal bertekeke pir cuda bû. Pêşî min got qey henekan dike û bi dû re ji min re got, tu derewan dikî. Hîn jî ew hêrs û carewara wî di kerika guhê min de ye. Dîn û har bûbû. Tew bi ser de got, "Tu ji ku dizanî ev zarok ji min e?" Herî dawî çavên xwe fireh kirin got, "Tu yê vê zarokê ji ber xwe bikî."
Lîndayê wexta behs dikir, kelogirî bûbû. Weku ew tişt ji nû ve diqewimin, qoltixa di bin de paş-pêş ve dihejiya. Semayê şaş mabû û ji ber ku bîst û pênc sal in Bedirxan û Celal ev tişt jê veşartibûn hêrs bûbû.
- Wê rojê Celal, ez werê li kafeye hiştim û çû. Li paş xwe jî nefitilî. Wê kêliyê min xwe pir xirab hîs kir, wekî hîçekê, heta ne hîç jî. Ji ber ku jin bûm, min nalet li xwe anî. Aha wexta meriv zilam bûna werê lêdixist û diçû. Wekî tu tişt nebûbe dest bi jiyaneke nipînû dikirin. Helbet wexta di rê de diçûn kesî fêm nedikir ku jinekê ducanî kirine û dû re terka wê kirine. Ev çi rihetiyeke werê mezin bû! Lê rewş ji bo min ne rewşeke werê rihet bû. Ez bi kû ve biçûma zaroka min di nava min de bû û wê demek şûnde nava min binepixiya. Yanî weku tu jî texmîn dikî, ev bêedaletiyeke pir mezin bû. Bi rojan ji mal derneketim û giriyam. Lê jiberxwekirina zarok hema tu bibêjî kêliyekê jî nehat bîra min. Ez di malbateke katolîk de mezin bûm. Di çand û baweriya me de kurtaj nîne. Dev ji baweriyê ber de, hema kêliyekê jî li ser jiberxwekirina zaroka xwe hûr nebûm. Çend roj şûnde min xwe da hev û ji xwe re planek çêkir. Min biryar girt ku hînekî din jî li Stenbolê bimînim û piştî zaroka xwe bînim dinê vegerim Îrlandayê. Min ji xwe re karekî demborî peyda kir û min dest bi kar kir. Min bi hêcet destûr girt û xwendina xwe da sekinandin. Min ê Celal, qet û qet nedîta. Wê nizanibûya çi bi min û zaroka min hatiye. Heqekî wî yê werê tunebû. Min ê tu carî ew efû nekira. Piştî zarok bihata dinê min ê ew daniya sêwîxaneyekê; wekî din jî tu çareyek min tunebû. Min nikaribû tevî zarokeke bêbav vegerim malê. Axirê her tişt li gor plana min çû. Lê wexta roja hatina dinê ya zarok nêz bû tirs û fikarên min jî zêdetir bûn. Pir ciwan

bûm, kesekî min ê ku dawa alîkariyê lê bikim tunebû. Aha wê kêliyê Bedirxan hat bîra min. Min dizanibû kesekî dilpak û xwedîbext e. Ez çûm, min ew dît. Min her tişt jê re got û min jê xwest ku soz bide. Wê kes pê nizanibûya û nexasim jî gere ji Celal re qet negota. Dizanim, aniha wexta meriv lê difikire, bi meriv wekî ehmeqtiyê tê. Lê wê kêliyê min qet nedixwest Celal zanibûya zarokek wî heye û ji xwe sebebine min î mafdar hebûn. Heta min digot, belkî Celal xirabiyekê bîne serê zaroka min. Bedirxan pir pê adis bû. Celal, jê re negotibû me li hev nekiriye û wê vegere, biçe welatê xwe. Helbet şaş nemam. Jixwe çawa bûna wê her roj nava wî nenepixiya û wê derewa wî kifş nebûna. Dinya ji bo zilaman mişt avantaj in. Helbet zilamekî ku rabe ji xwe re bibêje ez şoreşger im, mafê wî yê herî asayî bû jî ku sûdê ji wan avantajan bigire! Sema, Bedirxan pir aliyê min kir. Heya kêliya zarokanînê jî bi min re eleqedar bû. Gava zaroka min hat dinê, min nexwest wê têxim hemêza xwe. Min digot, bêhna wê xwe bera nava sî û cergên min bide wê hew jê derkeve. Lê nexafilîm. Ew bêhn tim di nava min de bû, min hema tenê rojekê jî ew ji bîr nekir.

Bedirxan, bi saya belgeyên ku min berê li nexweşxaneyê îmze kiribûn zaroka min bir li sêwîxaneyê bi cî kir. Ez jî çend hefte şûnde vegeriyam, çûm Îrlandayê. Bedirxan, hat ez bi rê kirim. Soz da min ku wê tim û tim bi keça min re eleqedar bibe, wê çavên wî li ser wê bin û heya sax be wê alîkariya wê bike. Min ji dil û can pê bawer kir û jixwe werê jî kir. Bi salan bû per û baskên keça min. Piştî hinekî mezin bû, ew ji sêwîxaneyê derxist û bir danî cem jin û mêreke extiyar. Mûtlûyê tim û tim wî wekî apê xwe dizanî. Bedirxan, ji nêz ve bi kar û barên wê yî dibistanê û perwerdehiyê re eleqedar bû. Diyariyên ku min her sal jê re dişandin gihandin wê, lê sir û raza me jî aşkere nekir. Ji wê re ne behsa min ne jî ya Celal kir. Mûtlûyê bawer kir ku sêwî ye û werê mezin bû.

Belê, keça min ji makzayî ve kor bû. Ez jî pir bi dû re pê hesiyam. Pênc salên ewil min nediwêrî pirsa wê bikim. Gava careke din min û Bedirxan pêwendî danî, êdî keça min pênc salî

bû. Dû re Bedirxan her sal wêneyek wê dişand. Bedirxan, nav li keça min kir. Wexta pê dihese kor e, diçe nifûsê û ji rikan ve wê wekî Mûtlû Açikgoz qeyd dike. Wêneyên Mûtlûyê hemû hîn jî li mala min di qutiyekê de veşartîne. Hêsir li nav çavên Lîndayê kom bûbûn û wekî ku hindika mane biherikin dilerizîn. Bi destê xwe çavên xwe yên şil paqij kirin û piştî ji kûr de bêhn stend cardin dewam kir:
- Di vê navê re ez vegeriyam Îrlandayê, min perwerdehiya xwe temam kir û dest bi dixtoriyê kir. Ez zewicîm. Kurek ji min re çêbû. Niha şeş salî ye. Ew û bavê xwe li Londrayê ne. Wexta ji bo vê projeyê hatim Zurîhê, mecbûr em ji hev dûr ketin. Her cara ku keysê dibînim diçim cem wan. Haya wan jî ji vê sirra min tuneye. Wexta mirov carekê bişkokê şaş bigire, ên din jî werê dewam dikin. Min, tiştên li Stenbolê hatin serê min ji malbata xwe veşartin û tu carî min cesaret nekir ku ji wan re bibêjim.

Sema, hal û mesele ev e. Divê tu zanibî, ji bo Bedirxan qîmet û wateya Mûtlûyê çi ye. An jê tu yê nikaribî wî ji wê cîhana di xeyala xwe de çêkiriye derxînî. Mûtlû jî yek ji wan mijara ye ku di bîra wî de maye aliqî. Helbet girêdana Bedirxan a ji bo Mûtlû yê bi vê ve ne bisînor e. Bavê min yek ji berxwedêrên Artêşa Rizgariyê ya Îrlandayê bû.

Hîn ez çar salî bûm bavê min hat girtin. Wan çaxan li girtîgehên Îrlandayê grevên birçîbûnê û berxwedanên mezin hebûn. Gava Bobby Sands û hevalên wê di greva birçîbûnê de li ber xwe didan, bavê min jî di nava wan de bû. Piştî midetekê bavê min berdan. Lê greva birçîbûnê li hundir dewam dikir. Gava ji ber greva birçîbûnê û şkenceyan berxwedêr hatin kuştin, bavê min û hevalên xwe jî li derve çalakî li dar xistin. Wexta ji van çalakiyan di yekê jê de bavê min hat kuştin, ez şeş salî bûm. Bi dû re jiyana me zor û zehmetir bû. Aha, Bedirxan ji ber vê jî pir bi rêzgirî nêzî min û Mûtlûyê dibû û hez ji me kir. Ji ber ku Mûtlûyê neviya şoreşgerekî bû, hîn bêtir hez jê dikir. Tu carî bi çavê keça Celal lê nenêrî. Û ji ber ku niha hema hebikekî be jî ji bo deynê xwe bidim firsend ketiye destê min, pir dilxweş im. Sema, dibe ku ev malûmat di dema seansan de bi kêrî te bên, loma ji te re dibêjim.

Semayê di dawiya çîrokê de ku bi baldan guh lê kiribû, zoq li nav çavê Lîndayê mêze kir û biminet got:
- Qet nekeve nava şik û gumana. Wê pir bi kêrî min bên. Niha baş tê fêmkirin ku çima Mûtlû yek ji karakterên xeyalê ye. Bedirxan, roja ku wê emeliyat bûbûna, ba Celal û Mûtlûyê tev de kiribû, lê bêyî ku haya her duyan ji hev hebe, ji her duyan re jî gotibû, wê tiştekî girîng ji wan re bibêje. Lê wê rojê qeza kir û ji ber qezayê nikaribû bibêje. Ev di mêjiyê wî de wekî pirsgirêkekê maye aliqî. A rast wê dev ji soza ku dabû te bernedana, ji lewre wê heya mirinê sirra te veşartibûna. Lê ez dibêjim ji ber îhtimala wê ji wê emeliyatê sax nefilite, nexwestiye vê sirrê jî bi xwe re bibe. Niha her tişt zelaltir bû. Lînda, hîn jî tesaduf rê li ber jiyana me dixin. Bedirxan, mecbûr e di xeyala xwe de vê sirrê ji Mûtlû û Celal re bibêje, yan na wê ev trawmaya di mêjiyê wî de hel nebe. Lê ez ê vê yekê bi çi awayî bikim? Di xeyala xwe de qet cih nade Celal.

Lînda got:
- Ez dibêjim ji ber hêrsa xwe ya ji bo Celal, wî tune dihesibîne. Ew ber bi kûrahiya bîra xwe ve şandiye. Sema, bi awayekî divê em Celal daxilî nav xeyala wî bikin.

Semayê hinekî li ser fikirî û bi dû re got:
- Mafdar î. Bise, Tu dibêjî qey ez bi rêyekê dizanim. Bedirxan, ji Celal sozek girtibû. Pêşî divê Celal wê sozê bi cih bîne.

17

Ji bo seansê gava Semayê cardin xistin odeyê, baş bêhna xwe vedabû. Xwe baştir û zîndetir hîs dikir. Li gor nirxandina ku bi koma lêkolînê re kiribûn, biryar girtin ku di seansa vê carê de wê mudaxileyî xeyala Bedirxan nekin, tenê wê temaşe bikin. Lê heger Zelîxaya di xeyalê de heq ji pirsgirêkên xwe derneketa, wê cardin Semayê têketa dewrê. Wê her hinkofî û trawma yeko yeko tespît bikirana û wê li gor nîzamekê ew hel bikirana. Biryar girtin ku niha wê tenê li ser Zelîxayê û çima di xeyala xwe de li navê Zelîxayê asê maye hûr bûbûna. Her wiha diviyabû di hewldanên Bedirxan ên ji bo dilxweşiyê de, girîngiya hilberandina serotonînê jî ji bîr nekirina. Difikirîn ku her cara keys çêbibe divê li ser dilxweşiyê jî biaxiviyana. Sema û Lîndayê, meseleya Mûtlûyê ji komê re negotin, lê Semayê diyar kir ku ew ê vê meseleyê hel bike. Piştî her du jî li amûrê hatin bicihkirin, amûr hat şixulandin û her çû vingîniya wê zêde bû.

Wexta Zelîxayê çavên xwe vekiribûn, li ser peyarêyê li wî aliyê rê, zoq li tabelaya navenda alîkariyê ya civakiyî dinêrî. Ji otogarê heya vê derê meşiyabû û axirê cihê ku lê digeriya dîtibû. Semayê bêyî ku mudaxileyî tiştekî bike, tenê temaşe dikir. Vê carê di xeyalê de seyreke din hebû. Zelîxa derbasî wî aliyê rê bû, ket hundirê kafeyeke biçûk. Li derwazeya kafeyê zilamekî berçavka wî reş rûniştîbû. Li hundir mişterî tunebûn. Bêhna borekên germ, bi qasî ku xirxirê ji nava Zelîxayê bînin, dilê wê bijandin xwe.

Zelîxayê bi dengekî nazik got:
- Merheba.

Zilamê li ber qaseyê serê xwe rakir û got:
- Merheba ezbenî, biferme.

Çendî ku Zelîxayê ji ber berçavka reş çavên zilam nedidîtin jî, lê ferq kir ku zilam lê dinêre.
- Gelo tu zanî navenda alîkariyê ya civakiyî kengî vedibe?
Zilam bi baldan destekî xwe li ser saeta di destê xwe yê din de gerand.
- Niha saet ji heftan 25 dibuhure. Saeteke dinê wê vebe.
Zelîxayê wê kêliyê fikirî, dibe ku zilam kor be. Bi helwesteke fedîkar got:
- Baş e. Min te nerihet kir, mala te ava be. Gelo li van deran cihekî ku ez lê rûnêm heye? Ez xerîb im.
- Tu dikarî li vê derê bisekinî. Ji kerema xwe re derbas bibe.
Zelîxayê li hêwana biçûk a kafeyê nêrî. Li hêwana teng û dirêj, li qeraxa dîwêr 4 mase hatibûn rêzkirin. Li hundir mişterî tunebûn. Li wî aliyê dezgeha borek û pasteyan garsonekî ciwan û pêşmalkspî sekinîbû. Garson, ji wî aliyê dezgehê derket hat sendelyeyek kişand û ji Zelîxayê xwest ku rûnê. Zelîxa li zilêm nêrî û got:
- Lê ez ê tiştekî nexwim û venexwim.
- Helbet tu ne mecbûr î, dilê te çawa bixwaze.
- Mala te ava be.
- Reca dikim.
Zelîxayê rûnişt. Niha jî zilamê li ber qaseyê ji hember ve didît. Zilêm, qet xwe tev nedida û tenê li pêşiya xwe dinêrî. Bîskek şûnde berê xwe zîvirand, li Zelîxayê nêrî û got:
- Lê em dikarin çayekê îkramî te bikin.
Zelîxayê bitelaşa ku zilêm ferq kiriye û lê dinêre got:
- Na, sax bî.
Mişteriyek ket hundir, borekek xwest. Garson, borek kir paket û xist kîsikekî. Mişterî jî pere dirêjî garson kir. Garson, ji wî aliyê dezge derket çû ber qaseyê.
- Kekê Mûtlû, ji vî pêncî lîreyî heqê borekeke biqîme û aveke fêkiyan bibire.
Zilêm bêyî ku li qaseyê binêre ji malikên qaseyê pereyê ser derxist û dirêjî garson kir. Zelîxayê êmin bû ku çavên wî nabînin. Bi awayekî şaşmayî got:

- Werê xuyaye çavên te nabînin.
- Belê, ez kor im.
- Welehînê helal be, bi vî halî jî kasiyertiyê dikî.
- Ne pir zehmet e, mirov hîn dibe.
- Ma tu nabêjî wê mirov min bixapînin?
- Ê bixwaze meriv bixapîne, wexta çavê min vekirîbin jî wê bixapîne.
- Rast dibêjî.
- Bera jî tu çayê venaxwî?
- Bi Xwedê pir birçî me. Lê pereyê min qet tuneye.
- Naxwe ez borekan jî îkramî te bikim.
- Wele ez ê nebêjim na.

Li ser îşareta zilêm garson têfikek tije borekên avî û borekên biqîme û aveke fêkiyan anî, danîn ber Zelîxayê. Wexta Zelîxayê werê biîşteh borek dixwarin, zilêm jê re got:
- Werê xuyaye tu xerîb î, van dera nas nakî?

Zelîxayê, piştî zûzûka yên di devên xwe de cûtin û daqurtandin got:
- Belê, ez hîn îro hatime Stenbolê. De hêdî ez ê li vê derê bijîm.
- Kesî te heye?
- Na, tu kesî min jî tuneye. Lê em ê hel bikin.
- Hêvîdarim her tişt li gor dilê te be.
- Înşeleh. Jixwe ez jî tiştekî werê zêde naxwazim. Hema dilxweş bibim, besî min e.

Zilam, ji ber qaseyê rabû, hat li ber Zelîxayê rûnişt.
- Hêvîdarim adis nabî.
- Na adisiya çi. Dikan a te ye.

Zilam biken got:
- Îja tu yê çawa dilxweş bibî?
- Dilxweşiyeke werê asayî. Ji xwe re karekî bibînim, cihekî mayînê, besî min e.
- Yanî ji bo dilxweş bibî?
- Belê, ma wekî din ê ji bo çi be. Ez miroveke ku qîma xwe bi hindikahiyê tînim. Dikarim bi tiştine biçûçik dilxweş bibim.

- Tiştekî çi qas xweş. Xwezî her kes werê bûna. Her kes wekî te dest pê dike, qederekê şûnde tiştên biçûk têra wan nakin. Her diçe hîn zêdetir dixwazin.
- Na, na. Ez ne ji wan kesa me.
- Ez bim meriv niha pê nizane. Ancax piştî meriv bigihê wan tiştên biçûk ê fêm bike.
- Te dît mirov bi xwe dizane. Ez tiştên zêde naxwazim.
- Lê ev, dawiyeke jênerevîn a hemû kesên ku dixwazin xwe bigihînin dilxweşiyê bi xwe ye.
- Çawa yanî?
- Dilxweşî, ne rawestgeha dawî ye. Wexta em xwe dilxweş hîs dikin, em naxwazin bi dawî bibe. Lê wê bi dawî bibe. Ne mimkun e ku meriv bênavber dilxweş be. Wexta ew germahiya hestên me sar bibe, ji bo em bi heman awayî dilxweş bibin em ê hewl bidin lê ev jî pirî caran ne mimkun e. Di rewşeke werê de cardin em dikevin nava lêgerînê û bi vî awayî cardin têkoşîna dilxweşîbûnê dest pê dike. Heger derfetên me hebin, em ê karibin çend carên din jî çûka dilxweşiyê zevt bikin. Helbet ev jî heya derekê ye. Bi dû re bêçaretî, bêderfetî û qebûlkirin e. Aha, wê çaxê jî wê hesta radestbûnê xurt bibe û em ê bibin mirovine "asayî".
- Ma te kir çi! Bi ya te be, ne mimkun e ku kes dilxweş bibe.
- Min ne got, tu kes nikare bibe. Tenê min got, kesên tenê dilxweşîbûn kiribin hedefa jiyana xwe, rewşa wan xedar e.
- Yanî tu dibêjî bila mirov ji bo bedbextiyê tev bigerin? Helbet her kes dixwaze dilxweş bibe û ji bo wê hewl dide. Ma ya ku divê bê kirin jî ne ev e?
- Ez werê bibêjim: Bi ya min dilxweşî, wekî frekansên radyoyê ne ku li atmosferê bêsînor û bi awayekî azad digerin. Ne li cihekî diyar e, li her derî ye. Ji bo zevtkirina wê ne hewce ye tu bidî dû. Tişta divê tu bikî, ew e ku tu frekansa rast zevt bikî. Aha tu bi vî awayî dikarî dengê ku dilê te xweş bike li her deverê cîhanê bibînî. Yanî ne hewce ye ku tu bidî dû.

Di vê navê re zilamekî extiyar, pergende û birih werê bişewşî ket hundir. Zelîxayê zoq li zilêm nêrî. Zilam jî bi awayekî ku Zelîxayê ji awirên wî nerihet bibe, ji serî heya binî li Zelîxayê nêrî. Ji halê zilêm kifş bû ku ji êvarê maye. Zelîxayê ji bo zilam fêm bike nerihet bûye, bi awayekî berbiçav berê xwe da alî. Semaya ku heya wê kêliyê li tiştên diqewimîn temaşe dikir, ferq kir ku ev zilamê extiyar ew zilamê li peravê bû ku Zelîxayê navnîşan jê pirsîbû. Bû cara dudoyan ku Bedirxan heman zilamî daxilî nav xeyalên xwe dikir û her du caran jî ji zilêm adis dibû. Hîn Semayê li ser hûr dibû ku wateya figurê zilamekî serxweş a bi Zelîxayê ve girêdayî û di bîra Bedirxan de çi ye, ji nişkave tiştê hat bîra wê û îşaret da koma lêkolînê ku seansê bi dawî bike. Belê, heger ev, ew tişta ku texmîn dikir bixwe be, wê meseleya ku çima Zelîxa di xeyalên Bedirxan de dialiqe jî karibûya hel bike. Demildest telefona xwe ya bêrîkan xwest û diyar kir ku wê hevdîtineke taybet bike. Semayê li saeta xwe nêrî; diviyabû li Tirkiyeyê niha saet li dor yekê nîvro bûya. Tam wext bû ku bi Zelîxayê re biaxive. Di cî de telefonî Zelîxayê kir. Zelîxayê piştî derba dudoyan telefonê vekir.

- Merheba Xuşka Sema.
- Merheba Zelîxa. Cana min, demildest divê bi te re biaxivim. Wext tune em li ser hûrguliyan biaxivin. Lê ji bo tenduristiya kekê te Bedirxan, tiştekî pir girîng e.
- Tiştekî çawa?
- Tiştekî der barê zarokatiya te de.
- Te got di zarokatiya min de?
Zelîxayê fêm kiribû ku Semayê dibêje çi, loma sar mabû. Semayê got:
- Belê Zelîxa. Jixwe tu zanî ne pir girîng bûna, min telefonî te nedikir û behsa vê mijarê jî nedikir.
Zelîxayê piştî dudiliyeke demkurt got:
- Temam xuşkê, em biaxivin.

18

Wexta Semayê û Bedirxan, ew nas kiribûn, Zelîxayê hîn hijdeh salî bû. Di ser çêbûna Denîzê re panzdeh meh derbas bûbûn û Semayê dixwest êdî vegere ser karê xwe, dixtoriya xwe bike. Li keseke pêewle digeriyan ku gava Semayê biroj li kar be li Denîzê miqate be. Ji bo vê jî xeber gihandibûn hemû hevalên xwe. Hevala wan Şeyma ya derûnas ku bi dildarî piştgiriya komeleyeke jinan dikir, Zelîxayê pêşniyaz kiribû. Gotibû, çendî ku ciwan be jî wê pir baş li Denîzê binêre. Jixwe Zelîxayê bixwe du xwişk û birayên xwe mezin kiribûn. Çîroka jiyana Zelîxayê, çîrokek êşbar bû. Dilbirîndar bû. Beriya bi sê salan ji Mêrdînê reviyabû, hatibû Stenbolê û axirê xwe gihandibû komeleya piştevaniyê ya jinan. Cihekî wê yî lê bimîne tunebû, bêçare bû û trawmayeke giran li ser bû. Jinên li komeleyê xwedî li Zelîxayê derketibûn û derûnasê jî kiribû ku birînên wê bicebirin. Zelîxayê di demek kin de xwe ber hev anîbû û bi hêz û qewet bûbû. Bi dû re ji hevalên xwe yên jin re gotibû, naxwaze de hêdî ji wan re bibe bar. Dixwest bişixule û xwe bi xwe li ser piya bisekine. Dixwest alîkariya zarok û jinên dilê wan wekî yê wê perçewesle bûne, bike. Hevala wan a derûnas jî gava dibihîse Sema û Bedirxan li nihêrvanekê digerin, hema Zelîxayê pêşniyaz dike. Şeymayê pêşî bi Zelîxayê re axivîbû û jê re behsa Sema û Bedirxan kiribû; jê re gotibû, her du jî mirovine pir qenc in û dikare bi wan bawer be. Zelîxayê bi vê xeberê pir kêfxweş bûbû. Nihêrîna li zarokan ji bo wê tiştekî ji kêf û xweşiyê wirdetir bû. Jixwe sê sal derbas bûbûn ku xuşk û birayên xwe nedîtibûn û bi hesreta wan bû. Bi vî awayî veqetîn û dûrketina ji wan, li dilê wê rûneniştibû. Lê mecbûr mabû.

Bavê Zelîxayê li fabrîqeyeke arvan hemaltî dikir û dêya wê jî diçû paqijiya nav malan dikir. Gava Zelîxayê jî hinekî mezin dibe, ji bo xwişk û birayên xwe yên li dû hev du çêdibin dibe dê. Berî ku tam bi ser zarokatiyê ve vebe bê ka çi ye, dikemile û ji ber hêla xwe ya makîtiyê berpirsiyariya xuşk û birayên xwe hemû hilgirtibû ser xwe. Bavê wê serê sibehê diçû kar û êvarî bi awayekî jihaldeketî dihat malê. Herî zêde li ber Zelîxayê, li ber nûxwiriya xwe diket. Ji ber hîn di umrekî biçûk de barê malê giş ketibû ser milê wê... Nikaribû bi hevjîna xwe de jî bixeyide, ji ber ku bi çend qurîş meaş debara pênc kulfetî ne mimkun bû. Fabrîqeya lê dişixulî her diçû mezintir dibû, hilberîn zêde dibû. Lê meaşê wî di ciyê xwe de bû, ne kêm dibû ne jî zêde. Ji ber ku zanibû gava dev ji kar berde dibe ku bi mehan betal bimîne, loma ji neçarî ev şkence daduqurtand. Zelîxaya ku ev eciqandina bêhêvî ya bavê xwe didît, ji rikan ve hîn bêtir bi ser karê malê de diçû. Bi moral û bi dilxweşî li xuşk û birayên xwe dinêrî. Gava dêya wê neçûna karê paqijiya nav malan, dixwest keça wê hinekî bêhna xwe vede û ji bo kar neke lavayî lê dikirin. Lê Zelîxayê bêwestan aliyê dêya xwe dikir. Diya wê jê re digot, "Tu dibêjî qey mezin bûye, dû re biçûk bûye." Ji maçkirin û bêhnkirina wê têr nedibû. Zelîxayê, tu carî ji zilm û mineta jiyanê nedixeyidî. Bi kêf û eşq bû. Bi ya wê bûna dikaribû heya sax bûna werê bijiya. Hîn çardeh salî bû lê wekî hevrê û hevala dêya bû. Gava dê û bavên wê dihatin malê, westandina li ser xwe bi kêf û enerjiya Zelîxaya sekin lê tunebû ji ser xwe dihavêtin. Heya wê rojê jî tu tiştî, tu hejarî û birçîbûnê nikaribû wê çirûsîna li nav çavê Zelîxayê tune bikira. Heya wê rojê, heya wê roja bilanet...

Mala Zelîxayê ew, şevnişîneke biçûçik bû. Wekî malên din ên taxê, te digot qey wê bi bayekê re serobino bibe. Baxçeyekî wan ê biçûk hebû; Zelîxayê zebze diçand, mirîşk xwedî dikir û zebzê li baxçe jî av dida. Wê rojê, ber destê êvarî ji bo avdaniya zebze çû baxçe. Hîn dê û bavê wê ji kar nehatibûn; xuşk û birayên wê xwe li ber televîzyonê dirêj kiribûn, li fîlmên kartonî temaşe dikirin. Cînara bi mala wan ve, duh xirtûma wan biribû, lê neanîbû. Cînara wan Xuşka Fatmayê jî diçû paqijiya nav mala dikir. Di rojên werê de her du zarokên xwe yên biçûk li malê dihişt. Qaşo mêrê wê li zarokên wê dinêrî. Mêrê wê nedişixulî, car carina karên rojane dikir. Serxweşekî dera hanê bû. Biroj jî vedixwar. Li taxê kesî hez jê nedikir. Por û riha wî linavhevketî, yekî bêpergal bû. Bêhna berateyan jê dihat. Zelîxayê jê ditirsiya.

Baxçeyê wan bi dîwarekî du qor bîrket ji hev hatibû veqetandin. Zelîxayê dît ku xirtûm li ber deriyê mala cînara wan e. Ji bo xirtûmê bîne çû nav bexçeyê wan. Deriyê malê vekirîbû. Gava Zelîxayê xwe xwar kir ku xirtûmê top bike, ji hundir dengê giriyê zarokekê bihîst. Rahişt xirtûmê ku biçe nav baxçeyê xwe, vê carê zarokê bi dengekî şid giriya. Werê xuya bû canê wî diêşiya. Ev dengê Siltan a biçûk, keça cînara wan bû. Zelîxayê deyax nekir û gazî kir:

- Hoo! Ma tu nabînî Siltanê digirî?

Texmîn dikir ku zilam li malê ye. Ji hundirê malê ji xeynî dengê zarokê wekî din deng nedihat. Çend carên din jî qîriya. Gava dît kes deng ji xwe nayne, xirtûma di dest xwe de danî, çû hundir. Siltanê li ser ser piştê, li ser xaliyê diperpitî û digiriya. Rahişt pitikê, xist hemêza xwe ku aşt bike. Tam di wê kêliyê de ew bêhna wekî berateyan hat pozê Zelîxayê, bêhna zilêm. Bêhn pir ji nêza ve dihat. Gava li paş xwe zîvirî, zilam li pişt wê bû. Zelîxayê veciniqî û tevî pitika di hemêza xwe de xwe da alî. Te digot qey xwîn ji çavê zilêm dibariya. Zelîxayê pitikê danî erdê û xwest bi bazdan ji odeyê derkeve. Lê zilêm hişka bi milê Zelîxayê girt. Ji tirsa qirika wê ziwa bûbû. Xwest biqîre, lê kir nekir nikaribû biqîre.

Wexta bi ser xwe ve hat, li malê, li cem xuşk û birayên xwe rûniştîbû, televîzyonê temaş dikir. Tu tişt nedibihîst, tu tişt fêm nedikir. Hem aqilê Zelîxayê yê zarokatiyê hem jî bedena wê ya zarokatiyê, bi xedarî birîndar bûbû. Dikir nedikir maneyek lê bar nedikir û dixwest xwe qaneh bike ku tiştekî werê nehatiye serê wê. Nedihat bîra wê bê çawa ji mala cînara xwe hatiye malê. Negiriyabû, nikaribû bigirî; hêsirên wê di nava wan bijangên wê yî zirav de qerisîbûn.

Gava dê û bavê wê hatibûn malê, bêdengiya Zelîxayê ferq kiribûn. Zelîxayê nikaribû bibêje; tiştek neqewimîbû ku bibêje. Ma tiştekî nebûbe yê mirov çawa bibêje? Ji wê rojê ve Zelîxayê ketûm bû, bû miroveke din. Coşa wê, kêfa wê çû, keser û bêdengiyeke kûr hat şûnê. Dê û bavê wê nikaribûn wê bi zar û ziman bikin. Zelîxayê, ji wê rojê ve neaxivî, tirsiya ku devê xwe veke. Tirsiya ku gava biaxive wê her tiştî bibêje. Şerm kir. Her çû tirsa wê zeximtir bû. Bi xwe da bawerkirin ku zilam bixwaze dikare wê bikuje û wê li ber wî nikaribe tiştekî jî bike. Dû re êdî zilam nava rojê jî dihat mala wan. Her cara dihat Zelîxayê texlîda miriyan dikir, xwe li mirîtiyê datanî ku zilam wê nekuje. Ev kabîs, tam salekê çend caran dewam kir ta ku Zelîxa li otobêsekê siwar bû û hat heya Stenbolê.

Derûnasa komeleyê Şeymayê, trawmaya ku di zarokatiyê de hatibû serê Zelîxayê bêhurgulî ji Sema û Bedirxan re got û li ser hesasiyeta mijarê sekinî. Got, Zelîxa piştî tedawiyê bi xwe ve hatiye, lê divê pir baldar bin, ji lewre ruhê Zelîxayê hîn jî wekî guldankeke cam qurfok e. Lê zêde kir ku bi destûra Zelîxayê ev agahî bi wan re parve kiriye û di vî warî de li benda piştevaniya wan e jî. Sema û Bedirxan, li ber vê çîroka trajîk sar man, hêrs bûn lê ji wê rojê pê ve ne wekî nihêrvana Denîzê, wekî keçeke xwe nêzî Zelîxayê bûn. Zelîxayê jî bi dilovaniya dayikekê Denîzê mezin kir. Piştî Mazlûm hat dinê, êdî Zelîxa bûbû yeke ji malê. Sê sal berê Zelîxe çûbû Mêrdînê cem malbata xwe, qederekê li cem wan mabû û dû re cardin ji bo xebatê hatibû Stenbolê. Tiştên hatibûn serê wê ji malbata xwe veşartibû û nexwestibû bibêje.

Wexta Semayê ji Zurîhê telefonî Zelîxayê kir û piştî salan ev mijar jê pirsî, Zelîxayê kêliyekê dudilî ma. Lê belê ji ber ku mesele jiyana kekê wê Bedirxan bû, di cî de ew dudiliya li nava dilê xwe da aliyekî.

Semayê got:

- Lê binêr Zelîxa, em tim û tim hay ji giraniya trawmaya te hebûn. Ji bo tu ji wê trawmayê xelas bibî çi ji destê me hat me kir.

- Rast e Xuşka Sema. Heger ne ji hevalên komeleya jina û ji we bûna, qethiyen ez ê bi ser xwe ve nehatama. Loma çi qasî jî malavayiya we...

- Na Zelîxa na. Ez van tiştan ji bo tu malavayiyê li me bikî nabêjim. Heger ji bo te jî nebe cihê adiziyê dixwazim hîn bibim; bi rastî jî ev alîkarî te ji wê trawmayê dûr xistin yanî te çawa ji ser xwe avêt? Ji lewre werê xuyaye ku tiştên hatine serê te pir tehsîr li Bedirxan kirine û serê xwe pê re êşandiye. Belkî te bi salan rê û rêbazin cuda ceribandibin, lê divê Bedirxan jî vê yekê di mêjiyê xwe de hel bike. Di vî warî de pêşniyazên te hene? Ji bo vê dipirsim.

Zelîxayê qederekê bêdeng ma û bi dû re got:

- Xuşka Sema, tiştekî min ji kesî re negotiye heye. Heya sax bûma wê wekî sirrê bi min re bimana, lê heger bi kêrî we bê dikarim bibêjim.

- Zelîxa, ez zorê nadim te, ji kerema xwe werê nefikire. Heger zanibî wê ji bo te nebaş be, ne mecbûrî bibêjî.

- Na, ne ji ber nebaşî filan bêvan, tenê sirr e, loma.

- Lê tu dikarî bawer bikî, wê ev sirr di navbera me de bimîne.

- Bawer dikim xuşkê, di vî warî de dilrihetim. Ez werê bibêjim: Hevalên komeleya jinê û Xuşka Şeyma pir aliyê min kirin. Gava min li cem we dest bi kar kir, min xwe pir bihêz hîs kir. Lê dîsa jî li nava dilê min tim û tim êşeke werê pir giran hebû. Min hîs dikir ku hin tişt kêm in. Hevalên li komeleyê ji min re gotibûn, di trawmayên werê de tehsîra "bêcezatiyê" jî heye. Ji bo gilî bikim, cesaret didan min. Lê belê min nedida ber çavê xwe ku ez û wî zilamî carekê bên hemberî hev. Û ji ber fediya min nedixwest careke din biçim cem malbata xwe. Jixwe min gilî bikira jî wê bi vê pergala darazê kî çi bikira. Mihtemelen tişta kiribû wê jê re bimana. Sala min a dudoyan bû ku hatibûm cem we. Bê bîra te min ji bo hefteyekê destûr xwestibû, min gotibû nexweşim filan bêvan.

Semayê hinekî ma fikirî û bi dû re got:

- Belê Zelîxa, weku tê bîra min.

- Aha, wê çaxê bi dizîka çûm Mêrdînê. Ez çûm, min ew zilam dît. Li malê bû. Wekî her carê dîsa serxweş bû. Bi dizîka ketim hundir. Zarok ne li malê bûn. Pêşî ez nas nekirim. Bi dû re pê derxist. Min cardin di nava çavên wî de ew sorbûn dît.

Pir sakîn bûm. Rabû ser xwe. Di devên xwe de peyv birin û anîn û bi wî halê xwe yê serxweş got, "Keçê min zanîbû tu yê min ji bîr mekî." Min jî biken got, "Min yek rojê, kêliyekê jî te jî bir nekir." Got, "Naxwe were, were cem min." Çûm li kêleka wî rûniştim. Ez maçî kirim. Min jî got, "Dixwazî em pêşî xwe tazî bikin." Biheyecan xwe tazî kir. Ji kêfa xirexira wî bû, loma ferq nekiribû ez xwe tazî nakim. Wexta li ber min şilfîtazî bû, hema min kêra xwe ji çenteyê xwe derxist. Gava çav bi kirê ket çavên wî fireh bûn.

Semayê bitirs guhdar dikir:
- Zelîxa, nebêje min ew kuşt!
- Na xuşkê, ma bi navê mirine cezayek heye? Ji bo heman tiştî neyne serê kesine din min ewkê wî kêr kir.

Semayê ji bo qîrînî pê nekeve xwe bi zorê girt.
- Tu Xwedê! Êêê dû re?
- Min dizanîbû wê giliyê min neke. Jixwe nekir jî. Aha min trawmaya li ser xwe hebikekî jî bi vî awayî sivik kir. Wê ev bi kêrî te bê neyê nizanim.

19

Semayê hem li ber tiştên ku Zelîxayê gotibûn şaş mabû, hem jî kêfxweş bûbû. Çendî ku rêbaza Zelîxayê pesend nekiribû jî, lê ji ber ku çepelekî tişta layiqî xwe dîtibû tu îtirazek wê tunebû.

Dixwest bi seanseke nû zûzûka dakeve cîhana hişî ya Bedirxan, lê belê çendî ku cîhana xeyalî bû jî nedixwest tiştên Zelîxayê jê re gotibûn rasterast bibêjê. Jixwe hişê Bedirxan pir zêde bi erênî nêzî telqînan nedibû. Niha ne mimkun bû ku rasterast Bedirxan berhêlî bikin. Lê belê bi rêbazine neyekser hin rê li ber xistibûn. Lê diviyabû bi heman rêbazê meseleya Zelîxayê jî di hişê wî de hel bike. Bi vî awayî dibû ku hişê Bedirxan hinekî din jî zelal bibe. Helbet heya bihata wê merheleyê dibû ku nakokiyên der barê Mûtlû, Celal, Denîz û Semaya di xeyalê xwe de bi dorê hel bikira. Gerçî dibû ku mêjiyê Bedirxan piştî merheleyekê ji binî ve bertekeke erênî bide û bi ser xwe ve bê yan jî dibû ku kom piştî seansên sê rojan bi encamake neyînî re rû bi rû bimana.

Berî ku dest bi seanseke nû bikin tevî koma lêkolînê bi kurtî danûstendinek kirin. Di vê seansê de wê hewl bidana ku Bedirxan ber bi xeyala wî ya dawî ve bianiyana. Bi vî awayî wê fêm bikirana bê ka navenda hişî ya demkurt çalak e yan na. Ji bo vê jî wê hişyariyên biyoelektrîkî ber bi mêjî ve bişandana û wê tehsîra wê bipîvandana. Heger çalakbûna navenda hişî ya demkurt tespît bikin, wê çaxê wê ji derve karibin hişyariyan bişînin. Bi vî awayî wê fêm bikirana çendî ku di karakter û bûyerên xeyala Bedirxan de tevlîhevî hebe jî, hişê wî bi temamî neçûye.

Wexta amadekariyên ji bo seansê temam bûn, her çû vingînî zêde bû. Gava Zelîxayê çavên xwe vekirin li ber maseyê rûniştîbû û borekên li ber xwe dixwarin. Bi vî awayî hat fêmkirin ku tu pirsgirêkeke hişê demkurt ê Bedirxan jî tuneye. Zilamê kor ê li ber Zelîxayê rûniştîbû werê binazikî got:
- Hêvîdarim nerihet nabî.
Zelîxayê got:
- Na, nerihetiya çi. Dikan a te ye."
Zilam bişirî û ji cihê mayî dewam kir:
- Helbet dilxweşî mafê her kesî ye. Piraniya mirovan dibêjin qey armanca jiyanê dilxweşî ye. Ne şaş bim Dalaî Lama jî xwedî nêrîneke werê bû.
- Wele bi "Dalay" û "Malayê" nizanim, lê ez jî dibêjim qey dilxweşî heqê min e. Lê ya te zehmet e.
- Çawa yanî?
- Şaş fêm neke, lê çi zanim tu kor î, li kafeyekê kasiyer î. Her hal jiyaneke werê zehmet e.
- Rast dibêjî, ne rihet e. Lê ez ji halê xwe kêfxweş im.
- Bera dibêjî?
- Belê, bera jî. Ez dibêjim qey ez ji wan kesa me ku armanca jiyanê ne dilxweşîbûn e.
- Naxwe, armanca jiyana te çi ye?
- Li gor xwe, nirx û qîmetekê li hebûna xwe ya li cîhanê bar dikim. Hewl didim ku xwe bi xwe wateya jiyana xwe biafirînim. Nîetzsche gotiye, *"Heger ji bo jiyanê sebebek we hebe, naxwe hûn dikarin ji derheqê her tiştî derkevin."* Her wiha dibêje, *"Çendî ku jiyaneke watedar di nava zor û zehmetiyan de be jî, dibe ku pir tetmînkar be."* Ev bêtir dikeve serê min.
- Te got Nîşe dibêje?
- Belê, Nîtçe...
- Baş e, lê tu çawa bêyî ku tiştekî bibînî van tiştan diafirînî? Bi te zor nayê?
- Berevajî, hîn rihetir tê. Mesela, tu çav qocikeke sor ê kesekê dikevî û ji bo tu wî qocikî bikirî xwe heder dikî. Lê hîn ez nizanim bê ka sor çi ye. Ji bo wesayîteke min a sporî ya luks çê-

bibe xwe nawestînim. Derdekî min ê ku bila vîllayeke min hebe û paceya wê li aliyê kendavê be tuneye. Bi milyonan tiştên ku mirov nikarin xwe bigihînin wan û ji ber wê bedbext dibin, li cem qîmeta wan ne bi pênc qurîşa ye jî.
  - Ha ha! Welehînê wexta meriv werê lê bifikire, avantajên korbûnê pir in.
  - Kesê bixwaze jixwe dikare li ber van tiştan xwe kor bike. Ne hewceye ku îleh gere çavê mirov girtî bin. Meseleya sereke; di dema çavgirtîbûnê de helwesta te ji bo van tişta ye.
  - Mesela çi?
  - Mesela hejar, mirovên êşbar, şer, zilim û neheqî. Ji bo mirov çav bi vana bikeve ne hewce ye du çavên wan hebin. A girîng mirov van tiştan bibîne û jiyana xwe biqîmet bike. Aha belkî wê çaxê bikaribî dilxweş bibî.
  Di vê navê re zilamekî birih û serxweş ket hundirê kafeyê. Zelîxayê zoq li zilêm nêrî û ser çavê wê vemitî. Di vê merheleya seansê de Semayê ket dewrê û zûzûka çîroka tacizekê ya zarokeke biçûçik û dawiya wê vegot. Zilamê birih ji ser dezgehê rakir borekekê, hema şipyakî hêdî hêdî xwar û çû lawaboya li dawiya kafeyê. Zelîxayê jî bi tehsîra gotinên qasek berê rabû ser xwe û bêyî ku tiştekî bibêje rakir kêra li ser dezgeha borekan û ber bi lawaboyê ve meşiya. Wexta bîskek şûnde vegeriyabû di dest wê de kêra bixwîn û bi wî awayê şaşmayî li Mûtlû dinêrî. Mûtlû jî ber bi Zelîxayê ve çû û li ber wê ma sekinî. Bi dengekî nerm got:
  - Zelîxa niha tu xwe baştir hîs dikî yan na?
  Zelîxayê kêra di destê xwe de danî erdê, destên xwe yên bixwîn bilind kirin û bitirs li wan nêrî. Tirsiyabû.
  - Te got Zelîxa? Ez... ez ne Zelîxa me. Navê min Sema ye.
  Dr. Sema ji bo seans bi dawî bibe îşaret da komê. Dû re ji nişkave her der tarî bû.

20

Tevahiya komê û helbet Semayê jî çendî ku biçûk be jî, ji ber ku gavek pêş ve çûbûn kêfxweş bûn. Heger ji niha û pê ve texmînên wan rast derkevin, divê hîn bêtir tişt bên bîra Bedirxan. Belkî jî zûzûka bigihîştana encamê û bi temamî bihata ser hişê xwe. Li gor tespîtên komê yên di dema seansê de, mêjiyê Bedirxan hîn bêtir serotonînê hildiberîne. Ne tam be jê lê ev çalakiya demkurt bi rêya norona, divê hin sinyalan bişîne deverên din ên mêjî. Ji ber vê ji bo seanseke dinê biryar girtin ku wê sinyalên biyo-elektrîkî bişînin devera hişê mayînde. Lê belê tiştên îro kiribûn bes bûn. Diviya nexweş û Sema bêhna xwe vedana. Loma her duyan jî ji unîteya nihêrînê hilgirtin û heya sibeha dinê navber dan seansan.

Wexta Semayê li odeya xwe bi tena serê xwe ma, hîs kir ku betiliye. Rahişt telefona xwe û bi zarokên xwe, bi dê û bavên xwe re axivî. Gava ji wan re got, tedawî ber bi başbûnê ve diçe, ew kêfxweşiya Semayê xwe li gişan girt. Piştî bi yên malên re yeko yeko axivî, telefonî Celal kir. Geşedanên dawî pê re jî parve kir û bi dû re jê re got, dixwaze li ser meseleyeke girîng pê re biaxive. Semayê pir zêde neket nava hûrguliyan û ji Celal re behsa bicihanîna soza ku dabû Bedirxan kir. Celal, pir dilteng bû. Di telefonê de jî ev diltengiya wî dihat hîskirin.

- Temam Sema. Dizanim, min soz daye. Lê belê niha pir zehmet e. Piştî hûn çûn wê derê, bûm dekan. Ev yek ez pir tengijandim. Hingî werê zûzûka kirin ku min bi xwe jî fêm nekir bê ka çi ye. A rast sibê em ê wekî dekantiyê konferanseke girîng a navneteweyî li dar bixin. Serokwezîr jî wê tevlî merasîma vekirinê ya konferenasê bibe. Rektor jî wê axaftina destpêkê bike û piştî wî ez ê jî bi sifetê dekantiyê berpêşiya ewil bikim. Sema, serê min tevlîhev bûye. Ew dermanên xwe yî ku ev demeke dirêj bû min dev ji wan berdabû, îro cardin min dest bi wan kir. Di weziyeteke pir zehmet de me. Ji kerema xwe min fêm bike. Werê xuyaye dixwazin min wekî "mînaka baş" derxin hizûra raya giştî û bi vî awayî jî peyamekê bidin. Yanî ji xwe min herimandibû, lê bi vî awayî jî tam di navê re çûm. Lê hela bila sibe jî derbas bibe, miheqeq ez ê çareyekê peyda bikim. Ez ê vê yekê sirf ji bo Bedirxan bikim. Jixwe ji bo xwe pir dereng mam. Ma piştî vê saetê ez ê karibim çi qasî xwe bi ser hev bidim?

Ber bi dawiyê ve dengê Celal girîft bûbû. Semayê jî ferq kiribû ku wê di rewşeke wiha de zorê nedê, lê belê ji ber ku mesele jiyana Bedirxan bû, xwest careke din jî bibêje.

- Celal, ez te baş fêm dikim, lê belê ev meseleya man û nemanê ye. Heger em du rojên din di tedawiyê de tiştekî bi dest nexin, belkî careke dinê hew şanşekî me hebe. Jê pê ve wê jiyana rewşeke riwekî... Werhasil, miheqeq divê tu rêyekê bibînî. Heger tiştekî ku tu bikî û ez bibînim û mêjiyê min li ber bikeve, ez ê karibim bi rihetî ragihînim Bedirxan. Ne mumkun e ez xeyala ku di mêjiyê xwe de çêbikim ragihînim Bedirxan. Heger mêjiyê min li ser rastiyê tiştekî bisêwirîne, aha wê çaxê dikarim ragihînim Bedirxan. Celal, loma daxwaza min ji te tu wê soza xwe, her çi be, bi awayekî berbiçav bînî cî.

Celal, piştî ku telefon girt ji kûr ve offînek kişand. Dizanibû roj bê wê bi vê yekê re rû bi rû bimîne. Lê belê nizanibû ku wê ev qasî zor be. Li odeya xwe ya dekantiyê li ser piya bû û xwe wekî tiştekî zêde hîs dikir ku bi wir ve hatiye zeliqandin. Di paceyê re dûr û dirêj li kampusê nêrî. Li xwendekarên xwe li ser ripinan dirêj kiribûn, li ser bankan rûniştibûn, ber bi cihekî ve dibeziyan û bi basketbolê dilîstin nêrî. Xwendekariya wî hat bîra wî. Çavên wî tije bûn. Li gor hesab û kîtaban diviya ne werê bûna. Bawer bû ku wê nikaribe ji niha û pê ve jiyana xwe bi vî awayî bidomîne. Lê dikaribû çi bike û çawa bike?

Piştî ku Semayê bi Celal re axivî, kêfxweşiya wê çûbû, diltirsiyek xwe li şûnê danîbû. Heger di xeyala xwe de nakokiya Celal hel nekira, mêjiyê Bedirxan wê bertekek çawa nîşan bidana, nizanibû. Diviyabû Mûtlûyê bi bavê wê bida naskirin û tevlîheviya Mûtlûyê hel bikira, lê belê di nava xeyalê de bavê Mûtlûyê tunebû. Gava li ser van tiştan hûr dibû, Lîndayê ket hundirê odeya wê ya li unîteya awarte. Hat cem Semayê û destê wê xist nava destên xwe.

- Çawa bûyî Sema? Hêvîdarim pêşveçûyîn bi dilê te ye.
- Hîn baştir im. Her diçe hêviya min xurtir dibe. Lê belê tu dizanî, garantiya tu tiştî jî tuneye. Dibe ku hewldanên me hemû berhewa jî bibin. Niha ji destê me çi bê em a herî baş bikin. Jixwe ji xeynî vê tu alternatîfek me jî tuneye. Axirê em di ser rêbazeke ezmûnî re hereket dikin û nexşerêyeke me ya diyarkirî jî tuneye.

Lîndayê kêliyekê ma sekinî û dû re xwe bi ser Semayê de xwar kir û bi pistepist got: "A rast tam ne werê ye. Hin tiştên ku me ji te re negotine hene." Semayê jî bi heman awayî, bi pistepist got, "Çawa yanî? Tişta we negotiye çi ye?" Lînda, çû deriyê odeyê girt û qoltixa xwe baş nêzî nivînê kir û rûnişt.

- Sema, hin tiştên der barê vê lêkolînê de ku me bi te re parve nekirine hene. A rast me agahiyên şaş nedane te, lê em mecbûr man agahiyên kêm bidin te.
- Mesela agahiyên çawa?
- Me gotibû em cara ewil vê amûrê li ser we diceribînin.
- Belê. Ma qey ne werê ye?
- Helbet di warê nexweşan de, ên ewil hûn in. Lê ên cara ewil li ser wan tê ceribandin ne hûn in. Heya niha me li ser gelek mêjiyên saxlem ceribandiye.
- Tu bera dibêjî?
- Belê Sema, hem jî me gelek ceribandinên serketî kirine. Me di navbera du mêjiyên saxlem de pêwendî danî û me nêvengeke pirhiş afirandiye. Ji ber ku me nexweşek li gor wê nedîtibû, me nikaribû biceribîne. Loma di vi warî de yê ewil hûn in. Yanî ji bo pêşketina sereke ya amûrê em ceribandina xwe ya ewil li ser we dikin.

- Baş e, lê encamên mêjiyên saxlem çawa bûn?
- Aha ev qisim tiştekî pir ecêb e. Em di ser mêjiyekî bi her awayî li ser xwe, ketin nava mêjiyekî dinê. Me hişê wî kesî, fikrên wî kesî temaşe kir û me xewn û xeyalên wî dîtin. Tenê nedîtin, me rê jî li ber xist û ew guherandin.
- Bê hênek! Bera jî we ev yek kir?
- Me kir Sema, em di hemûyan de bi ser ketin. Mesela kobayekî girêdayî baweriya xiristiyaniyê, di dawiya seansan de, bawer dikir ku ji makzayî ve misilman e. Mesela me kir ku Swêdiyek bawer bike ku Çînî ye. Û gelek tiştên din. Helbet taliyê me hemû kirin wekî berê. Yanî me dît em weku bernameyekê li komputerekê yan jî li telefoneke biaqil bar bikin, em dikarin her tiştî bikin.

Ji kêfa devê Semayê ji hev mabûn û got:
- Lînda, ev tiştekî muhteşem e. Naxwe, nexşerêyeke we heye!
- Helbet heye. Jixwe em ji kêliya ewil ve li gor daneyên li ber destê xwe hereket dikin. Em hêla wê ya teknîkî dikin û hêla wê ya berhêlîkirinê jî tu dikî. Di yên berê de jî, ji komê yekî qisma berhêlîkirinê dikir. Lê ji xeynî te kes mudaxileyî hişê Bedirxan nake; em tenê rêya te vedikin. Di rê de tu biryarê didî ku tu yê çawa bikî û bi kû ve biçî. Ji zêdetirî vê tu heqekî me tuneye.

Lîndayê qederekê bi awayekî bimitale li Semayê nêrî. Semayê jî dixwest tiştên bihîstine hemûyan di xwe de bimehîne.
- Lînda, ev dahênaneke mezin e. Werê xuyaye hûn ê di nava rûpelên dîrokê de cih bigirin.
- Belê, bi rastî jî dahênaneke pir mezin e. Jixwe mesele jî ev e. Sema, her ku em li ser vê dahênana mezin û guherandina wê ya dîroka mirovahiyê, cîhana me û pêşeroja mirovahiyê û heta potansiyela wê ya tunekirinê difikirin fikarên me zêde dibin. Em koma lêkolînê, gava me nû ewilî dest pê kir me qet texmîn nedikir em ê ev qasî bi ser bikevin. Me digot hema em sîrayetî hişê ji xwe ve çûye bikin û wî bi telqîn û hişyariyan şiyar bikin besî me ye. Lê her ku çû me dît ku em ê karibin tiştine dinê jî bikin. Her ku ceribandinên me bi ser diketin, vê carê jî tirs û fikaran cihê kêfxweşiya me girt. Hin dahênanên ku heya niha ji

bo pêşveçûyîna mirovahiyê hatibûn kirin bûbûn sedema felaket û êşine mezin. Piraniya pêşketinên zanistî ewilî ji bo armancê nehatin bikaranîn. Dahênanên nû yên di warê fizik, kîmya, biyoloji, tib û astronomiye de di demeke kurt de bûn perçeyek ji teknolojiyên şer ên herî dijwar. Teknolojiya ragihandin û agadariyê ji aliyekî ve barê jiyana me rihet kirin û ji aliyekî ve jî gelek dewletan qapasiyeta ku karibin bi tûşekê bombeyên cîhanê serobino bikin bi dest xistin. Û mixabin niha li ber maseyên ku ev tûş lê ne, serokên dewletan ên ji hev şêt û dîntir rûdinên.
- Hûn ê ji niha û pê ve çi bikin?
- Jixwe tişta zehmet jî ev e. Niha ji xeynî komê haya kesî ji encamên lêkolînê tuneye. Dilê me tuneye em niha aşkere bikin. Bi taybetî jî gava şîrketa ku me finanse dike pê bihese, dibe ku ji kêfa bifire.
Semayê pirsî:
- Hûn dixwazin tevdîreke çawa bigirin?
- Em li ser vê yekê hîn jî nîqaşan dikin. Hîn me tam çareyek nediye. Lê heger em xwe ji aşkerekirina vê lêkolînê dûr bixin jî, miheqeq wê hin kesên din jî tiştekî bi vî rengî îcad bikin. Pêşîlêgirtina li pêşveçûyîna zanistê ne mimkun e. Helbet em naxwazin mirovahî ber bi aloziyekê ve bê hêlkirin û qiyamet bi destê mirovên zanyar pêk bê. Teqez divê em rêyekê bibînin. A rast hîn jî em nizanin em ê çi bikin. Min ev tişt ji te re gotin, ji lewre tu hem hevala min î hem jî hûn kobayên ewil in û ji ber ku hûn bi vî awayî xizmeta nolojiyê dikin, fikirîm heqê te ye tu pê zanibî. Belkî di vî warî de pêşniyarên te jî hebin. Sema, lê gere ev wekî sirrekê li cem te bimîne.
- Fêm dikim, helbet rewşeke pir hesas e. Ez ê jî li ser bifikirim.
Lînda, Semayê bi tenê hişt û ji odeyê derket. Semayê vê carê jî di nava ew qas geremoliyê û telaşê de fikirî ku bûne perçeyeke pirsgirêka der barê pêşeroja mirovahiyê de û bi vî awayî di xew re çû.
Wexta telefona wê lêket, bi zorekê çavên xwe vekirin. Hema bibêje bûbû nîvro. Îro wê seans nîvro dest pê bikira. Loma kesî ew şiyar nekiribû; ew jî ketibû xeweke giran û

bêhna xwe vedabû. Rahişt telefonê: A digeriya Zelîxa bû. Zarokên wê hatin bîra wê. Gelo qey tiştekî xirab qewimibû? Bitelaş cewab da. Zelîxayê biheyecan got:
- Xuşkê, li min bibore te nerihet dikim. Haya te ji Kekê Celal heye?
- Na, ma çi bûye?
- Belkî bawer nekî. Bise, ez ê niha lînka nûçeyan û dîmenan ji te re rê bikim. Temaşe bikî wê baş be. Kekê Celal, serê sibehê telefon kir û werê ecêb ecêb axivî û dû re xwest nûçeyên ku dê îro der barê wî de bên weşandin ji te re bişînim.

21

Ew ronahiya zenûn ya ji binbanê odeya bêpace ya unîteya beşa awarte ronî dikir, bêhntengiyeke din li atmosfera odeyê zêde dikir. Semayê xewa xwe girtibû û bêhna xwe vedabû, lê dîsa jî weku giraniyek li ser hebe hîs dikir û wekî hebikekî serê wê diêşe. Du roj bûn ji tenê demaran dihat xweyîkirin û êşbirine ku tehsîrekê li hişê wê nekin didanê. Di devê wê de tahma jengareke giran hebû. Tehsîra dilxweşiya geşedana duh çûbû; êşeke sivik ku nizanibû ji ber çi ye xwe li singa wê girtibû. Ev qewimîn, ev têkoşîn hemû ji bo çi bûn? Ji bo ew benikê ziravikê yê di navbera wê û hezkiriyê wê de neqete, ew deziyê ku hemû hêviyên xwe pê girêdane... Îja biqete? Du meh bûn ev fikir li bîra wê dima aliqî. Ev fikra ku tim û tim xwe jê dûr dixist, niha li odeya beşa awarte refeqetiya tenêtiya Semayê dikir. Çendî ku esas negirtana jî dizanibû ya singa wê dijidîne ev bixwe bû. Lê niha ne dema lêhûrbûna li ser van tişta ye. Diviyabû deriyê dilên wê ji hemû tiştên ku hêviya wê digicgicandin girtîbûna. Rojeke nû dest pê dikir; îro wê her tişt xweş bûbûna, diviyabû bûbûna. Hişê xwe da hev û hewl da fikrên xirab ji serê xwe bavêje. Diviyabû li tiştên der barê Celal de binêriya ku Zelîxayê jê re şandibûn û xwe ji bo seansê amade bikira. Pêl bişkoka qumandayê ya li kêleka nivînê kir û cihê pişta xwe hinekî bilind kir. Dikaribû bi vî awayî rihetir ji telefona xwe li dîmen û nûçeyan binêriya.

Zelîxayê çar lînkên cuda şandibûn. Ji van a ewil lînka dîmenekê bû û her sêyên din jî yên nûçeyan bûn. Pêşî pêl li lînka dîmenê kir.

Di dîmenê de ewil Celal li kêleka rektor e û bi cibeyê xwe li derwazeya navenda kongre û çandê bi destê Serokwezîr girtiye û wî pêşwazî dike. Tevî Celal gelek akademîsyenên din jî bi cibeyên xwe wekî morikan li kêleka hev rêz bûne û bi heyecan li bendê ne ku Serokwezîr bi destê wan jî bigire. Ometek rojnamevan jî li cihê ku ji wan re hatibû veqetandin û derdora wê bi şirîdeke sor hatibû nixumandin dîmenan digirin û li ser hev pêl denklaşorê dikin. Serokwezîr bi hereketine giran û pêbawer yeko yeko bi destê akademîsyenan digire û bi wê kêfa ku her yek ji wan ber cibeyên xwe digirtin dimeşiya.

Dû re derbasî hêwana konferansê dibin. Li hêwana ku heya dev tijebû her kes şipyakî ji Serokwezîr re li çepikan dixe. Serokwezîr ewilî bi destan silav li yên li hêwanê dike û bi dû re bi destê endamên protokolê yên bêsebr li bendê bûn digire. Endamên protokolê hemûya taximên reş li xwe kiriye û hemû zilam in. Her yekî ji wan rengê wechê xwe li gor ê Serokwezîr eyar kiriye, serê xwe tewandine û bi destê wî digirin. Hemûyan bişkokên çakêtên xwe girtine û yên hineka jê jî xilika wan hindik maye bişkokê biqetîne werê berjêr şiqitiye. Parêzkar jî bitelaş li derdora Serokwezîr diçin û tên û tim û tim bi çavan hêwanê seh dikin. Li hêwanê li qoltixên temaşevanan gelek akademîsyenên bicibe û li ser pêya, li benda bidawîbûna wexta silavdayînê ya Serokwezîr in. Di guhê hin mêvanan de ji bo wergerê berguhk hene. Ev kesên ku dihat fêmkirin biyanî ne, li gor nêvengê tev digerin û ew jî li ser pêya ne.

Axirê piştî Serokwezîr li cihê xwe rûnişt, ên li hêwanê û protokolo jî rûniştin. Li cem Serokwezîr rektor, li kêleka wî jî Celal rûniştiye. Serokwezîr car carinan ji rektor re tiştina dibêje, rektor jî guhê xwe ber bi wî ve dibe û serê xwe dihejîne. Çavekî endamên protokolê jî tim li ser Serokwezîr e. Werê xuyaye hemûyan jî ji bo rengê wechê xwe li gor Serokwezîr eyar bikin ketine nav hewldaneke mezin. Weku gava Serokwezîr bikene û ew mahdetirş bin an jî Serokwezîr mahdetirş be ew jî bikenin wê qet ne xweş bûya, ev qasî diqilqilîn.

Piştî kamera hatin bikeyskirin, pêşkeşvanekî ciwan ku ji dev û devdelingê wî şelafî û sûnîtî diherikî, ji bo "şeref daye konferansê" spasiyên xwe bi giramî radigihand Serokwezîr. Pêşkeşvan, piştî çend gotinên der barê konferansê de, rektor dawetî kursiyê dike. Rektor jî radibe ser xwe û piştî xwe xwar dike û silav dide Serokwezîr, zûzûka ber bi kursiyê ve diçe. Axaftina rektor, axaftineke kin e û li ser girîngiya konferansê û pesinandina Serokwezîr e. Piştî rektor, vê carê pêşkeşvan Celal dawetî kursiyê dike. Gava Celal ber bi kursiyê ve diçe, ji hêwanê tektûk dengê çepikan tê û ji protokolê jî kes li çepikan naxe. Berê Celal bigihê ber kursiyê Serokwezîr werê bêyî dilê xwe hêdîka li çepikan dixe û bi dû re ên li protokolê jî dest bi çepikan dikin. Hin endamên protokolê wekî ferq kiribin ku ji edet derxistine, li derdora xwe dinêrin û destên xwe dixin nava şeqên xwe, weku bixwazin haletê xwe yê sûcî veşêrin. Ên li hêwanê jî ku bi Serokwezîr re li çepikan dixistin, paşê xwe li bêdengiyê datînin. Di vê navê re ji yên li hêwanê hin kes wekî ku yên biaxivin wê ew bin dikuxin û qirika xwe paqij dikin. Serokwezîr tiliyên her du destên xwe digihîne hev du û bi baldan li Celal dinêre. Ên li protokolê jî bi heman awayî destên xwe digihînin hev du û bi baldan li Celal dinêrin.

Celal, pêşî serê xwe dike û li yên li hêwanê dinêre. Bi dû re li nav çavên Serokwezîr dinêre. Kaxeza qatkirî ya di bêrîka hundir a çakêtê xwe de derdixe û datîne ber xwe. Deng ji hêwanê biriyabû. Celal, bi dengekî pêbawer silav dide Serokwezîr, mêvan û yên li hêwanê. Hem Serokwezîr hem jî yên protokolê tê derdixin ku silavdayîna ji bo Serokwezîr qels e û ne silavdayîneke pesindayînê ye. Serokwezîr, xwe tev dide û dû re yên protokolê jî xwe tev didin. Hin jê zêde xwe tev didin û bi telaşa vê yekê hewl didin nigê xwe têxin bin sendelyeyê da ku xwe ji vê tevdana zêde xelas bikin. Tona dengê Celal, toneke xwebaweriyî ye.

"Şêkirdar im, ji bo we mêvan û hevpîşeyên min ê hêja yên niha li vê derê, li vê hêwanê em bi hev re ne. Nexasim jî dixwazim bibêjim, ji ber di hizûra birêz Serokwezîrê me de vê axaftinê dikim, pir şanaz im."

Piştî vê hevoka dawî yên li protokolê diranên xwe qîç dikin, lê belê ferq dikin ku Serokwezîr dibişire. Gelek jê dev lêvên xwe dikin û zûzûka dikevin rewşeke cidî. Celal, bêyî ku pir li kaxeza ber xwe binêre axaftina xwe dewam dike.

"Di jiyana mirovan de hin kêlî hene ku hema gava tu di wê kêliyê de tenê şaşiyekê jî bikî, jiyana te ya mayî bêwate û bêqîmet dibe. Ê min jî, demek berê şaşiyeke min a werê wehîm çêbû. Lê pir kêfxweş im ji ber ku birêz Serokwezîr îro firsend da min da vê şaşiya xwe rast bikim. Ji ber vê pir pir malavayiya wî dikim."

Ên li hêwanê û protokolê dizanibûn Celal îmze danîbû bin danezana aştiyê û dû re îmzeya xwe betal kiribû. Niha jî ji ber poşmaniya xwe ya ji bo wê îmzeyê û firsenda ku Serokwezîr daye wî careke din bişêkirdarî bilêv kiribû, dilê her kesî ketibû cî. Axirê Serokwezîr jî herî zêde ji bîatkirina muxalifan kêfxweş dibû. Jixwe wî jî xwe rastir kiribû, her du destên xwe dabûn qeraxên qoltixê û bi helwesteke ku kêfxweşiya xwe bide der dibişirî. Çendî ji yên protokolê hin kesan xwest heman tiştî bike jî, lê pir bi ser neketin. Celal, axaftina xwe dewam kir.

"Mirov, bi hezaran sal in bi têkoşîn û bedêlên giran rûmet, şeref û heysiyeta xwe parastiye û bi van hestan li ber newekhevî, zilm, kedxwarî, cihêkarî û şer rabûye. Îro jî ev nirx referansa herî girîng a jiyaneke watedar û biqîmet e. Li gor bîr û baweriya min jiyana ku van referansan tune bihesibîne û ji nedîtî ve bê, jiyaneke pûç û vala ye. Ji jiyaneke fuzûlî wêdetir ne tu tişt e."

Dihat dîtin ku mahdê Serokwezîr guheriye û ji bo bêtir li ser axaftinê hûr bibe xwe ber bi pêş ve xwar kiribû. Helbet protokol jî.

"Min tevahiya jiyana xwe li ser asasê ji bo têkoşîna edalet, wekhevî û azadiyê ya bindestan ava kiribû. Min hewl dabû ligel ên mafdar, ên mezlûm, ên bindest, ên keda wan tê xwarin û yên tune tên hesibandin bim. Min hewl dabû têkoşîna gelê xwe yanî gelê Kurd jî di nav de, têkoşîna gelên ku ziman, çand û nasnameya wan tune tê hesibandin û tê xwestin bi komkujiyan ji holê bên rakirin; min têkoşîna kesan a ji bo wekhevî û siberojên azad kiribû havênê wateya jiyana xwe. A ku ez heyî dikirim, rûmet û şanazî li min bar dikir ev bû. Belê, zehmet bû, lê ya ku ez dilxweş dikirim jî ev têkoşîna zor û zeh-

met bû. Û ez ketim nava şaşiyekê û min ev nirx û wate hemû helohûro kirin. Min konforeke bêbinî û derewîn, tercîhî helwesteke bifezîlet a li dijî şer kir." Serokwezîr, bihêrs li çeprastê xwe nêrî û bi awayekî dilnerihet dixwest fêm bike bê ka çi diqewime. Ên li protokolê jî çawa çav bi wechê Serokwezîr ketin, wekî bixwazin bê ka çi diqewime li hev dinêrîn. Serokwezîr, gazî parêzkerekî xwe kir û di guhên wî de bi pistepist diaxivî. Celal, bi heman helwestê axaftina xwe didomand:
"Ji ber vê ji dil û can dawa lêborînê li hevalên xwe, xwendekarên xwe û gelê xwe dikim. Betalkirina îmzeyê tirsonekî û bêprensîbiyek mezin bû. Îjar heger hevalên min ên têkoşînê û gelê min qebûl bikin, ez niha li vê derê cardin bi heman baweriyê wê îmzeyê datînim bin wê danezanê. Û dibêjim: JI ŞER RE NA, BIMIRE FAŞÎZM, BIJÎ TÊKOŞÎNA JI BO AŞTÎ Û AZADIYÊ.

Çawa gotinên dawî yên Celal, wekî dirûşmeyekê ji nava lêvên wî dertên, kesên werê xuyaye polîs in, hema xwe çengî ser wî dikin, bi çengurê wî digirin û wî derdixin derve. Parêzkar, dora Serokwezîr digirin û wekî wî ji dirûşmeyan biparêzin sîwanên xwe vedikin û zûzûka wî di deriyekî din re derdixistin derve. Hêwan tevlîhev dibe û atmosfereke şikestîner xwe li protokolê digire. Polîs, Celal li pêyî xwe dikişînin. Gava polîs wî dikişînin, hin jê bertek nîşanî wî didin, hin jê jî çêrî wî dikin; hin jî didin dû Serokwezîr û hin jê jî wekî mirîşkeke serê wê hatibe jêkirin diperpitin û nizanin wê çi bikin, bi vir de wê de diçin û tên.

Bi dû re di dîmenan de Celal xuya dike. Destên wî ji pêş ve kelemçekirî û tevî cibeya li ser xwe li wesayîta polîsan tê siwarkirin. Xwendekarên li derveyî hêwana konferansê kom bûbûn jî hewl didin fêm bikin bê ka çi qewimiye û ewlekarên taybet û polîsên çevîkê jî bi copan qelebalixiyê belav dikin. Li ber navenda kongre û çandê tevlîheviyek çêdibe. Celal jî di qoltixa dawî ya wesayîta polîsan de rûniştiye û dikene.

Wexta kamera Celal zoom dikin, di destê Celal de amûreke biçûk a qumandayê û berê wê li avahiya navenda kongre û çandê ye. Celal pêl bişkoka wê dike. Dû re kamera berê xwe didin avahiyê û tê dîtin ku ji banê navendê pankartek zûzûka ber bi jêr ve vedibe. Li ser pankartê bi tîpên girdek "JI ŞER RE NA" nivîsandiye û li binî wê jî îmzeya Dekan Celal Karakûş heye. Xwendekarên çav bi pankartê dikevin jî hewl didin wesayîta polîsan a ku Celal dibir bidin sekinandin. Lê belê ji ber copên li wan diketin û gaz bi ser wan de tê reşandin, nikarin pêşî li ber wesayîtê bigirin. Celal, bi çepik û dirûşmeyên xwendekaran zûzûka ji kampusê tê derxistin. Ev dîmenên vîdeoyê ku werê xuyaye bi taybetî hatine kişandin, di vir de bi dawî dibûn.

Sema, li ber van dîmenên ku hema bibêje bê bêhn û henase temaşe kiribûn, pir dilxweş bûbû. Weku tiştên temaşe kiriye îdraq bike dûr û dirêj li ekranê nêrî. Bi dû re pêl lînkên nûçeyan kirin û nûçeyên der barê mijara navbirî de zûzûka xwendin. Hemûyan axaftina Celal û pankarta ku vekiribû bi nêrînine cuda kiribûn nûçe. Hinan jê heqaret li Celal kiribû, hinan jê ew wekî xayinê welêt nîşan dabû, hinan jê jê re gotibû terorîst û hinan jê jî wî wekî "dekanê çalakiya aştiyê li dar xist" pênase kiribûn. Heger tiştekî teqezbûyî hebe, ew jî ew bû ku Celal soza xwe ya dabû Bedirxan bi cî anîbû.

Wexta hemşîre û nihêrvanên nexweşan ketin odeya awarte, hîn jî Sema di bin tehsîra wan dîmenan de bû. Dema seansê hatibû û hin tiştên wê hebûn ku diviyabû ji Bedirxan re bibêje. Fikrên xwe zûzûka sererast kirin û bişirî.

22

Wexta wê birin odeya seansê dît ku Bedirxan beriya wê anîne; elektrot li ser singa wî û serê wî û hazir bû ku wî têxin hundirê amûrê. Semayê ji cihê ku lê dirêjkirîbû li ser çavê mêrê xwe nêrî, lê tu tiştek neguherîbû. Li gorî agahiya ku dixtoran dabû, rewşa tenduristiya wî wekî berê bû. Koma lêkolînê diyar kir, ji seansa îro bihêvî ne ku hişê wî bi xwe ve bê. Di dema seansê de wê devera hişî ya mayinde tim û tim hişyar bikirana. Gava Semayê di hişê Bedirxan de hewl bidana ku nakokiyan ji hev veçirîne, wê kom jî bi sinyalên bîyoelektrîkî zor bidana Bedirxan da hîn bêtir tişt bên bîra wî.

Sema, berî ku seans dest pê bike cardin xwest bi Lîndayê re biaxive. Loma, ji dixtorên din reca kir ku ji odeyê derkevin. Lînda hat ber serê nivînê û bi destê Semayê girt. Semayê got:

- Mihtemelen haya te ji tiştên îro yên der barê Celal de tunene.
- Na. Te got, tiştekî nû?
- Belê. Tu dikarî ji çapemeniya Tirkiyeyê bişopînî, heta belkî niha di çapemeniya navneteweyî de jî derketibe. Jixwe li Tirkiyeyê saziyeke çapemeniyê ya ku nûçeyeke bi vî rengî ragihîne hema bibêje nemaye. Qet nebe tu dikarî li ser medyaya civakiyî bişopînî. Lê ez vê bibêjim, Celal soza ku dabû Bedirxan bi cî anî. Heger di vê seansê de karibim mudaxile bikim, ez ê vê yekê ragihînim Bedirxan. Bi vî awayî wê Celal jî daxilî nava xeyalê bibe. Lê belê wekî tu jî dizanî meseleya divê bê helkirin, meseleya Mûtlûyê ye. Celal û Mûtlû, di jiyana rasteqîn de wê bi awayekî hev nas bikin. Bera jî tu ji bo encamên vê yekê amade yî? Min xwest cara dawî bipirsim.

Lîndayê berî ku destê Semayê berde, got:

- Sema, tu carî werê pêbawer nebûbûm. Ji bo vê pir dereng mam. Dizanim, wê ev yek tehsîrê li jiyana me hemûyan bike. Lê ji dil bawer dikim ku diviyabû ev yek ji bo Bedirxan bihata kirin. Wî, ji bo me hemûya fedakarî û qencî kir; me telafîkirina şaşiyên xwe lê kir bar. Niha jî dora me ye. Ji bo her tiştî hazir im û ez dibêjim qey ez ê karibim ji hevjînê xwe û kurê xwe re bibêjim. Lê belê nizanim ez ê çawa ji Mûtlûyê re bibêjim? Aha, a herî zêde zehmet jî ev e. Ez vê yekê jî digirim ber çavan. Bila dilê te rihet be. Çi ji destê te bê bike. Ne me, tenê li Bedirxan bifikire.
- Baş e, naxwe me li hev kir. Lê piştî seansê em cardin biaxivin.
- Temam, hadê qewet be.

Piştî amadekariyên ji bo seansê temam bûn, ode tarî bû û cardin dengê vingîniyê hat bihîstin.

Gava çavên xwe vekirin. Di destê wê de pirtûkek û li ser bankekê rûniştîbû. Li bin dara sincê bû. Ev der, kampusa zanîngehê bû. Bedirxan, hîn jî xwe wekî Semayê xeyal dikir. Ev, salên zanîngehê yên Semayê bûn. Ji pêşmalka wê û umrê wê werê xuyabû ku serdema wê ya asîstaniyê bû. Wan salan, ew û Bedirxan tim dihatin bin vê darê rûdiniştin. Quncikeke sakîn a kampusê bû.

Semayê xwe noqî nava pirtûkê kiribû û li ser bankeyê xwe paş-pêş dilokand û bideng hewl dida hin tiştan jiber bike. Bi tiqtiqa dengekî rîtmîk ê ji hêla çepê ve dihat, dêhna wê ji ser pirtûkê çû. Gava serê xwe rakir û li hêla deng nêrî, fêm kir ku ev dengê gopal e. Dengê gopalê zilamekî berçavka wî reş û kor bû, ber bi wê ve dihat. Zilam tam wê derbas bûbûna, di cî de ma sekinî. Li Semayê nêrî û got:
- Bibexşînin, ez li navenda kongreyê digerim.
- Mixabin, hinekî dûrî vê derê ye. Ez ê tarîf bikim, lê tu yê karibî biçî?
- Ez ê hewl bidim.

Semayê, li derdora xwe nêrî bê ka hin kes derên navenda kongreye ya na. Lê kes tunebû. Gava bi baldan li zilêm nêrî, ferq kir ku ji nişkave gêja wê diçe û ber çavê wê tarî dibin. Kêliyek şûnde bi xwe ve hat; te digot qey zilamê li ber wê yekî nas e. Semayê bi awayekî dudilî pirsî:

- Tu dibêjî qey ez te nas dikim.
Zilam, bişirî. Kenê wî bi semayê nastir hat. Zilam jidil got:
- Belkî jî nas dikî. Dengê te jî qet bi min xerîb nehat.
- Navê min Sema ye, ez li fakulteya tibbê asistan im.
Zilam weku bîne bîra xwe bi çena xwe girt û dû re got:
- Me hev nas kiribû. Bise, li kû derê bû? Di vê navê re navê min jî...
Zilam berî ku navê xwe bibêje, li bendê ma bê bîra Semayê. Li bendê ma ku bibêje "Bedirxan", lê deng ji jinikê derneket. Li ser vê got, "Navê min Mûtlû ye, Parêzer Mûtlû Açikgoz."
- Navê te ji min re xerîb nayê, lê niha nayê bîra min. Werhasil, pir kêfxweş bûm. Min dixwest bi te re bêm heya navenda kongreyê lê...
- Lê?
Semayê fikirî ku hîn ji azmûnê re çend saet maye û di dilê xwe de got, dikare deh deqeyên din jî bimîne.
- A rast, karekî min ê girîng tuneye, dixwazî ez bi te re bêm çêtir e.
Zilam ji enîşkê ve milê xwe tewand û got:
- Ez ê kêfxweş bibim, lê heger ji bo te ne zehmet be.
Semayê pirtûka xwe xist bin çengê xwe û destê xwe yê din xist milê zilam.
- Na na, qet nebe ez ê jî hinekî bimeşim. Belkî di rê de bê bîra te bê ka me li kû hev nas kiriye.
Her du, milê wan di hev de meşiyan. Zilam bi derbekê re gopalê xwe yê bisusta girt û xist berîka aliyê hundir a çakêtê xwe. Semayê jî ji bo zilam neêşîne bipûtepêdan got:
- Tu ji makzayî ve nabînî yan paşê werê bû?
- Ez ji makzayî ve kor im.
- Naxwe ji bo te jiyan zehmet e.
- Ma jiyaneke nezehmet heye? Helbet ên min jî zor û zehmetiyên min hene.
Dû re biken got:
- Mesela wekî niha ku bi tena serê xwe nikarim navenda kongreyê bibînim.

- Qey karekî te li wir heye?
- Konferanseke navneteweyî heye. Heger bigihêjimê dixwazim guh lê bikim.
- Min fêm kir, lê ez bixwe ji ber dersan û nobetên klînîkê pir nikarim tiştên werê bişopînim.
- Texmîn dikim.
- Gelo ez û tu li sohbetên hevalan leqayî hev nehatibin?
- Dibe, hewl didim bînim bîra xwe. Lê heger me ji ber karekî te yê biparêzertiyê hev nas nekiribe.
- Na, heya niha tu karekî min ê bikeve aliyê parêzeran çênebûye.
- Ê min jî karekî min ê werê têkeve aliyê dixtoran çênebûye.
- Hema bila qet nekeve.
Keniyan.
Zilam got:
- Pisporiya te li ser kîjan beşê ye?
Semayê kêliyekê fikirî. Nedihat bîra wê ku pisporiya wê li ser kîjan beşe ye. Di dilê xwe de got, "Tu li vê ecêbê."
- Ez... himm...
- Mirov carinan werê diqerise. Ev tiştekî pir asayî ye. Ne cerahiya mêjî be?
Semayê bi kêf qîriya:
- Belê, cerahiya mêjî. Lê te ji ku zanibû?
- Ewilî ew hat bîra min, tesaduf.
Zilam ma sekinî, berê xwe da Semayê û got:
- Sema, te dît car heye mirov bêbîr dibe û hewl dide her tiştî ji nû ve bîne bîra xwe. Tu jî werê dibî?
Ev samîmiyeta zilam bi Semayê xerîb nehat, qethiyen di vî zilamî de tiştine nas hene. Pirsa wî pê ecêb nehatibû. Te digot, qey ew jî ji zûv de li ser vê yekê difikirî. Lê belê gava niha li ser fikirî gelek tişt xeyal meyal tên bîra wê. Ser çavên dê û bavên wê, hevalên wê bixwe jî wekî wêneyekî heşifî hatin bîra wê. Ev tiştekî pir ecêb bû. Gelo ev yek ji ber westandinê bû?
- Piştî ku te werê got, eynê min werê hîs kir. A rast tiştekî pir ecêb e. Dibe ku ji ber xebateke zêde be. Werê xuyaye nobetê şevê ez pir westandime. Ma tê serê te jî?

- Ne tim, lê wexta mirov betilandîbe, carina mêjiyê mirov diqerise.
- Cara ewil e tê serê min. Xwedêyo! Ev çi ye, pir hindik tişt tên bîra min, niha xwe pir ecêb hîs dikim. Tew bi ser de jî hewl didim te bînim bîra xwe. Niha wekî serê min ne bi min ve be. Aha mêjî suprîzên werê tîne serê mirov.
- Bi ya min tiştekî pir asayî ye. Di dema westandinê de bi her kesî re bêbîriyeke demborî çêdibe. An jî qezayeke trafîkê ya biçûk, trawmayek...
- Tu dibêjî qey ez hinekî nebaş im, gêja min diçe. Li wir bankek heye, gelo em dikarin rûnên? Jixwe navenda kongreyê jî li dawiya vê rêyê ye.
- Helbet em dikarin rûnên. Tu dibêjî qey min te westand?
- Na, ne ji ber wê ye. Cara ewil e werê ecêb hîs dikim. Serê min pir tevlîhev e, di nava mêjiyê min de komek fikir diçin û tên û bi rastî jî hemû lihevketî ne. Ez dibêjim hinekî bêhna xwe bidim wê baş bibe.

Bi hev re li ser bankê rûniştin. Qederekê neaxivîn. Jinikê dixwest hîn bibe bê ka ev ecêbiya hanê çi ye û dixwest bi xwe ve bê. Lê nikaribû tu tiştî jî bi cî bike. Gelek nav û bûyer zûzûka di nava serê wê de diçûn û dihatin, lê yekê jê jî nas nedikir. Bê guman ev nîşaneya xerabûneke derûnî bû. Diviyabû rojek berî rojekê biçûna cem derûnasekî. Ma ne hevalekî wê yê derûnas hebû... Navê wî çi bû? Kir nekir nehat bîra wê. Naxwe bi rastî jî rewşa wê nebaş bû.

Zilam got:
- Ne Celal be?
- Te got çi?
- Ez behsa hevalê te yê derûnas dikim. Dibe ku navê wî Celal be?
- Te got Celal?
- Belê, Celal.

Jinik, hinekî fikirî û dû re got:
- Na, hevalekî min î werê tuneye. Te Celal ji kû anî?
- Navê hevalê min ê derûnas Celal e. Min got, belkî hevalê me yê hevpar be.

Jinikê bihêrs got:
- Wa? Na, hevalekî min ê werê tuneye.
Dû re bi awayekî şaşmayî got:
- Baş e, lê min ji te navê hevalê xwe yê derûnas nepirsîbû!
Di vê navê re komeke qelebalix a xwendekaran dirûşme berz dikirin û ber bi navenda kongreyê ve dimeşiyan. Her diçû deng bilind dibû û ji nêzîka ve dihat.
Zilam pirsî:
- Gelo qey xwepêşandan heye?
- Werê xuyaye. Tu dibêjî qey xwendekar ber bi navenda kongreyê ve diçin. Dixwazî em vegerin, gelek polîs jî li wir kom bûne.
- Na, ez dibêjim em hinekî din jî nêzîk bibin û ji cihekî ewle ve lê binêrin. Yanî tu lê binêre, ez ê jî guh lê bikim.
- Ji bo te ne talûke be? Dibe ku polîs mudaxile bikin filan bêvan.
- Em ê ji xwe re li cihekî rûnên û lê binêrin. Ez pir meraq dikim, lê heger ji bo te cihê talûkeyê be, dixwazim heya dawiyê bisekinim. Tu dibêjî qey konferansê şermezar dikin.
- Çima?
- Wê Serokwezîr tevlî konferansê bibe; hem wî hem jî dekan şermezar dikin. Ez dibêjim qey berê îmzeya xwe danîbû bin danezana aştiyê û dû re betal kiribû. Ji bo vê jî ew kirine dekan. Loma xwendekar pir bihêrs in.
- Hela hela, çima min nebihîstiye? Dekanê fakulteya me ya zanistên civakiyî... çi bû navê wî?
- Celalê hevalê min, dekan ew e.
- Te got hevalê min?
- Belê, lewma em ji vê derê temaşe bikin.
- Baş e, naxwe em temaşe bikin.
Bi hev re çûn heya goşeya navenda kongreyê û dest bi temaşayê kirin. Qelebalixiya xwendekaran a protestoyî her diçû qelebalixtir dibû û dengê wan bilindtir dibû. Bi yekdengî dirûşmeya "Em dekanê altax naxwazin", "Bimire faşizm" berz dikirin. Di vê navê re li ber deriyê navenda kongreyê liv û tevgerek çêbû, polîs vir de wê de beziyan. Serokwezîr tevî artêşa parêzkaran ji avahiyê hat derxistin, li wesayîta meqamê hat si-

warkirin û zûzûka ji wir hat dûrxistin. Semayê ferq kiribû ku tiştine awarte diqewimin, lê dikir nedikir li ber nediket. Bi dû re çav bi yekî bicibe û ji pêş ve destê wî kelemçekirî ket ku polîsan ew bi erdê ve kaş dikir. Çawa çav li zilêm ket hêrs bû, lê nizanibû ji ber çi hêrs dibe. Gelo dekanê ku xwendekaran ew şermezar dikir ev bû? Fikirî û di dilê xwe de got, belê, mihtemelen ev e. Ji lewre xwendekaran niha jî berê xwe dabû wesayîtên polîsan, a ku dekan xistibûnê. Wexta zilam ji hundirê wesayîta polîsan li derve dinêrî û dikeniya, çavê wê bi wî ket. Dû re bi hengameyeke mezin ji banê navenda kongreyê tiştek ber bi jêr ve dişiqitî û vedibû. Wexta jinik zîvirî û lê nêrî, bawer nekir. Ev pankarteke pir mezin bû û li ser wê "JI ŞER RE NA" û li biniya wê jî Dekan Celal Karakûş nivîsandîbû. Dû re dît ku wesayîta polîsan bi rê ket. Gava wesayît bi rê ket çavê wê û zilamê tê de li hev man aliqî, çavê wê tije bûn.

- Lê... lê... Ev... Ev dekan Celalê me... Çawa werê dibe?
- Min ji te re gotibû, dibe ku Celal hevalê me yê hevpar be, naxwe nexafilîme.

Semayê zoq li zilamê ba xwe dinêrî û devê wê ji hev mabû. Êmin bû ku yê qasek berê li cem wê parêzerekî kor bû. Lê niha, niha...

Bi awayekî şaşmayî got:
- Bedirxan, tu kengî hatî vê derê?
- Ez tim li vê derê bûm, werê xuyaye te ferq nekiriye.
- Wa? Naxwe, divê em tiştekî bikin.
- Ji bo çi?
- Ji bo Celal.
- Ma çi ji destê me tê?
- Ew... qet nebe divê em parêzerekî bigirin, ma ne?
- Tu rast dibêjî Sema. Mesela em kê bigirin?
- Ez dibêjim em dikarin Mûtlû bişînin. Belê, em aniha telefonî wî bikin, bila biçe Midûriyeta Emniyetê, cem Celal.
- Mûtlû kî ye?
- Mûtlû... Mûtlû, parêzerek e; em telefonî wî bikin, bila biçe.

Zilam pirsî:

- Ma Celal nas dike?
- Na Bedirxan, nas nake. Lê divê hev nas bikin. Belê, divê hev du nas bikin. Lê Bedo, gelek tişt hene tu pê nizanî, ez ê dû re ji te re bibêjim. Gelo îja Mûtlû li kû ye?
- Baş e, naxwe em Mûtlû bibînin, bila biçe.
- Em wî bişînin, ecele Bedirxan.

23

Gava navber dan seansê, Semayê gazî Lîndayê kir. Wexta Lînda hat jê re got, "Lînda niha dora te ye." Lîndaya ku bîst û pênc sal bûn li benda vê kêliyê bû, hîs kir ku kutkuta dilê wê ye. Halbûkî nasîna xwe û keça xwe bi gelek awayî xeyal kiribû, lê yek ji wan jî nedişibiya kêlîka aniha. Semayê rahişt telefona xwe û telefonî Mûtlûyê kir. Piştî çend derban, ew dengê nermik ê Mûtlûyê hat bihîstin. Semayê got:
- Merheba Mûtlû. Înşele tu guncan î? Ez Sema.
- Ax, merheba Sema Xanim. Bi dengê te kêfxweş bûm. Geşedanan tim ji hevalên kafeyê hîn dibim. Min nedixwest telefon bikim û te nerihet bikim. Apê Bedirxan... yanî Bedirxan Xoce çawa ye, tiştekî nû heye?
- Hindik be jî hin tişt hene, lê zehmet e niha tiştekî qethî bibêjim. A rast, ev hinekî jî girêdayî alîkariya te ye.
- Te got, alîkariya min?
- Belê, Mûtlû. Girêdayî alîkariya te ye.
- Helbetî ji dil û can, lê ka ez ê karibim çi bikim?
- Niha dixwazim tu bi baldan guh li min bikî. Ez dibêjim qey tişta ku wê roja qezayê Bedirxan ji te re bigota dizanim.
- Bera dibêjî? Tu çawa hîn bûyî?
- Jixwe tişta ecêb jî ev e. Tişta wê Bedirxan ji te re bigota, ji Lîndayê hîn bûm.
- Te got, Lînda? Ew kî ye?
- Heger bixwazî ez telefonê bidim wê, bîzat jê hîn bibe. Lê vê jî bibêjim, tiştên ku tu yê bibihîsî pir girîng in; hem wê jiyana te biguherînin hem jî wê Bedirxan bi xelas bixin. Piştî te

bi Lîndayê re xeberda, wê daxwazek min hebe. Ez dibêjim jixwe te tiştên der barê Celal de bihîstine.
- Of, erê çawa! A rast kesî bawer nedikir, kes ne li benda tiştekî werê bû.
- Belê, em gişa heyr hiştin. Niha tu bi Lîndayê re biaxive û dû re divê ez der barê Celal de hin tiştan bibêjim.
- Temam Sema Xanim, li bendê me.
Ji henaseya Mûtlûyê dihat fêmkirin ku bê ka çi qasî biheyecan e. Lîndayê jî gava rahişt telefonê tiliyên wê direhilîn. Ji rehilandina tiliyên wê rageşiya lê peyda bûbû aşkere xwe dida der. Lîndayê xwest bi tenê be û loma tevî telefonê ji odeya seansê derket. Semayê jî li Bedirxanê ku bê liv û tevger razayîbû, nêrî. Berjora laşê wî tazî bû û bi elektrota nixumandîbû. Piyên wî heya ber navê bi rûberekê hatibûn nixumandin. Di nava du mehan de hema bibêje Bedirxan bi qasî deh kîloyan zihîf bûbû û pir jar bûbû. Çilmisîbû. Ne ji wê îfadeya nermokî ya wechê wî bûna, wê tu ferqa wî û miriyan ji hev tunebûna. Ji ber ku tim li ser nivînê bû, ji bo birîn li canê wî çênebin hin tevdîrên tibbî digirtin. Semayê kêliyekê fikirî ku wê ji nişkave çavên xwe veke û xwe li ser sedyayê rast bike; ji bo Semayê baweriya bi vê yekê û bendewariya vê yekê jî pir xweş bû. Çawa be jî hêvî hesteke ku ji dilxweşiyê xurtir, mayîndetir û hilberînertir bû. Belkî Bedirxan şiyar bûbûna û bi hev re biçûna malê. Lêhûrbûna li ser vê yekê bixwe jî heyecanek li Semayê peyda kiribû. Lê niha tiştên ku bikirana hebûn û diviyabû li ser wan hûr bûbûna.

Axaftina Lîndayê ya bi Mûtlûyê re bi qasî çil deqeyî dewam kir. Gava vegeriya, hingî giriyabû çavên wê sor bûbûn. Lê belê ji rengê wechê wê diyar bû ku pir rihet bûye. Hevdîtina wan baş derbas bûye û çendî ku Mûtlûyê ewilî şaş maye jî bibêdengî guhdar kiriye û di dawiyê de gotiye, "Ji bo ez li ser van tiştan hûr bibim, wext lazim e. Teqez ez ê telefonî te bikim. Niha nizanim ez ê çi bibêjim, lê dîsa jî li nava dilê min kêfeke pênaseya wê zehmet û dilşikestî heye." Gava Lîndayê ev tişt ji Semayê re digotin heman heyecan û coş cardin xwe lê digir-

tin û nava çavên wê yî şilopilo diçirûsîn. Semayê jî bi vê enerjiya ku ji Lîndayê berbelav dibû xwe baştir hîs kir. Rahişt telefonê û cardin telefonî Mûtlûyê kir. Mûtlûyê di cî de vekir û got:
- Merheba Sema Xanim.
- Cardin Merheba. Belê, divê ji bo te rojeke dîrokî û zor be, nizanim ez ê çi bibêjim. Gelo divê ji bo te dilxweş bibim an na? Mûtlûyê jî weku dixwaze êmin bibe got:
- Sema Xanim, ev tişt hemû bera ne?
- Mûtlû, ez dibêjim qey rast in. A ku te pê re xeberda dêya te bû.
- Mûtlû bi dengekî biheyecan û lerzok got:
- Wekî te jî got, rewşeke pir zehmet e Sema Xanim. Niha hestine lihevketî li min peyda bûne. Mirov bawer nake. Ji nişkave ez ji xwe dûr ketim, bûm yeke din. Tiştên bîst û pênc sal in hînî wan bûme, ji nişkave helohûr bûn. Aliyeke min ji kêfa hindik maye bifire, aliyek min jî bi qilqal û fikar e. A rast hemilandin û hînbûna vê yekê wê ne rihet be. Şaş mame. Nizanim ez ê çi bikim û çi bibêjim. Min qet werê xeyal nekiribû. Hema ji te re rast bibêjim, min digot rojekê wê Apê Bedirxan bibêje ez bavê te me û difikirîm ku dêya min miriye. Min xwe ji bo vê hazir kiribû. Belkî jî ew dilovaniya bavtiyê ya Apê Bedirxan ez ber bi vê fikrê ve hil kiribûm. Lê niha, Xwedêyo, hîn dibim ew zilamê ku ev du sal in ez û Apê Bedirxan pir jê adis bûbûn, bavê min e. Têgihiştina wê pir zehmet e, dêya min û bavê min ha... Ev têgih, pir bi min xerîb tên.
- Mûtlû, ev tiştekî pir asayî ye. Wê ji bo axaftin û nîqaşkirina van tiştan pir wextê te çêbibe. Têdigihêm bê çima halê te yî ruhî çima tertûbelav bûye, lê daxwazek min ji te heye ku divê zûzûka pêk bînî. Ji bo tedawiya Bedirxan, çi qasî lez bikî ew qasî baş e.
- Helbet, ez amade me.
- Niha dixwazim biçî navenda destgîrkirinê û her tiştî bi Celal re biaxivî û bibî parêzerê wî û dû re daxuyaniyekê bidî. Ez ê li benda xebera te bim.
Mûtlû, bêyî ku dudilî bibe got:
- Sema Xanim, rihet be, çend saetê dinê ez ê hemûya hel bikim. Ez ê telefonî te bikim.

209

- Temam, ez ê li benda te bim Mûtlû. Qewet be; dixwazim tu biqewet û bimoral bî.
- Dizanim, wê pêdiviya min pê hebe.

Mûtlû, gava li odeya biçûk û bêhewa ya Midûriyeta Emniyetê sekinîbû, ji heyecana nigên xwe dihejand û tiliyên xwe li maseyê dixist û guhdariya tîkîniya wan î bêtertîp dikir. Wexta derî vebû, heyecana li ser xwe nixumand û rabû ser xwe. Bi hêviya ku dengê wê nelerize pirsî:
- Celal Beg?

Celal jî çawa ku çav lê ket ew nas kir. A rast ne li bendê bû, lê ji ber ku parêzera Bedirxan dîtibû kêfxweş bû. Bi destê ku Mûtlûyê dirêjî wî kir girt û li ser sendelyeya li wî aliyê maseyê rûnişt.

Gava polîsê ku Celal anîbû derket derve, her du bi tena serê xwe man.

Celal got:
- Bi hatina te kêfxweş bûm.
- Nizanim ez bibêjim derbasbûyî be yan bibêjim te pîroz dikim?
- A dudoyan bi dilê min e.

Ji dengê Celal kifş bû ku rihet bûye û dilxweş e.
- Baş e, bila werê be.

Mûtlûyê xwe bêçare û tengezarî hîs dikir. Ev zilamê ku dê parêzertiya wî bike û di warê hiqûqî de alîkariya wî bike, yanî muwekîlê wê, bavê wê bû û wê qasek şûnde ev yek jê re bigota. Bavê wê yê tune, bavê wê yê bîst û pênc sal in winda, bavê wê yê di rojên herî zor û zehmet de terka wê û dêya wê kirî, bavê wê yê bûye sebeba ku li sêwîxaneyan bê kes û kûs mezin bibe, bavê wê yê bêwijdan, bavê wê yê îmzeya xwe betal kiribû, îro bi axaftina xwe rojev serobino kiribû, bavo Celal... Ji kûr de bêhn stend.

- Berî mijarên hiqûqî, meseleyeke hîn girîngtir heye, divê em pêşî wê hel bikin.

Celal, li vî wechê ku cara ewil çav lê ketibû û jê re pir nas dihat, bi baldan mêze kir. Aniha ev wechê nas şidiyabû; lêvên wê û destên wê yên li ser maseyê dilerizîn. Celal fêm kir ku tiştekî eceb heye.

- Qey pirsgirêkek heye? Qey der barê Bedirxan de ye?
- Na, Apê Bedirxan baş e, wê baştir bibe. Lê bi saya vê hevdîtinê wê baştir bibe.
- Min fêm nekir.
- Ez ê bibêjim.

Piştî saeteke li odeya hevdîtinê ya parêzer, destên Celal li ser maseyê bi hev ve zeliqîbûn, serê wî di ber wî de, hingî giriyabû çavên wî sor bûbûn û bêdeng bû. Ji goreke ku bîst û pênc sal berê ser wê girtibûn, ji koncaleke ku sûcên xwe tê de veşartibûn Lînda û keça wê û Mûtlû derketibû. Cinayeteke ku bi awayekî adî kiribû, axirê derketibû holê û niha xwe wekî kujerekî hîs dikir. Ne li bendî tiştekî werê bû, lê fikirî ku di heqê wî de ye; çi xeber, çi tawanbarî û çi heqaret hebin gişa heq kiribû. Lê belê Mûtlûyê yek jê jî nekiribû. Heger bikirana belkî rihet bûbûna. Çîrok ji serî heya binî wekî tiştekî asayî vebêje, bi xwînsarî gotibû. Werê xuyabû nedixwest li vê derê, li odeya parêzer dilê xwe rihet bikira. Wê paşê lê vegeriyana. Aniha ji bo wê ya girîng ne ew bû, ne jî bavê wê yê nikîtop bû. Tenê li Bedirxan difikirî. Li apê xwe Bedirxan ku bi salan jê re bûbû per û bask. Celal jî her ku li ser van tiştan difikirî xwe hîn bêtir xirab hîs dikir. Li ber wî, keça wî rûniştîbû; asas diviyabû wê hemêz bike, maç bike, bêhna wê bikişînda hinav û dilê xwe, dawa lêborînê lê bikira, lê ditirsiya ku gava wê hemêz bike wê qirêj û xirabiya wî, bi wê ve jî bizeliqe. Ma gunehê wê çi bû? Keça wî mafdar bû, lê aniha dema Bedirxan bû, divê ji bo wî tiştina bikin... Rabû ser xwe, ber bi derî ve çû. Berî ku polîsê li wî aliyê camê bê û derî veke, cara dawî xwe bi hev da, devê xwe yê bi hev ve zeliqîbû bi zorê vekir û bi kelogirî got:
- Heger firsend têkeve destê... Fersendekî min ê biçûk... Ji bo xwe bidim efûkirin...

Celal, nikaribû hevoka xwe temam bike. Polîsan derî vekir û ew birin hucreya wî.

Ber Midûriyeta Emniyetê ji rojnamevanan xalî nedibû. Gava dîtin Mûtlû tê, hemû liviyan.

Wexta Mûtlû tevî çend hevalên xwe yên parêzer ên li derve

li benda wê bûn hat cem wan, mîkrofon hemû ber bi aliyê wê
ve hatin dirêjkirin. Bi dengekî pêbawer kin birî.
- Muwekîlê min pir baş e û bibiryar e. Bawer nake tişta ku
kiriye sûc e û mafdar e jî. Li pişt gotinên xwe ye, lê ji ber ku ev
yek hinekî dereng kiriye xemgîn e. Silav li hevalên xwe yên
akademîsyen hemûyan û bi taybetî jî li Bedirxan Xoce kir. Em
parêzerên wî, me îtirazên xwe kirin. Em li bendê ne muwekîlê
me demildest bê berdan. Heger ji vê derê neyê berdan, wê
çend saet şûnde sewqî dozgeriyê bê kirin. Em bawer dikin ku
em ê muwekîlê xwe ji edliyeyê bigirin. Herî dawî... Dixwa-
zim vê bibêjim, ji ber vê helwesta wî, bi bavê xwe yanî bi Prof.
Celal Karakûş serbilind im.

Sema û Lînda jî li ser medyaya sosyal axaftina Mûtlûyê bi
awayekî zindî temaşe kiribûn. Nava çavên her duyan jî diçi-
rûsîn. Lîndayê jî ji ber ku keça wê ev qasî bihêz bû, nexwest şa-
naziya ku xwe lê girtibû veşêre. Ji bo vê jî herî zêde minêkariya
Bedirxan dikir. Werê hîs dikir ku wê her tişt xweştir û baştir
bibe. Piştî daxuyaniya Mûtlûyê bi dawî bû, şaşwaziya heva-
lên wê yê parêzer û dilxweşiya li nav çavê Mûtlûyê ji bo Lîn-
dayê tiştekî mikemel bû. Piştî daxuyaniyê Mûtlûyê telefonî
Semayê kiribû û hûrgulî jê re vegotibûn. Her tişt di rêya xwe
de xuya dikir. Aniha jî dor hatibû ku van tiştan hemûyan ji Be-
dirxan re vebêje. Ev qisim wê ne zehmet bûya. Her diçû bîra
Bedirxan xurtir dibû û ev jî karê wan siviktir dikir. Lînda, der-
ket derve û xwest amadekariyên seansê dest pê bikin. Piştî
çend deqeyan ronahî tefiyan û vingînî bi amûrê ket.

Gava Semayê çavên xwe vekirin li ber Midûriyeta Emni-
yetê bû; li pişt rojnamevanan, guh li daxuyaniya Mûtlûyê
dikir. Bedirxan jî li cem wê bû. Wexta guh li daxuyaniyê dikir,
hişka bi destê Bedirxan digirt û nedixwest heyecena xwe bide
der. Wexta axaftina Mûtlûyê qediya, çavên Semayê şil bûbûn
û bi vî awayî xwe avêt stuyê Bedirxan.

- Aha dilê min, tişta ku min dixwest ji te re bibêjim ev bû:
Mûtlû keça Celal e!

Aniha, di xeyalê de umrê Sema û Bedirxan di ser sî salan re

bû. Ev jî elameta xêrê bû, naxwe wê hîn bêtir tişt bihatana bîra Bedirxan. Piştî daxuyaniya Mûtlûyê li ser pêya hinekî pê re axivîn û xwestin rewşa Celal hîn bibin. Semayê zûzûka Bedirxan û Mûtlûyê bi hev da naskirin û got, wê her tiştî li malê jê re bibêje. Li benda Mûtlûyê bûn jî ku di nêz de were mala wan û bi hev re xwarinê bixwin. Li ber Midûriyeta Emniyetê ji hev veqetiyan. Ew bi aliyekî de, Mûtlûyê bi aliyekî de çû. Hindik mabû tarî bikeve erdê. Qerar lêdan ku biçin mala xwe. Semayê xwest seans bi dawî bibe.

24

Gava navber dan seansê êdî Semayê pir bihêvî û biheyecan bû. Bêsebr li benda seanseke dinê bû. Lê belê komê dixwest hinekî din jî bêhna xwe vedin. Îro jî hinekî din pêş ve çûbûn, loma nedixwestin bi xetere tev bigerin. Heger îro bi seanseke dinê jî tiştek bi dest wan nekeve, sibê yanî roja dawî wê derfetên di dest xwe de hemûyan bi kar bianiyana û tedawiyê bi dawî bikirana.

Piştî sê saetên vehesandinê gava cardin ode tarî bû û vingînî bi amûrê ket, çavên xwe li mala xwe vekirin. Di seansê de Semaya ku li ser sedyeyê dirêjkirîbû, êdî bêtir rê li ber xeyalê dixist. Aniha di wê kêlîka roja qezaya Bedirxan de bûn. Armanca Semayê, wê tevlîheviya ku ji ber Denîzê rû dabû, ji hev veçirîne.

Dem, şeveq bû. Wexta zarokan ji bo çûyîna dibistanê haziriyên xwe dikirin, wan jî tiştên ji bo taştê amade kiribûn ji metbaxê dibirin ser maseya li hêwanê. Jinik pir bêdeng bû, bi her awayî kifş bû ku diqilqile. Dengê zarokên ku pev re henek dikirin ji hêwanê dihat bihîstin. Ji ber ku zilêm ferq kir ku jinik diqilqile, hewl da wê rihet bike.

Zilam biken got:

- Sema, tu pir biheyecan î. Dixtor xanim, rihet be, dibe ku di emeliyatê de bi kêrî min bêyî.

Sema, ji ber ku ferq kir weziyata wê xwe dide der, bitelaş got:

- Na canê min, ez pir rihet im. Bê guman wê emeliyat pir baş derbas bibe. Tenê…

- Belê?

- Nizanim, gelo ma tu dibê bila zarok îro neçin dibistanê? Em ê telefonî Zelîxayê bikin, bila zûzûka were, em ê jî herin nexweşxaneyê. Ma nabe?

Piştî ku zilam qilqaliya di jinikê de fêm kir got:
- Dibe, em ê bahaneyekê bidin ber wan.
- Temam, em werê bikin. Çimkî hîseke ecêb xwe li min girtiye.

Semayê, çû cem zarokan û ji wan re got, wê îro neçin dibistanê. Zarokan ewilî hinekî îtiraz kir, lê ji mecbûrî qebûl kirin. Taştêya xwe xwarin û bi hev re heya nîvro li malê man. Sema û Bedirxan, nîvro zarok teslîmî Zelîxayê kirin û çûn nexweşxaneyê. Bi vî awayî wekî ku qeza derbas nekiribin. Axirê Denîz sax bû û êdî Bedirxan hay ji vê hebû. Di rê de ji xeynî emeliyatê bi kêf û coş li ser gelek tiştan sohbet kirin. Jinik rihettir xuya dikir, lê belê gava gihîştin nexweşxaneyê cardin qilqilî. Li nexweşxaneyê, li odeya Semayê bîskek din jî sohbet kirin û beriya emeliyatê dilrihet bûn. Zilam fikirî ku her diçe wext nêz dibe û biryar dabû ku divê rastiyê ji jinikê re bibêje. Wê ne rihet bûna, lê diviya bû ji cihekî dest pê bikira. Ji bo jina di xeyalê de yanî tiştên ku dê Bedirxan bi wan re rû bi rû bimîne, matmayî nemîne, dua dikir.

Zilam bi dengekî pêbawer got:
- Sema, cana min, ruhê min. Divê der barê hin tiştên girîng de, çend tiştan ji te re bibêjim. Lê çi dibe bila bibe divê tu bi min bawer bî û naxwazim xwe sist bikî. Helbet wê gotin ne rihet be. Lê ez ê biceribînim. Tenê naxwazim tu ji ber tiştên pê re rû bi rû bimînî bertekê nîşan bidî û dev ji guhdarîkirinê berdî.
- Tu çi dibêjî Bedirxan? Min tu tiş fêm nekir. Ev çi gotinine xerîb in? Qasek dinê em ê te têxin emeliyatê û hîn jî tiştine te ji min veşartine hene, he?
- Na na, ne der barê min de ne. Der barê te de ne.
- Te got, der barê min de?
- Rabe ser xwe, dixwazî em bi hev re biçin odeya beşa awarte. Belkî li wir, ligel tiştên tu wan bibînî baştir bibêjim. Tenê tiştekî ji te dixwazim, bes ne tirs e û guh li min bike. Dixwazim soz bidî, çi ji destê te bê tu yê bikî.
- Ji gotinên te tu tiştî fêm nakim.

- Soz didî yan na?
- Temam soz... çi diqewime Bedirxan?
- Were, ji te re bibêjim.
Bi hev re rabûn ser xwe û heya odeya beşa awarte meşiyan. Bedirxan, bi destê Semayê girt û berî ku derî veke got:
- Sema, tu amade yî?
- Temam, lê hêvîdarim ne tiştekî ku pê adis bibim.
Wexta bi hev re ketin odeya beşa awarte, jinik qîriya û di cî de sar bû, ma sekinî. Gava bi her du destên xwe devê xwe girt ku deng jê derneyê, geh li Bedirxan dinêrî geh jî li nexweşê li ser nivînê.
Bedirxan got:
- Ji kerema xwe re sakîn be. Ma ne te soz dabû.
- Lê... Lê ev... Xwedêyo! Bedirxan, tu henekê xwe bi min dikî? Ev çi ye? Çawa dibe?
- Sema, tu dizanî çi ye, lê tu naxwazî bînî bîra xwe.
- Te got, bibîranîn?
- Belê, bibîranîn.
- Çi Bedirxan? Divê ez çi bînim bîra xwe? Tu... Tu... Ev zilamê li ser nivînê kî ye? Çima ev qasî dişibe te? Bedirxan tu kîjan î? Ê li nav nivînê tu yî?
- Na Sema, a li nav nivînê tu wî.
- Te got, ez?
- Belê, tu yî. Were li vê derê rûnê, nebî nebî xwe sist neke. Ji kerema xwe bi min bawer be. Ez ê her tiştî ji te re bibêjim. Tenê hinekî zorê bide bîra xwe. Tu yê bibînî bê çawa her tişt baş dibe.
- Bedirxan, ez tênagihêm. Tu tiştî jî fêm nakim.
Her du li ser banka li ber odeya beşa awarte rûniştin. Zilam, behsa dema qezayê kir. Jinik carinan dikeniya, carinan jî wekî ji tiştên tên gotin fêm nake henekê xwe pê dikir. Lê belê zilam bi awayekî cidî û bisebr dewam kir. Jinikê tiştên di du mehên dawî de qewimîne hemûyan guhdar kir û bitinazî got:
- Yanî tu dibêjî, em di nava hişê min de û di xeyalekê de ne. Tu ez im, ez jî tu. Yanî ev tiştên qewimîn yek jê jî nerast e, ne werê?

- Dizanim, bawerkirin zehmet e. Mêjiyê te tiştên niha diqewimin hemûyan wekî rastiyê qebûl dike. Ji ber ku îdraqkirina me ya der barê tiştên derve de ji aliyê mêjî ve eynî bi vî awayî, bi fealiyeteke hişî tê şixulandin, mêjiyê te jî rastî û xeyalê ji hev dernaxîne. Wexta em xewnê dibînin qethiyen em nizanin ev xewn e, heta em şiyar nebin. A te ne xewn e, tenê tu xeyalan çêdikî lê ji ber ku bîra te stewr bûye û tu di komayê de yî, tu nizanî ev xeyal e. Ji bo vê jî divê tu çavên xwe vekî û hişê xwe şiyar bikî. Ev, xeyala me ya hevpar e; ez ji bo aliyê te bikim li vê derê me. Aniha divê tu jî zorê bidî xwe û pê bawer bikî. A rast tu niha ne li ser vê nivînê yî. Cana min, tam tu du mehan li vê beşa awarte razayî û di asasê xwe de em her du jî li Zurîhê li klînîkekê ne. Aniha çavê xwe bigire û wexta min got veke, tu yê vebikî. Hadê, bi ya min bike û çavên xwe bigire, bê ez di xeyala me de te dibim kû derê.
Jinikê bê hemdê xwe çavên xwe vekirin. Gava Bedirxan jê re got veke, vekir. Pêşî bawer nekir. Bi destan çavên xwe firkand. Bawer nekir. Li ber wê, ew û Bedirxan li kêleka hev li ser du sedyeyan dirêjkirî û serê wan di hundirê amûreke giloverî mezin de bû. Ji navê berjortir li ser laşê her duyan û li ser qoqê serê her duyan elektrot hebûn. Di serê wan de kaskeke şefaf hebû. Zilam got:
- Aha cana min, em her du jî aniha li vê derê ne. Bedirxanê li vê derê dirêjkirî tu wî, yê dinê jî ez im. Em ne li bendê ne ku ev qisim bê bîra te, lê divê tu ji vê derê ve paş ve biçî û her tişt bê bîra te.
Jinikê bi dengekî lerzoke got:
- Yanî tiştên niha em dijîn jî xeyal in?
- Belê, hemû. Xeyala me ye hevpar e, lê piranî jê aydê min e. Axirê her diçe bêtir daxilî nav xeyalên te dibim. A rast te qet ev der nedîtiye.
- Baş e, hadê em bibêjin tu rast dibêjî, lê ez ê çawa ji vê derê derkevim?
- Cana min tu yê çavên xwe vekî û derkevî; divê tu bi awayekî tiştên li derdora te diqewimin bibînî, bibihîsî yan jî bi

awayekî îdraq bikî. Divê tu li ser derketina ji nava vê xeyalê hûr bibî û ji bo pêwendiya bi cîhana derve re xwe qaneh bikî. Wê ji derve dermanan jî bidin te. Ez ê tim li cem te bim. Lê belê her diçe wextê me kêm dibe. Cana min, ji kerema xwe heya ji te tê zorê bide hişê xwe.

- Bedirxan, ne mimkun e mirov pê bawer be. Hişê min nagire. Ez nizanim ez ê çawa tiştên tu dibêjî pêk bînim.

- Aniha em ê amûrê bigirin û qasek şûnde dest bi seanseke nû bikin. Heger tu tiştên me niha xeberdan û dîtin ji bîr nekî, wê di seansa nû de her tişt baş bibe, lê helbet ev girêdayî te ye. Tu amade yî?

- Nizanim, ma yê mirov ji bo tiştekî werê çawa hazir be?

- Tu yê bibînî.

Semayê ji bo bidawîbûna seansê îşaret da komê. Tevahiya koma lêkolînê bi heyecan berê xwe da odeya seansê. Tespît kiribûn ku fealiyetên biyoelektrîkî yên di mêjiyê Bedirxan de pir zêde bûbûn û pêwendî bi gelek deverên mêjî re datanîn. Diviya bû pêşvetir biçûya; heta li bendê bûn ku Bedirxan çavê xwe veke. Semayê jî der barê merhaleya ku gihîştibûnê hin agahî bi komê re parve kirin. Di seanseke dinê de gerek tu trawma û nakokî nemana. Trawmaya Bedirxan a der barê Denîzê de jî wekî ku qet neqewimîbe, bi awayekî serkeftî dabûn der.

Aniha diviyabû êdî Bedirxan vegeriya bedena xwe û nêzî bîrbiriya rasteqîn bûbûna. Bi vî awayî pêkan bû ku çavê xwe veke û hişê xwe bixista nava liv û tevgerekê.

Piştî bêhnvedaneke demkurt, ji bo seansê cardin biryar girtin. Piştî vingîniyê, ewilî Bedirxan çavên xwe vekirin. Derdora wî tarî bû, tenê dengê vingîniyê dihat. Mihtemelen li odeya qasek berê çav pê ketibû bû û di hundirê amûrê de bû. Gazî Semayê kir:

- Sema, cana min, dengê min tê te?

- Belê Bedirxan, deng tê min. Li vê derê me delalê min.

- Sema, min çavên xwe vekirin. Min bi ya te kir, tu dibêjî qey bi ser ketim.

- Ax canê min, em ji derheqê merhaleyeke din jî derketin.

Em ber bi başiyê ve diçin, bi rastî bawer dikim ku te çavên xwe vekirine. Lê binêr, qet nebe ne bi bedena min, tu bi bedena xwe xeyal dikî. Ev tiştekî pir girîng e.

Bedirxan ê ku di seansan de xwe tim wekî Semayê xeyal dikir, êdî xwe wekî xwe xeyal dikir.

- Temam, min çavên xwe jî vekirin, niha di hundirê amûrê de me.
- Te vekir, lê tu dikarî ji hundirê amûrê werê hêdîka li derve binêrî?

Gava Bedirxan ji bo di valahiya amûrê re li derve binêre çavên xwe li ser hev qelaptin, ecêbmayî ma, bawer nekir. Semayek din û Bedirxanek din li derve, li kêleka hev rûniştine û li wan dinêrin.

Bedirxan, bi awayekî şaşmayî got:
- Sema, îja ev çi ye?
- Bedo, hîn jî em di nava xeyalê de ne. Te çavên xwe tenê di xeyalê de vekirine, ji bera venekirine. Niha gava li me dinêrim, halê me xeyal dikim. Tu jî heman tiştî dibînî.

25

Kom, li wî aliyê camê li odeya seansê dinêrî. Bi heyecan û meraqeke mezin li ser liv û tevgereke ku dê li hundir biqewime hûr bûbû. Di ekranên li ber wan de, sinyalên ji mêjiyê Bedirxan dihatin zêde bûbûn. Di pêwendiya navbera noronan û herikîna wan a ber bi kaska sûnî ve jî tu pirsgirêk rû nedidan. Daneyên mêjiyekî sax di ekranan de xwe dida der. Êdî îhtimala ku nexweş bi temamî were ser hişê xwe û liv û tevgerên wî yên laşî çalak bibin pir zêde bû. Qedereke din jî bi baldan temaşe kirin. Bedirxan qet nediliviya. Di vê navê re pêwendiya di navbera Bedirxan û Sema de dewam dikir.

- Sema, baş e lê ji vî qeysî bêtir nikarim çavên xwe vekim.
- Mêjiyê te hîn jî nikare rastiyê cîhana derveyî û ya di xeyalê de ji hev bike. Lê dîsa jî divê hişê te bi temamî bi cih bûbe. Her tişt tê bîra te ne werê?
- Belê tê bîra min, lê ya ku tiştên tê bîra min xeyal bin?
- Naxwe em test bikin. Min û te cara ewilî li kû derê hev du nas kir?
- Ewilî… Li Viyanayê em ji operayê derdiketin. Te kincekî reş û milên wî bitûl li xwe kiribû. Li serê te jî şewqeyeke bordo û kêlekên wê bikulîlk hebû. Henekan dikim, xwe adis neke. Ewilî me li kafeya li kêleka zanîngehê hev du nas kir.
- Aferim ji te re henekbazo. Baş e, lê tiştên der barê Mûtlû, Celal û Lîndayê de jî tên bîra te?
- Belê, lê kîjan xeyal e, kîjan î rast e, aniha nikarim ji hev derxînim.
- Tiştên herî dawî qewimîn, yanî tiştên te di xeyalê de dîtin,

hema bibêje hemû qewimîn. Min tenê tiştên qewimîn ragihandin te.
- Baş e... Denîz... Min der barê Denîzê de hin tişt hîs dikirin. Kîjan jê rast in?
- Bedirxan, jixwe tişta tu lê heyr mayî ew bixwe bû. Me di xeyalê de tiştên roja qezayê qewimîn guherandin, me her duyan jî wekî ku neqewimîbe kir. Tu tiştekî Denîzê tuneye. Tenê çend cihên wê çilhitîne û hew. Lê ez dibêjim qey te bawer kiriye ku miriye.
- Nayê bîra min, bê min bi çi bawer kiriye, lê tu dibêjî qey piştî qezayê tiştekî xera bûbû, werê tê bîra min.
- Me dizanibû ya ku bîr û hişê te betal kiribû ev bû. Lewma em tim li ser wê nuqteyê hûr bûn. Lê belê pirgirêka mezin, hişê te bi cî bûye, lê hîn jî bi ser xwe ve nehatiye. Aniha divê em seansê bi dawî bikin û tevî komê binirxînin. Gava tu bêyî dixwazim vî tiştî hûn bibim: "Wexta amûr girtîbe tu dikarî xeyal bikî û bifikirî û gava amûr vedibe û ez ji kû ve daxilî nava xeyalê dibim?" Em van ji hev derxînin. Ez ê aniha herim, lê qasek şûnde ez ê cardin bêm.
- Yanî tu yê herî bi komê re biaxivî û ez ê jî li vê derê rakevim. Bi dû re tu yê werî û pêwendiyê bi mêjiyê min re deynî, ne werê? Bi rastî jî tiştekî ecêb e.
- Belê, eynî werê ye. Lê meraq neke, ez narim cihekî pir dûr. Ji cihê lê dirêjkirî me bi komê re diaxivim.
- Temam, ez ê li benda te bim. Ma ez ne li benda te bim jî ez ê bi kû ve biçim.
- Canê min, hindik ma, em ê bi hev re ji van deran biçin. Di vê navê re tê bîra te, te di rojbûna min a borî de ji min re çi kirîbû?
- Off! Her cara tu keysê lê tînî, tu didî ruyê min. Temam, min rojbûna te ji bîr kiribû lê ez ê bi hawayekî telafi bikim.
- Na, şaş fêm neke. Min tenê hişê te test kir, hadê bi xatirê te.
Semayê merhaleya heyî dûr û dirêj bi komê re nîqaş kir. Îro wê seanseke din jî bikirana, ew ê jî ji derve bi dermanan û sinyalan aliyê wê bikirana. Di heman demê de jî wê ji derve ve bi awayekî fizîkî temasî laşê Bedirxan bikirana û wê zanibûna bê ka hîs dike yan na. Her diçû dema wan jî kêm dibû. Sibê, roja

dawî ya seansan bû. Heger encamek bi dest nexistana jî wê bi dawî bikirana. Jixwe careke din dubarekirina heman tiştî talûke bû. Lewma mecbûr bûn seansa xwe ya dawî baş binirxandana. Sema, di dema seansê de wê Bedirxan tim bidana xeberdan û di navbera xeberdanê de jî wê tim bibîra wî bixista ku ev xeyal e û jê bixwesta ku zorê bide mêjiyê xwe û bala xwe bide ser liv û tevgerên laşî. Heger Bedirxan hema tiliyek xwe jî bileqanda, dibû ku îdraqkirina wî ya rasteqîn baş bûbûna. Her wiha dixwestin bêyî amûrê jî bibînin bê ka aktîvîteya fikrî didome yan na. Ji lewra li gor sinyalên ji elektrotên bi qoqa serê Bedirxan ve, gava amûr girtîbû jî mêjî bi awayekî çalak xuya dikir. Piştî amadekariyan ode tarî kirin. Pêşî vingîniyek sivik, bi dû re...

- Va ez hatim canê min.
- Belê, te dibînim. Hîn jî em li vê derê dirêjkirî ne. Te ji kêleka amûrê ve dibînim, tu jî min dibînî?
- Belê, bi heman awayî. Ev xeyala me ya hevpar e. Lê gava amûr girtîbû, te dikarîbû bifikire?
- Belê, te digot ez li odeyeke tarî û bêdeng dirêjkirîbûm. Min ji derve tu deng nedibihîst, lê ewilî dengê te hat min û wê çaxê min fêm kir ku te bi amûrê ve girêdane. Wê kêlîkê te digot qey ji nişkave lembeyên odeyê vêketin û min tu dîtî. Her tişt werê bi min normal hatin. Weku pir di ser re neçûbe, çawa çûyî û werê jî hatî. Min dizanibû tu çûyî cem komê û tu bi wan re diaxivî. Ez li benda te bûm. Di vê navê re fealiyetên min î fikirî jî dewam kirin. Li ser zarokan, hevalan filan bêvan fikirîm. Yanî her tişt bi min pir rasteqîn tên.
- Temam, têdigihêm. Di vê navê re wê ji derve ve bi awayekî fizîkî temasî laşê te bê kirin. Te kengî hîs kir ji min re bibêje.
- Gerek bi edetî hîs bikim?
- Li gor hemû daneyan divê tu hîs bikî. Mixabin em nizanin bê ka pirsgirêk çi ye. Di vê navê re tu jî hewl bide ku dest, tilî û nigên te bileqin.
- Jixwe ez dikarim bileqînim.

Bedirxan, destekî xwe bilind kir.

- Tew dikarim ji vê derê jî rabim ser xwe.

Serê xwe ji amûrê derxist û elektrotên li ser xwe rakir û ji ser nivînê daket xwarê.
- Sema, ji bera jî min ev tişt kirin an na?
- Mixabin, na. Aniha tu hemûyan di xeyalê de dikî.
- Çima ez ferq nakim. Belkî jî ez ji bera werê dikim, lê tu xeyalan dibînî.
- Îja ez ê hewl bidim tu bi vê bawer bikî? Aniha, ji xwe re xeyal bike tu li devereke cîhanê yî. Hela bê yê çawa be.
- Ez kû derê bixwazim, dibe ne werê?
- Biceribîne û bibîne.
- Himm...
Kêliyek şûnde her du jî tevî mayoyên xwe di behrê de bûn.
- Çawa ye? Bedo, av xweş e ne werê?
- Bawer nakim, em çawa hatin vê derê?
- Ma te ev yek xeyal nekir?
- Belê, a min xeyal kir ev bixwe bû. Yanî ev qasî hêsan e? Çi bixwazim dikarim xeyal bikim, ne werê?
Sema hinekî xwe adis kir û got:
- Bila haya te ji tişta ku xeyal dikî hebe. Çimkî gava di amûrê de bim, ez jî bi te re têm. Ji bîr meke, ev xeyala me ya hevpar e.
Bedirxan bi bişirîneke xasûk got:
- Ma nabe, ez bi tena xwe biçim çend deveran?
- Bedoo! Ma tu nabînî em te tedawî dikin. Welehînê ez ê dev jê berdim û biçim ha!
- Heneka dikim cana min. Ma ez ê bêyî te bi kû ve biçim.
- Wele qerisîm, me ji nava vê behrê derîne.
Bedirxan, wekî forsa xwe bike got:
- Tu daxwaziyek te heye? Hema bes bibêje erê.
Semayê got:
- Ferq nake.
Kêliyek şûnde got:
- Bedirxan, tu Xwedê ma tu çûyî hatî te ev der dît?
- Çima? Ma te tim nedigot dixwazim li Venedîkê bi gondolê bigerim?

- Hela li dora xwe binêre, ma ev der Venedîk e? Em li cihekî wekî Tayland an jî Senegalê ne.
- Na lê! Qet nebe em di gondolê de ne.
- Lê binêre dikarim bileqînim.
- Ne werê, sedyeyê bileqîne.
- Lê binêr çawa dileqînim, ma wekî din hîn ez ê çi bikim?
- Me bibe cihekî hîn tenhatir, lê bila cihekî ku em karibin bi rihetî biaxivin.

Kêliyek şûnde li Mîr Kafeyê bûn.
- Oktay, ruhê min du heb çay ji me re bîne.
- Bedirxan, wextê me pir hindik maye. Lê tu qet tiştekî nakî. Sibê wê piştî çend seansên din tedawî bi dawî bibe. Careke din Xwedê zane bê kengî wê firsendeke werê bi dest me bikeve. Di vê navê de ji derve tu temaseke fizîkî çênebû ne werê?
- Na, min tu tişt hîs nekir. Ma qey tiştek kirin?
- Ez jî nizanim. Gava ez di amûrê de bim, pêwendiya min jî bi derve re qut dibe. Lê divê kiribin. Hadê, li ser sedyeyê tiliya xwe bileqîne. Hadê Bedo, hadê quban.
- Aha ez ev qasî dikarim. Tu jî bi çavên xwe dibînî dileqînim û ez wekî bera jî werê dikim hîs dikim. Lê ez nizanim ez ê ferqa di navberê de çawa fêm bikim.
- Çi zanim zorê bide xwe, li ber xwe bide û pêwendiyê bi derve re deyne. Xwe qaneh bike ku ev xeyal e, çawa ji xewê şiyar dibî werê şiyar bibe.
- Ma ez karibim çima nekim? Tu çi dibêjî, mêjiyê min têdigihê û di cî de jî dike. Lê ez dibêjim qey ji ber ku di cîhana xeyalî de dike, di rastiyê de îhmalkariyê dike. Gava ji mêjiyê xwe re dibêjim "werê meke" vê carê di xeyalê de jî nake. Hema bibêje tê de asê mame.
- Na na, em ê rêyekê bibînin.
- Bise, ez ê vê carê baş lê hûr bibim. Te çêkir?
- Mixabin na; heger bûbûna wê di cî de pêwendî qut bikirana.

26

Ji ber ku di dawiya roja dudoyan de jî tiştek bi dest nexistibûn, Semayê pir adis bûbû. Lê belê ji ber ku rojeke wan a dinê jî hebû, hîn jî bihêvî bû. Gava ji bo şeva xwe derbas bike wê birin odeya beşa awarte, Semayê hîs kiribû ku pir westiyaye. Lê cardin jî nikaribû rakeve. Wexta Lînda hat odeyê, hîn jî şiyarbû. Lîndayê hêdîka xwe di ber re rakir û bi destê wê girt.
- Sema, bêhêvî nebe. Bawer dikim ku em ê sibê bi ser bikevin. Tu xwe çawa hîs dikî?
- Nizanim Lînda, nizanim ez ê li ser çi bifikirim. Ev, firsenda me ya dawî ye. Dibe ku piştî vê Bedirxan demeke dirêj di rewşa riwekî de bimîne û jixwe tu zanî nexweşên werê pir najîn. Piştî demekê wê mêjî jî bimire. Heger sibê jî bi ser hişê xwe ve neyê, wê her tişt bi dawî bibe. Lînda, du roj in em di hişê xwe de bi hev re ne. Fikra ku wî bi tenê li wir bihêlim, bi mirinê re rû bi rû bihêlim jî min pir diqehirîne!
- Niha ne wexta lêhûrbûna li ser tiştên werê ye. Weku her tişt qediyabe neaxive. Tu dizanî, em hatine merhaleyeke pir girîng; belkî me nikaribûya ev qas jî bikira. Dibû ku fealiyetên hişî yên Bedirxan bi temamî xera bûbûna. Lê ew tedawiya ku du meh in te li Stenbolê domand, hema bibêje bû mûcîze. Sema, bi saya te hîn jî mêjiyê Bedirxan zindî ye. Ma tu yê piştî vê dev jê berdî? Sibê rojeke pir girîng e. Aniha hebikekî ji xwe re razê. Tiştekî ku ji bo te bikim heye?
- Na, mala te ava. Ha, hindik mabû min ji bîr bikira. Te tu salix ji Mûtlû û Celal girtin?
- Belê. Mûtlû telefonî min kir. Piştî dadgehkirinê Celal ber-

dane. Ez dibêjim ji ber piştgirî û bertekên raya giştî girtin nedane ber çavên xwe. Gava telefon kir, Celal jî li ba wê bû. Lê min got, ji bo axaftinê ne hazir im. Helbet dizanim kîjan roj be jî em ê bi darî hev kevin. Lê ne niha, hele bi telefonê qet na. Sema, di demeke nêz de divê biçim Stenbolê. Ji ber ku her tişt ji nişkave qewimî, naxwazim careke din jiyana Mûtlûyê serobino bibe. Ez ê biçim bi her duyan re jî rû bi rû biaxivim û her tiştî sererast bikim. Pêşî divê biçim Londrayê bi hevjînê xwe û kurê xwe re biaxivim. Ji ber ku her tişt bi derbekê qewimî, niha serê min bûye kafirkeratî. Helbet niha tişta ji bo min lezgîn, Bedirxan e. Merak meke, ez ê heya kêlîka dawî jî li ba we bim.
 - Dizanim Lînda, dizanim.
Di vê navê re li Stenbolê Celal û Mûtlû bi hev re ji deriyê edliyeyê yê ku çapemenî hemû li ber kom bûbû derketibûn û daxuyaniyeke kin dabûn. Dû re çûbûn li restorantekê rûniştibûn. Li qeraxa paceyê ya restoranta li Kendavê dinêre her du bi tenê bûn. Çawa rûniştibûn, Celal li menzereya bêhempa ya Kendavê nêribû û ji orta dil axînek kişandibû. Ji ber ku keça wî nikaribû vê menzereyê bibîne, pir li ber diket. Qederekê werê bêdeng rûniştin. Mûtlû, pê derdixist ku Celal tengijiye. Celal, li ser çavê keça xwe ya piştî bîst û pênc salan haya wî jê çûbûbû û dişibiya Lîndayê, dinêrî. Hêsirên li nava çavên wî kom bûbûn, bi destê xwe hêdîka paqij dikirin. Keça wî ya serçavziravik, pozbikember û porkurt pir dişibiya diya xwe. Celal, hema wê kêliyê çû rojên xwe yên xwendekariyê yên bi Lîndayê re derbas kiribûn. Dilê wî pir teng bû. Çawa ketibû nava şaşiyeke werê? Çawa ev qasî bêexlaq û bêwijdan tev geriyabû? Tu sedemeke mafdar nedidît. Loma nizanibû wê ji ku dest bi axaftinê bike û wê çi bibêje. Mûtlûyê bêdengiya heyî şikand:
 - Ez dibêjim divê em ji cihekî ve dest pê bikin û biaxivin.
 - Belê... Helbet... Wê... Ez... Wê ji bo min nerihet be.
 - Jixwe ji bo min jî ew bîst û pênc salên borî, ne rojine rihet bûn.
Hêrsbûn û gazinên xwe li nava dengê Mûtlûyê girtibûn, Celal tam tengijandibû.

- Texmîn dikim. Ez çi bibêjim jî û çi bikim jî ez ê nikarim tiştên qewimîne telafî bikim. Min sûcek mezin kir û heya niha te û Lîndayê ew ceza kişand. Êdî em her sê jî nikarin weku tiştek nebûbe tev bigerin. Helbet wexta hûn nexwazin bi min re biaxivin, ji xeynî nêzîkbûyîneke rêzgiriyî wê tu rêyek min tunebe. Lê qet nebe ji niha û pê ve ji bo karibim şaşiya xwe telafî bikim, hûn şansekî bidin... Çimkî tu carî haya min ji hebûna te tunebû.
Mûtlûyê ket navberê û bihêrs got:
- Ez dibêjim qey tu ne li bendê yî ku ez ji te re bibêjim bavo.
- Na na, jixwe heqekî min î werê tuneye. Jixwe rûyê min jî nagire doza tiştekî werê bikim. Tenê bawer dikim ku pêdiviya me hinekî bi wext heye. Her tişt bi derbekê re qewimî. Pêşî nexweşîna Bedirxan, qeza, serpêhatiya min a îro û niha jî tu û Lînda. Û jiyana min a gava îro sibehê şiyar bûm, êdî tuneye. Êdî ez Celalekî din im. Celalekî ku nizane kî ye, nizane çi ye û nizane wê bibe çi. Niha kesa ez li serê diricifim tu wî. Bibim çi jî, lê êdî wê ne tiştekî ku zirarê bide te. Mûtlû ya ku biryara vê jî bide tu wî. Tu çawa bixwazî wê werê be. Ez ê êdî tenê ji bo te bijîm. Heger ez karibim xwe bi te bidim efûkirin, belkî her tişt biguhere û veguhere tiştekî din.
- Ev yek wê ji bo min pir zehmet be.
Mûtlû, hebikekî sakîn bûbû. Bi dû re dewam kir:
- Tu carî nehatibû bîra min ku dê werê bibe. Dayikeke ku terka min kiriye û bavekî haya wî ji min tune... Nizanim ez ê li ser çi bifikirim. Ew profîla dê û bavîtiyê ya ku min bi salan ji xwe re xeyal kiribû, ne ev bû. Min ji bo xwe çîrokine naîftir afirandibûn û xwe pê qaneh kiribû. Diviyabû dê û bavê min li deverekê miribûna. Diviyabû ji bihuştê tim û tim li min temaşe bikirana. Dê û bavê min î ku tim û tim ez di bîra wan de û bîriya min dikirin. Heta min xwe qaneh kiribû ku Apê Bedirxan bavê min e.
- Belê, Bedirxan jî di nava vê meseleyê de ye. Hela bila rihet bibe, êdî dikarim hesab bidim wî jî. Xwedêyo, çawa karibû ev qas sal ji min veşarta?
- Apê Bedirxan, tenê li ser soza xwe ma. Ji bo ez bêbavîtiyê hîs nekim çi ji dest hat kir.

- Helbet di vî warî de nikarim tiştekî jî bibêjim. Nikarim Bedirxan sûcdar bikim, tenê dikarim şikrîma xwe jê re bînim, wekî her carê.
- Herî zêde jî ez. Hela tu lê! Dêmek ez neviya şoreşgerekî Îrlandî yê berê, keça şoreşgerekî Kurd ê berê û jineke Îrlandî me, he? Têkelbûyîneke pir ecêb e.
- Rast e, ez şoreşgerekî berê me, lê kalê te ne şoreşgerekî berê bû. Ew, hîn jî şoreşger e û wê heta hetayê jî werê bimîne. Wê tim û tim wekî lehengekî gelê xwe bimîne. Lê ya min ne werê ye.
- Belê, ji aliyekî ve tu mafdar î, lê kî çi zane belkî ev tiştên dawî cardin reha te ya şoreşgertiyê binepixîne?
- Belkî jî.
- Berî ez û te biryarekê bidin, pêşî dixwazim rû bi rû bi dêya xwe re biaxivim. Dû re ancax ez û te, karibin hin tiştan zelal bikin. Jixwe tu zanî de hêdî dayikek min heye û werê bawer dikim birîna wê jî birîneke pir mezin e.
- Hem jî birîneke pir mezin, birîneke seba min. A rast ez nizanim ez û Lîndayê em ê çawa bi darî hev kevin.

Celal û Mûtlû, dûr û dirêj behsa rojên berê kirin. Mûtlû, ewilî ji salên xwe yên zarokatiyê dest pê kir û bi dorê; jiyana xwe ya li sêwîxaneyê, salên xwe yên ewil ên zarokatiyê yên li dibistanên berastengan ên xwedî perwerdehiyeke taybet, jin û mêrên hev ên extiyar ku pênc salan li cem wan maye û demek berê mirine, jiyana xwe ya kar û barî, karên ku niha dike, têkoşîna xwe ya ji bo mafên jinan û mafên mirovan, amûrên ji bo mala xwe ya nû, alîkariyên ku Bedirxan kiribûn yeko yeko her tişt gotin. Celal jî carinan bi xemgînî û çavine şil, carinan jî bi serbilindî guh li çîroka jiyana keça xwe kir. Gava keça wî di nava keftûlefteke werê de bû haya wî qet ji keça wî tunebû. Axirê tim û tim Bedirxan hebûye. Ev, bixwe jî dilê wî rihet dikir. Heya derengê şevê rûniştin û axivîn.

Wexta Celal wê bir mala wê, ji bo careke din jî hev du bibînin soz dan hev. Ligel ev qas tiştî, dîsa jî di dawiya şevê de coşeke mezin xwe li nava dilê her duyan girtibû û heyecaneke xweşik li wan peyda bûbû. Her duyan jî hîs dikir ku pêdiviya wan hinekî din jî bi demê heye.

Gava Celal gihîşt malê, çendî ku betilandîbû û giraniyekê xwe lê girtibû, lê cardin jî xwe pir rihet hîs dikir. Ji roja ku îmzeya xwe betal kiribû jiyan lê bûbû zindan. Lê belê îro ligel bidawîbûna wê jiyana zindanî, pê hesiyabû ku keçek wî heye û bi ser de keça wî ya ku bîst û pênc sal berê wê li rastê hiştibû, îro wî ji edliyeyê wergirtibû. Hîs dikir ku barê li ser mila giran bûye, lê êdî amade bû ku vî barî hilgire û hemû bedêlan bide. Her wiha êdî betal bû jî, lê bi vê wateya nû ku li jiyana xwe bar kiribû dilxweş bû.

27

Semayê gava serê sibehê şiyar bû, ji bo bê bîra wê ka li kû derê ye, qederekê fikirî. Çawa hat bîra wê gazî hemşîreyê kir û pirsa Bedirxan kir. Wekî berê bû, rewş hîn jî stabîl bû. Semayê nexwest mehd û mirûzê wê xera bibe. Beriya seansê telefonî malê kir, bi zarokên xwe re axivî û dû re bi dê û bavê xwe û dêya Bedirxan re axivî. Hemû jî li benda Bedirxan bûn û dua dikirin ku destê her duyan di destê hev de û ji balafirê peya bibin.

Beriya seansê ew û koma lêkolînê li hev kom bûn. Encamên di dest wan de ew qilqilandibûn. Ji bo îro herî zêde seansek an jî du seans pêşniyar kirin. Dû re zûzûka wê dest bi emeliyatê bikirana û wê kaskên şefaf bihatana derxistin. Ne mimkun bû ku pir bimînin, ji lewra dibû ku piştî vê merhaleyê korteksa sûnî bibe cihê xetereyeke mezin. Tevî Semayê der barê dermanên ku dê di dema seansê de bên dayîn û têkildarî fealiyetên hişî yên Bedirxan ku piştî hişyariyên derveyî û mudaxileyên ji bo biserxwevehatinê û zordayîna ji bo vegera cîhana rasteqîn, stratejiyeke hevpar pêk anîn. Hemû amadekariyên ji bo seansê temam bûn û vingînî bi amûrê ket.

- Roj baş, Bedo.
- Roj baş, cana min.
- Tu çawa yî dilê min, hela bibêje bê te bi şev çi kir?
- Te digot qey şevek bû, pir hêdî û bêyî ku haya min jê hebe ketim xeweke giran. Nayê bîra min ku min xewn dîtiye, lê gava serê sibehê şiyar bûm haya min ji her tiştî hebû. Ji bo min zeman pir zû diherike. Cardin dengê derve nayê min, lê belê

min dizanibû hûn ê bi min re pêwendiyê deynin û ez li bendê bûm. Her wiha tê bîra min, îro roja dawî ye.

- Ez bim em niha li ser van tiştan hûr nebin. Tu her tim hewl bide ku karibî li ser cîhana derveyî hûr bibî û bila bala te hemû li ser liv û tevgerên te yên fizîkî be. Telîmatên ku mêjî dide, ji aliyê hucreyên rehikan ve nagihên masûlkeyan. Lewma tu nikarî hereket bikî. Heger mêjiyê te van telîmatan bi awayekî rast bide, yanî tu karibî bi mêjiyê xwe, tu yê di saniyeyekê de ji rewşa riwekî xelas bibî. Niha di mêjiyê te de tu pirsgirkeke fizîkî naxuyê. Ji ber vê, kar hemû dikeve ser milê te. Divê tu rêyekê bibînî û xwe bera nava cîhana derveyîn bidî.

- Sema, em ê karibin çend seansên din bikin?

- Piştî vê herî zêde yek. Lewma her kêliyek me pir biqîmet e. Gava em sohbet bikin, pê re tu jî zorê bide laşê xwe û hewl bide ku çavên te vebin. Bi taybetî jî gava em xwe bera nava sohbetê bidin ez ê bînim bîra te; ji kerema xwe tu jî bêyî bifikirî di cî de hereket bike.

- Temam, min fêm kir. Sema, ez ê bikim, ez ê bi ser bikevim. Em ê bi hev re ji vê derê biçin malê, tu meraq meke.

- Helbet tu yê bi ser bikevî, ez bi te bawerim, ez dizanim bê tu çi qasî bi qeys û qerar î. Bedo, qethiyen em ê dev jê bernedin.

- Sema, îro serê sibehê gava şiyar bûm, lê fikirîm. Teknolijiya ku li ser me diceribînin wê di jiyana mirovan de bibe cihê gelek guherînan. Em tenê ketine etra xwe, lê ji xeynî me jî jiyanek heye û didome. Û mihtemelen ji niha û pê ve dê dîroka mirovahiyê ber bi cihekî din ve biherike. Niha gelek tiştên zanistî yên bi vî rengî tên dahênandin. Dewletên kapîtalîst ên mezin, êdî piraniya budçeya xwe ji bo van xebatên lêkolînî û pêşxistinî vediqetînin.

- Niha kesê ku herî dawî li ser van tiştan bifikire tu wî. Haya te jê heye ne werê?

- Sema, belkî jî ez qet şiyar nebim. Lê wê jiyana we dewam bike. Helbet, heya kêliya dawî jî min eleqedar dike ku pêşerojeke çawa li pêşiya mirovan e. Belkî ez çend saetên dinê jî li vê derê bim û dû re wê jiyan bi min re raneweste, wê bi guregur biherike û dewam bike. Divê tu jî ji bo her tiştî hazir bî. Heger pêşbîniyên me yên der barê cîhana zarokên me de tunebin, em ê ji bo her tiştî dereng bimînin. Hadê em bibêjin ev teknolojî bi ser neket, lê miheqeq wê hin dahênan û pêşketine zanistî yên din çêbibin. Pêşketinên ku di teknolojiyê de çêdibin, tenê di qada tenduristî, gihanî û perwerdehiyê de barê jiyanê sivik nakin. Sema, dê qîma xwe bi vê neynin. Wê bandorê li teknolojiya çek û şerî, wê li siyaset, hiqûq, huner, wêje, çandinî, turîzm, çandê û her tiştî bikin. Û ev hemû dê bi kêrî mirovahiyê neyên. Niha tenê di mehekê de bi qasî pêşketinên ku ji şoreşa pîşesaziyê heya niha çêbûne, pêşketin çêdibin û belkî zêdetir jî. Hêza bêsînor a sermayeyê destekê dide zanistê. Zanist jî bi dahênanên xwe, taliyê tê li xizmeta ji bo sermayeyê dialiqe. Di pergala kapîtalîst de her hemleyeke zanistî jiyana mirovan hêsan dike, lê mirovan ji nirxên wan î bi hezaran salan dûr dixe. Kêm zêde êşên ku mirov kişandine kêm dibin, lê ligel vê dilxweşî û kêfxweşiya mirovan jî kêm dike. Sema, her diçe dibe sedema ku civakên bedbext û kesên bedbext derkevin holê.

- Temam, Bedo, bimire kapîtalîzm! Tu, car carina nigê xwe dileqînî yan na?

- Dileqînim, cana min. Jixwe îhtimalên azadiya fikr û ramanê ya mirovan kêm e û niha her diçe ji holê tê rakirin. Teknolojî, ji binî ve dide jibîrkirin ku em perçeyek ji sirûştê ne. Her ku em ji sedemen rê li ber liv û tevgerên me dixin dûr dikevin, di heman demê de em ji azadiyê jî dûr dikevin. Em ku ji me we ye em bi awayekî azad difikirin û xwe wekî tekane serwerê xwezayê dihesibînin, vediguherin afirîdeyên pespaye. Haya me ji me tuneye ku em bi qasî beybûnekê yan jî bakteriyekê ne azad in. Bi saya teknolojiya ragihandinê, çapemenî û medyaya sosyal dibin diyarkerên herî sereke yên jiyanê. Mirovên telefonên biaqil û medyaya sosyal bi kar naynin jî, bêyî dilê xwe daxilî nav hevkarîgeriya bikarhênerên derdora xwe dibin. Ev xwediyê teknolojiyê yê nû ji xwarin û vexwarina me, ji cilûbergên me, ji feraseta me ya ji bo perwerdehiyê, ji awayê mezinkirina zarokên me, ji amûrên ku em ji bo mala xwe dikirin, ji hêrsên me heya dilxweşiyên me bigir hema bibêje her tiştên me diyar dike. Sema, êdî hiş û zeka ji hev qut dibin. Robot, telefon û komputerên me yên ku zekaya wan heye, lê hişê wan tunene hene. Em mirov jî, pir bihewes in ku zekaya sûnî têxin şûna zekaya xwe û bîra xwe betal dikin.

- Bedirxan, meseleya hiş û bîrê, di warê zanistî de hîn baş ji hev nehatiye veçirandin. Hîn nayê zanîn bîr, li kû derê mêjî ye û tam çawa çêdibe. Gava ev ji hev bê veçirandin, belkî makînenine bibîr û bihiş jî bên çêkirin. Aha wê çaxê dê rewş xirabtir bibe. Lê niha tu van tiştan ji xwe re neke xem, ev ne tiştine ku dê qasek şûnde çêbibin. Bedo, tu tiliya xwe bileqîne, çavên xwe veke, tiştina bike.

- Dikim, dikim, meraq meke cana min, ez qet betal nasekinim. Lê belê, mesele ji rihetkirina jiyana mirovan wêdetir, îşaret bi pirsgirêkeke pir cidî dike. Heger mirov hemû bi saya teknolojiyê, di ser hiş re derfeta pêwendîdanînê bi dest bixin, dê li rûyê erdê her tişt bibe tek. Nasnameyên nîjadî, bawerî, awayên jiyanê wê hemû ji holê bên rakirin. Dê bi navê wêje, huner, reqs û muzîk ê tiştek nemîne. Belkî di jiyana mirovê nû de hestên wekî evîn, hezkirin, piştevanî û dilsoziyê nemînin. Mesela wê helbest hebe yan na? Gelo wê netewe, welat, sînor û ala ku bi milyonan mirov di ber wan de dimirin û mirovan dikujin çawa bin? Xelasiya mirovan a ji van tiştan dê deriyê azadî û wekheviyê veke yan zindanên şexsî yên rûxandina wan zehmetir? Îja kedkar û xebatkar? Bê guman wê cardin bibin çîna bindestan. Sema, wê robot nekevin şûna xebatkaran. Di vê Cîhana Nû ya Wêrek [15]de, bîzat wê xebatkar bi xwe bibin robot. Ji lewra bi her halî malîyeta herî erzan dîsa dê mirov û ked be. Îja wê rewşa bi milyonan mirovên betal bimînin çawa be? Wê ev qas mirov, li ber vê lez û beza muezem a teknolojî û sermayeyê xwe bi çi awayî biparêzin? Çand, şaristanî, hafizeya hevpar a bi hezaran salan a mirovahiyê dê li rûyê erdê têkevin bin însaf û wijdana çend mirovan? Îja em, em ê çi bikin? Sema wê bindest, berxwedêr, ên din çi bikin? Sendîkayên me, rêxistinên me yên siyasî hewl didin bi perçeyeke pemboyê bitenturdiyot, nexweşê

---

15) *Romana dîspotîk a navdar a Aldous Huxley.*

ku şahdemariya wî hatiye jêkirin pansuman bikin. Halbûkî em divê li her derî bênavber ji bo pêşerojê awayên rêxistinbûyîna pêşerojê, awayên berxwedan û parastinê nîqaş bikin. Kapîtalîzm bi bêdengî û bi awayekî xasûk amadekariyên êrîşa xwe ya dawî dike. Lewma em nikarin rûnên û li bendê bin ku kapîtalîzm birize û ji hev de bikeve. Mirovê edetî yê em dizanin, dawiya xwe tîne û ber bi cureyeke mirovê din ve diçe. Ma em ê tenê temaşe bikin? Belê, pêşî li ber pêşketinên teknolojîk nayê girtin, lê em ê çawa karibin ji bo jiyaneke azad ku keysê li van îhtimalan bîne têbikoşin? Spînoza digot, *"Hiş û laş ne tiştine ji hev cuda ne, tek û bitûn in."* Sema, lê niha hiş ji laş qut dikin û bi vî awayî felsefeya modern hildiweşe.

- Belê, lê ligel vê mirov dikarin derfetên ragihanî û înformatîkê ji bo afirandina rê û rêbazên têkoşîneke nû jî bi kar bînin. Her wiha di hilberînê de bikaranîna robotan kapîtalîzmê mezin nake, krîza wê kûr dike. Ji lewra tişta ku di hilberînê de zêdebariyê diafirîne tenê ked e. Heger zêdebarî tunebe, qezenc jî tuneye. Qezenc tunebe, kapîtalîzm jî tuneye. Lê belê ez niha bi vê îhtimala ku dê ev teknolojî te xelas bike eleqedar nabim. Bedo, ji kerema xwe tu jî li ser vê hûr bibe û çavên xwe veke. Bawer nakim, li vê derê, li laboratûarê, di orta tedawiyê de ez û te van tiştan nîqaş dikin.

- Tu rast dibêjî. Ez dicerîbînim, lê nabe, êdî wê nebe. Lewma dixwazim gotinên min ên dawî di bîra te de bimînin. Dibe ku ev temasa me ya dawî be. A rast, dixwazim hin tiştên din jî bibêjim, lê belê nizanim dê wextê me têr bike yan na. Dilê min, ez ê xatir ji te nexwazim. Bi ya min çûyîneke ne miqabilî dawiyekê be, ne hewce ye mirov xatir bixwaze.

- Huş be, huş be. Naxwazim gotineke din bibihîsim. Dibe ku em di vê seansê de bi ser neketibin, lê ez ê niha navberê bidimê û bi amadekariyeke baştirîn bêm. Bedo, ji kerema xwe tu tenê li ser jiyana rasteqîn hûr bibe.

- Baş e, ez ê li benda te bim. Hêvîdarim tu vegerî. Sema, ez ji te hez dikim, min tim hez ji te kir.

- Min jî Bedo; min tim hez ji te kir, pir hez ji te kir. Ez ê bêm, li benda min be.

28

Gava mecbûr mabûn navberê bidin seansê, Semayê nizanibû wê çi bike, tewişîbû. Çendî ku di nirxandina xwe ya bi koma lêkolînê re xwestibû bi xwînsarî tevbigere jî, lê belê firtoneya ku xwe li nava dilê wê girtibû di dengê wê de xwe dida der. Dibû ku seansa qasek şûnde, hevdîtina wê û Bedirxan a dawî be. Bi hefteyan bû bi Bedirxan re geh dimir geh jî sax dibû, lê belê dilê wê hînî îhtimala ku dê heta hetayê wî nebîne nebûbû. Lê êdî kifş bû ku ber bi dawiya têkoşîna xwe ya dawî ve tê. Rêbaz û dermanên ku koma lêkolînê pêşniyar dikirin tu tişt îfade nedikirin. Sê roj bûn, tu rê nemabûn ku neceribandibûn. Diyar bû ku bi ser neketine; ligel ev qas mudaxileyên teknolojîk, tibî û derûniyî, wê qasek şûnde her tişt biqediya. Ji niha û pê ve wê li benda rojên bikeser û mirina mêjiyê Bedirxan bûna. Rojên, çendî ku dizanibû li wê derê mêjiyê Bedirxan zipzindî ye. Semayê fêm kir ku per û baskên wê şikiyane û ji xeynî bêçaretiyê tiştek nemaye. Li cihê ku xwe lê dirêj kiribû, hêsirên çavên wê di bin çena wê re xwe bera ser qirika wê didan. Bi zorê bêhn distend, bi zorê lêvên xwe yên ziwa û bi hev ve zeliqî vedikirin û bi zorê çend peyv ji devan derdiketin. Berî ku dest bi seansa nû bikin heya jê hebû xwe da hev. Nizanibû wê ji Bedirxan re çi bibêje. Ma wê bigota, "Êdî qediya, em ê te li vê derê bihêlin û jiyana xwe bidomînin." Na, qethiyen dê ev yek, dê qedandinê qebûl nekirana.

Wekî her carê cardin dengê vingîniya amûrê bêdengiya odeya seansê şikand. Wexta çavên xwe vekirin, cardin li kêleka hev dirêjkirîbûn.

Bedirxan pirsî:
- Sema, tu hatî?
Di dengê wî de ne bêçaretî, ne jî tirs hebû. Berevajî, coş û moral hebû. Hevjînê xwe baş nas dikir; di jiyana Bedirxan de têgihên wekî teslîmbûyîn û têkçûyînê tunebûn. Bi qasî ku mirinê jî bi coşî pêşwazî bike çavsorî bû. Wê kêlîkê fêm kir ku divê ew jî bibe şirîkê vê coşê, bi coş her tiştî pêşwazî bike. Ji lewra ev rêzgirî û hurmetdayîna ji bo Bedirxan bû. Bi heman coşê cewab da:
- Belê dilê min, ez hatim. Qey tu ne li bendê bûyî?
- Tu tim û tim jineke hêzdar î, tu çi bibêjî dikî, tu çi bikî dibêjî. Loma ji bo hatina te tu şik û guman xwe li min negirtin. Lê ez dibêjim qey em hatin dawiya tedawiyê. Di rewşeke werê de ne mimkun e ku mirov hestiyar nebe. Tê bîra te, roja ez ê emeliyat bûbûma min û te der barê mirinê de xeberdabû?
- Belê, canê min baş tê bîra min. Lê ez ê niha bi te re der barê mirinê de neaxivim. Dixwazim tu zanibî; heger di dawiya vê seansê de rewş baş nebe, dîsa jî ez ê dev jê bernedim. Ez ê te li wir bi mirinê re rû bi rû nehêlim.
- Ez ê te hînî mirina xwe nekim. Dizanim, ev hewldaneke bêfêde ye. Gava qiyasnefisiyê dikim, bêtir fêm dikim. Dixwazim ez û tu sohbetê bikin, em xatir ji hev nexwazin, em xalekê daneynin dawiya hevoka xwe, li kû derê biqede bila ew der cihê me yê nîvcomayî be, cihê me yê em lê mane.
- Belê, tu rast dibêjî, bila îro ne roja xatirxwestinê be. Em hezar salî jî bimînin, ez û te hezar salî ji hev hez bikin jî cardin wê nîvco bimîne. Ez ê tu carî ji jiyana bi te re, ji hezkirina te têr nebim. Lê Bedo baş zanibe, hevrêtiya te, jiyana bi te re, evîna te ji bo min cihê şanaziyê ye. Bedo, zarokê serîhildêr ê Gabarê!
- Ez jî bi te şanaz im. Hevrêtiya te kêf û xweşiyeke mezin bû. Bi te hînî xweşbûna sotina evîniyî bûm. Sema, ez dilxweşiyeke nîvcomayî ji te re dihêlim û ji wan çavên te yên diçirûsin bi emanetî stêrkan werdigirim. Sema, keça bêhnsimbilî ya Torosan.
- Temam, xatirxwestin tuneye, na xwatirxwestin tuneye.
Bi dû re Semayê biken got:
- Ji ber ku ji dilê me tê, em van tiştan dibêjin.

Piştî vê Semayê vegeriya ser sohbeteke edetî û got:
- Bedirxan, ez ê tiştekî bipirsim. Di tedawiya dawî de, te digot min li navenda cîhana xeyalî bi cih bike û em li ser kêfxweşiyê hûr bibin. Tê bîra te, te ji bo çi werê digot?
- Belê, hemû tên bîra min. Lê nizanim ez ji bo çi li ser tiştekî bi vî rengî hûr bûme. Jixwe weku di jiyana me ya rastîn de jî her tişt ters û şaş bin. Xwestin dilxweşiya mirovekî tiştek e û dilxweşkirina wî tiştekî din e. Dibe ku tu di asasê xwe de miroveke baş bî û bixwazî mirov dilxweş bibin, lê ev nayê wateya ku tu bi her awayî miroveke baş î. Ev yek, te tenê dike miroveke bêxesar. Lê wexta derfetên te yên ku tu bikaribû ji bo mirovan tiştina bikî hebin û tu nekî, qethiyen ev te dike miroveke xirab. Bi ya min pîvana sereke ya mirovê/a qenc, nedîlgirtina mifteya deriyê dilxweşiyê ye. An tu yê ji bo dilxweşiyê tu hêviyê nedî mirovan, an jî tu yê mifteya ku te bi vî rengî bidestxistiye wekî dîlgirtinê bi kar neynî. Sema, ev ne tiştekî adil û durist e. Ez niha vê yekê hîn bêtir fêm dikim. Me ji hezkirina hev, hêviya dilxweşiyê da hev. Lê car carina me vê hêviya xwe di qaseyeke ji pola de qefil kir an jî me mifteya wê di destê xwe de dihejand. Wekî em bibêjin, "Dilxweşiya te di destê min de ye. heger ez bixwazim tu yê karibî dilxweş bibî, nexwazim tu yê bedbext bî."Halbûkî ev yek bixwe jî sebebeke mezin a bedbextiyê ye. Yanî tu bi vî awayî, lêgerîna ji bo dilxweşiyê ya mirovekî/ê bi xwe ve girêdidî û wî/ê jî di qaseyekê de qufil dikî û azadiya wî/ê bin pê dikî. Sema, kesê neazad nikare dilxweş jî bibe. Dilxweşiya te divê ne di destê min de, di destê te de be. Cihê wê ne qaseya min a ji pola ye, divê dîlê te be. Bikaranîna wê û daxilkirina wê ya nav wateya jiyanî jî divê di destê te de be.
- Ma tu bi vî awayî wateya jiyaneke qerase di dilxweşiyê de asê nakî? Heger tekane wate û armanca jiyanê dilxweşî be, êdî ji bo vê dermanine tesîrdar hene. Wekî "soma"[16]ya Huxley, mirov dikarin her roj hebên dilxweşiyê bixwin, cîhaneke dilxweş biafirînin û bi dilxweşiyî bigerin. Şayed tişta tu tê de asê mayî ev be, çareya wê pir rihet e.

---

16) *Soma: Heba dilxweşiyê. Navê wê di "Cîhana Nû ya Wêrek" a Huxley de derbas dibe.*

- Helbet tu li ber ketî ku qesda min ne ev e. Sema, heger tu dilxweşiyê wekî "lixweşçûyînke kêlîkekê" pênase bikî, helbet tişta tu dibêjî rêbazeke pir rast e. Carinan tu wê xweşiyê ji qehweya ku tu vedixwî, ji xwarina ku tu dixwî, ji strana ku tu guhdar dikî, ji pevşabûnekê, ji bîrîkirina hevalekî/ê, ji çirûsîna çavên zarokekî/ê, ji roavabûnê, ji risteyeke helbestekê, ji qedehek şarab an jî ji germahiya dêyekê jî distînî. Carinan bi îbadetê lavayîkirina ji Xwedê, carinan jî li perestgehekê ketina silûkê jî wê xweşiyê li mirovan peyda dike. Tu dikarî li rûyê erdê bi hezaran tiştên ku vê xweşiyê li te peyda dikin bibînî. Lê heger tu rabî û dilxweşiyê wekî xweşiyê bifikirî, midetek şûnde tu yê veguherî rebeneke li dû lixweşçûyînê. Ez dibêjim reben, ji lewra ji ber ku laşê mirov nikare xweşiyê depo bike, dê her tim bixwaze vê hestê dubare bike û wê xweşî veguhere wateya jiyanê. Û her kêliya ku tu bê xweşiyê bimînî -ev jî dê teqabulî piraniya jiyana te bike- dê jiyan bi te wekî tiştekî virtûvala û bêwate bê. Ji bo jiyaneke hîn bêtir xweş wê tu rêgez, tu pîvan nemînin ku tu wan bin pê nekî. Ma mirovahî ji bo pêşî li vî awayê lêgerîna xweşiya derî edetî bigire, mecbûr nema ku jiyana civakiyî bi dîn, bîrdozî, felsefe yan jî bi hiqûqê sererast bike? Xwesteka mêjiyê me ya ji bo xweşiyê bêsînor e. Em vê xwestekê bi tenê bi bawerî, rêgez an jî pîvanên xwe bisînor dikin. Ma axirê ew rengvedana liv û tevgerên me, ne encama fealiyetên me yên fikrî yên di parzûna dîn, bîrdozî yan jî hiqûqê de hatine parzinandin? Sema, helbet tişta ez behs dikim, ne sererastkirina xwesteka me ya xweşiyê ye, serbestberdan xwesteka ji bo lêgerîna wateya jiyanê ye. Bi vî awayî dilxweşî dibe tişta ku wateyê li jiyanê bar dike, dibe têkoşîna qîmetpêdanîna jiyanê û wekî xwe dide hîskirin. Di nava vê têkoşîna wateyî de, hebûna kêlî û tiştên ku tu kêf û xweşiyê jê digirî, bi vî awayî di nava bitûniyê de veduguherin perçene biqîmet. Na, mirov ne ji bo ku kêfxweş bibe, ji bo watedar be dijî. Gava tu bidî dû wateyê tu dilxweş dibî. Sema, heger wate ji bo te pasteyeke şil a mezin be, xweşî jî wekî firdikên çîkolateyên li ser pasteyê hatine reşandin bixwe ye.

Yanî gava ez dibêjim me bi hezkirina ji hev soza dilxweşbûyînê da, a rast ez dixwazim bibêjim me soza jiyaneke watedar da. Û ne tapûya jiyana watedar ne jî mifteya wê divê ne di destê kesî, hele hele ne di destê mirova/ê ku tu hez jê dikî de be. Lê bifikire; ez hez ji te dikim, lewma ez azadiya te, dilxweşiya te, wateya jiyana te di qaseya xwe ya ji pola de qufil dikim. Ma ev hezkirineke çawa ye?
- Belê Bedo, ez bi te re me. Dibe ku mirov wateyê li jiyana hev bar bike, lê ne dikarin monopola wateyê di dest xwe de bihêlin ne jî li ser navê kesekî din û ne jî ji dêvla kesekî din wateyekê ava bikin. Her beden ancax dikare di xwe de wateya xwe biafirîne. Tişta ku em jê re dibêjin wate, ne ew tişt e ku di bedenine din de bê mezinkirin û veguhêzin bedena xwe. A rast li rûyê erdê çend beden hebin, ew qas jî wate hene. Her jiyanek xwedî wateyeke xweser e, li gor xwe ye. Tu wate ji sedî sed ne wekî ya mirovekî din e. Dibe ku nêzî hev bin, lê nikarin wekî hev bin. Jixwe yên wateya jiyana wan nêzî hev ma nayên cem hev du û nabin civat? Netewe, qebîle, êl, rêxistin, terîqet, cemaet, malbat, dildar û hemû nêzîhevbûyîn ma hemû ne encama lêgerînine wateyeke hevpar in? Di van civatan hemûyan de jî pêşengine ku wateya jiyanê salix didin hene. Ev, carinan pêxemberek e, serokê dewletekê ye, mezinê êlkekê ye yan jî şêxê terîqetekê ye; carinan jî bav û mêr e. Hemû jî dixwazin ji bo dîtina wateya jiyanê rol bigirin û bibin rêber. Bedirxan, tişta ecêb jî, hemû mêr in.
Bi ya min di vî warî de tiştekî pir girîng heye ku divê neyê jibîrkirin. Belkî jî tişta ku te jî dixwest balê bikişîne ser ev bû. Ji van rêberan hin jê ji sanayîkirina barê jiyanê, ji rêbertiyê wêdetir, wateya jiyana xwe wekî "wateya nimûne ya temamkirî" dibînin û li her kesî ferz dikin. Li gor van kesan jixwe di dawiya hewldanine mezin de wateya jiyana xwe dîtine û wekî baran dibare erd pesnê xwe dide, dixwazin ên mayî wan wekî wateya jiyana xwe qebûl bikin. Gelek mirov jî vê yekê wekî litfeke mêrê xwe, şêxê xwe û reysê xwe dibînin. Ji dêvla bi salan e li wateya jiyana xwe bigerin, ji dêvla ku ji bo bi kedê ava bikin têkoşînê bi-

girin berçavan, esasgirtina "wateya hazir" rihetir tê. Ev der yek ji wan kêliyên krîtîk e ku fikra azad, ruhê azad ji holê radibe. Carinan jî bereksê vê ne armanc ne jî neyta yê pêşeng ev e. A rast ew bi xwe bi ked û cahdeke mezin rêbertiya ruhekî azad ê muezem dike, lê dîsa jî em biisrar berê xwe didin a rihet û wî dikin tabû.
Ev yek, di hezkirinê de jî û di evînê de jî werê ye. Kesê lêgerîna xwe ya wateyî wekî rêberekî bawerhişk li hezkiriya xwe ferz dike, ne azadî hebe tunebe koletiyê layiqê wê dibîne. Belê Bedo, ê ne azad be "bêwate" ye, ê "bêwate" be dilxweş jî nabe. Heger tu ji durrê hez bikî, divê ne di qolyeya di gerdenê de diheje, divê tu di nava îstîrîdyeya di binî behrê de hez jê bikî.
Her wiha hezkirin, di warê afirandina wateya hevpar de ye, ne hevdîtineke li dor lihevkirinên bêrêgezî ye. Wateya jiyanê, ne di lihevkirinên bêrêgeziyî de, di pevçûnine xedar de dertê holê.
Belê Bedo, carinan me hin tişt şaş kirin, hin tişt jî her tim ters bûn. Belkî jî me carinan dilxweşiyê li gor xwe bikeys kir, ev jî pirî caran bû sedema bedbextiya me. Em ji avên pêldar reviyan, em di hev de li lîmanine sekan geriyan. Halbûkî dilxweşî ne sekanî ye; dilxweşî û wateya herî mezin di nav şer, di nav têkoşînê, di nav pevçûnê de ye. Aha wisa bû Bedo, wisa bû dildarê min ê herî mezin.
- Sema, aha wê çaxê hemû awirên ji çavan dibarin watedar dibin.
- Bedo, hemû kenên ji lêvan dibarin.
- Aha, wê çaxê bêhna pora te tiştekî ecêb e.
- Bêhna canê te.
- Aha wê hingê mirov ji hezkirinê têr nabe.
- Bila têr nebe Bedo, bila hebe pevşabûn.
Bi hesreta hezar salî hev hemêz kirin. Gotin, ev ne xatirxwestin e. Hele veqetîn, qet nîne. Demeke dirêj destê her duyan jî ji hev nebû. Berî çûyînê Bedirxan xwest cara dawî zarokên xwe bibîne. Bi hev re ketin nava xeyalan. Bedo, zarokên xwe hemêz kirin; Mazlûm û Denîzê li nava dilê xwe neqişandin. Bêhna wan kişand nava sî û cergên xwe û ji malê derket. Heta kêliya dawî jî li odeya seansê bûn; dûr û dirêj li hev mêze kirin. Neaxivîn. Lê

Semayê bipistînî got, "Bedo, em ê hev bibînin, li benda min be." Bedirxan jî got, "Sema, şayed em hev nebinin jî xwe neqehirîne, a rast jiyan her tim nîvco ye." Çavên her duyan jî hatin girtin, ronahiyên odeya seansê pêketin. Endamên koma lêkolînê hemû ketin hundirê odeya seansê. Lîndayê bi destên Semayê girtin, xwest li ber dilê wê bide. Lê belê ew rondikên ku bi mehan bûn Semayê di çavên xwe de dabûn ser hev, ji nişkave bariyan. Qîrîna diltezîn a Semayê li hemû deverên klînîkê olan da. Êdî ji dildarê wê yî li ser sedyeya kêleka wê dirêjkirî deng dernediket. Bedo, çûbû. Ber bi meçhûlî, ber bi ebediyetê ve. Ji bo Semayê bitebitînin mecbûr man derziyekê lêbixin. Ji bo kaska sûnî derxin, bêyî bi derengî bikeve demildest diviyabû her duyan emeliyat bikin. Lîndaya ku li pey sedyeyên zûzûka ber bi emeliyatxaneyê ve diçûn dinêrî jî êdî hew karibû bi çavên xwe. Bi girî ber bi odeya xwe ve bazda. Endamên komê hemû ji neserketina ceribandina xwe bêtir li ber Bedirxan diketin. Hemûyan jî xwe bêçare û bêkêr hîs dikir. Amûra ku ji bo jiyana mirovan xelas bike çêkiribûn û veguherîbû dahênaneke girîng, nikaribû jiyana ewil bi xelasê bixe. Gava Sema û Bedirxan xistin emeliyatê, Lînda jî çû bi hevjînê xwe û kurê xwe yê li Londrayê re biaxive. Piştî emeliyatê diviyabû Sema û Bedirxan du rojên din jî li Zurîhê li klînîkê bimînin. Ancax piştî vê dikaribûn neqlî Stenbolê bihatana kirin. Lînda jî dixwest bi wan re biçe Stenbolê, lewma ji bo dereng nemîne xwest zûzûka biçe Londrayê û vegere.

Gava Semayê çavên xwe vekirin, dixtor û hemşîreyên li dora wê kom bûbûn bi zorê ji hev derdixistin. Dîsa der barê encama emeliyatê de ew serwext kirin. Emeliyata her duyan jî bi awayekî serketî hatibû kirin. Hîn jî Bedirxan bi ser xwe ve nehatibû û rewşa tendurstiya wî stabîl bû. Wê du rojan bi vî awayî bêhna xwe vedana û bi dû re biçûna Stenbolê.

Sema, piştî emeliyatê bi rojekê ancax karibû biaxive. Piştî vê telefonî malê kir û bi kurt û kurmancî yên malê serwext kirin û saeta ku wê bên Stenbolê ji wan re got. Wekî din tam

du rojan bi kesî re neaxivî. Li nav nivîna xwe bi bêdengî digiriya û bi tena serê xwe şîna xwe girt. Çendî ku dilê wê diêşiya jî, xwe bi xwe dida ber dilê xwe. Êşa Bedo, xwe li nava dilê wê girtibû.
Lîndayê di dawiya roja dudoyan de vegeriya. Tiştên bi mêrê xwe û kurê xwe re axivîbû hemû ji Semayê re gotin. Her du jî şaş mabûn, lê belê bi bîrbiri tevgeriyabûn. Wan jî dixwest rojek berî rojekê Mûtlûyê nas bikin. Lîndayê soz dabû wan ku dê wan bi hev du bide naskirin.
Balafira ambulansî li balafirgehê li benda wan bû. Sema û Bedirxan bi refeqatiya dixtor li balafirê hatin siwarkirin. Lînda jî li qoltixa li ber serê wan rûnişt û heya gihaştin Stenbolê jî bi destên Semayê girtin û dida ber dilê wê. Jixwe fêm nekirin bê ka rêwîtiya wan çawa derbas bûye jî. Semayê heya gihaştibûn Stenbolê çavên xwe ji ser Bedirxan neniqandin. Bi bêçaretî li bendê bû ku hema Bedirxan xwe tev bide. Gava balafir gihaşt Stenbolê saet nêzî nîvê şevê bû. Dengê ji tekeran li aprona ku ji ber baraneke hûr hebikekî şil bûbû, ji hundirê balafirê dihat bihîstin. Wexta deriyê balafirê hat vekirin, ji derve ligel bayekî hênik bêhna axê ket hundir. Çawa ji Stenbolê çûbûn wisa jî vegeriyabûn, lê tenê ferqek hebû; gava çûbûn Sema bihêvî bû, gava vegeriyabûn wî li Zurîhê hiştibû.
Bi sedyeyê ji balafirê hatin derxistin û zûzûka wan li ambulansê siwar kirin. Çendî ku Semayê nedidît jî, lê belê li paş têlên li qeraxa apronê qelebalixiyeke biçûk li benda wan bû. Zelîxa tevî zarokan li malê mabû. Dêya Bedirxan Dayika Sakîne, dê û bavên Semayê, Celal û Mûtlû, xebatkarên kafeyê û bi dehan xwendekar û hevalên Bedirxan li wir bûn.
Gava ambulans hat cihê ku wê jê derkeve, qelebalixa li wir jî ji cihê xwe leqiya. Lînda jî di ambulansê de li cem wan rûniştibû. Qelebalixiyê ji nişkave dora ambulansê girt. Lê ambulans ji ber ku diviyabû zûzûka bigihê nexweşxaneyê bi sîrenê xwest rê bê vekirin. Qelebalixiyê li çepikan xist û dest bi tilîliyan kir. Dengê çepik û tilîliyan li valahiya balafirgehê wekî feryadekê olan dida. Di nava qelebalixiyê de kes tunebû ku nedigiriya. Kesî nedixwest hêsirên çavên xwe ragirin. Axirê

gava ambulansê di nava qelebalixiyê de ji xwe re rêyek dît û lez da xwe, dêya Bedirxan bi bazdan çû bi dawiya ambulansê girt. Wekî ku cenazeyê kurê wê hatibe, wekî ku Bedo miribe li dû ambulansê bi feryad û fîxan qîriya. Bi zimanê xwe, bi Kurdî gazî kurê xwe kir:
- Lawê min, biçûkê min, Bedo, ma tu bi ku de diçî berxikê min? Rabe kurê min rabe, rabe Bedo, mirin ji te re navê, mirin li te nayê. Bedo, dêya te bimire Bedo! Dêya te bimire berxê min!
Wexta ambulans bi lez û bez diçû, Sema û Lîndayê jî ji ber qîrînên ji derve dihatin bi ser hev de digiriyan. Dayika Sakîne, nikaribû wekî din li pey ambulansê bibeze. Li wê kolana şil li ser çokan ket û werê li dû kurê xwe mêze kir ma sekinî. Dengê wê di qirikê de asê ma. Herî dawî bi zor û heft bela got:
- Oxir be berxikê min oxir be, oxir be Bedirxanê min oxir be, Xwedê bi hawariya te de bê kurê min.
Bedirxan kurê sêyemîn û yê dawî yê Dayika Sakîneyê bû. Bi vî awayî çavên wê li dû wî jî man aliqî.

BEŞA PÊNCAN

29

Bedirxan, pênc rojên din jî bi wî halê xwe li nexweşxaneyê ma. Nîvê şeva roja pêncan mêjiyê wî mir. Semayê jî nivîna xwe biribû ûnîteya beşa awarte, kêleka ya Bedirxan. Tişta ku dixtoran bikira tenê bendemayîn bû, li benda mûcîzeyekê bûn. Lê ew mûcîze pêk nehat. Semayê pênc rojan li ser hev nîvxewî, bi awayekî jihaldeketî li Berdirxan mêze kiribû û li bendê bû ku hema tenê xwe bileqîne. Pêşî dilê Bedirxan sekinî. Semayê bi dengê hişyariya amûrê di cî de ji xew şiyar bû. Hemşîre û dixtor tev de bazdan odeyê. Bi elektroşokê, careke din, careke din... Lê vê carê dilê Bedirxan û vegerê tunebû, êdî ber bi ebediyete ve çûbû.

Ev îhtimal du meh in bi hezaran caran hatibû bîra wê, lê mirov çi bike jî nikare mirina kesên hez ji wan dike qebûl bike. Çavên Semayê ji ber girî ziwa bûbûn. Dengê wê ketibû. Ev hefteyek wê bû ku her cara bi tena serê xwe mabû, giriyabû. Gava Bedirxan bi temamî çû, hema bibêje ji xwe ve çûbû. Nikaribû ji hev veqetîne bê ka kîjan rast e yan xeyal e; axaftinên dihatin kirin peyvek jî fêm nedikir. Tevî xumîniya ji guhên wê dihat, jê we ye di valahiyekê de wer dibe. Bi her du destên xwe bi qeraxên nivînê digirtin û wekî fêm bike bê ka li kû derê ne, bitirs li derdora xwe dinêrî. Bi saya hebên tebitandinê di xew re çû. Gava şeveqê bi zorekê çavên xwe vekirin, dît ku bi tena serê xwe li odeyeke din a nexweşxaneyê ye. Hemşîre û dixtor hatin cem wê. Pir neçû Semayê li ber ket. Êdî Bedirxan tunebû. Lêvên xwe gez kirin, hêsir hêdîka ji çavan hatin xwar û cardin serê xwe danî ser balîfê.

Xebera mirina Bedirxan zû belav bû. Wexta şeveqê ronî da,

her diçû qelebalixiya li hewşa nexweşxaneyê zêdetir dibû. Heya ber destê nîvro bi sedan mirov, li ber singa wan wêneyê Bedirxan, bi xemgînî li baxçeyê nexweşxaneyê man sekinî. Hat gotin, wê cenaze dotira rojê li Nisêbînê bê binaxkirin. Li ser vê her kes ji bo haziriyên merasîma cenaze bike belav bû. Hevalên wî yên sendîkayê barê organizasyona cenaze hilgirtin ser xwe. Diviyabû Bedirxan baş bi rê bikirana. Sendîkayê jî ji bo merasîmeke girseyî bang kir. Ji bo Bedirxan her kes dawetî Nisêbînê hat kirin.

Dêya Bedirxan bi zor û heft bela li ser pêya disekinî. Lê ji bo mêvanên kurê xwe pêşwazî bike û haziriyê bike xwest beriya her kesî biçe Nisêbînê. Wê Sema û zarokên wê, dêya wê, bavê wê, Mûtlû û Lînda jî bi cenaze re biçûna Nisêbînê. Lê belê Celal jî ji bo Dayika Sakîne bi tenê nehêle, pê re çû Nisêbînê. Gava ber destê êvarî gihaştin Nisêbînê û çûn mala Dayika Sakîneyê, bi sedan mirov li dora malê kom bûbûn. Gava hat bihîstin ku Dayika Sakîne hatiye, her çû qelebalixî zêde bû. Mirov heya derengê şevê li dora malê bi bêdengî man sekinî û sersaxî dixwestin. Tevahiya malbatê ya li Stenbol û Nisêbînê wê şevê raneket. Tenê Denîz û Mazlûm ji ber ku westiyabûn di xew re çûbûn. Wan jî hewl dida mirina bavê xwe fêm bikin û ji ber tehsîra bikeser a dêya xwe û yên din xwe li bêdengiyê danîbûn û li qeraxekê rûniştibûn. Sema, car carina diçû cem zarokan, ew hemêz dikirin û ji dêvla li ber dilê wan bide, bi bêhna wan dixwest li ber dilê xwe bide. Piştî ku zarok li cihê xwe di xew re çûbûn, Semayê ew biribûn nav ciyê wan û werê li wan temaşe kiribû.

Çawa şeveqê ronî da, li Nisêbînê û li kuçeya ku mala Dayika Sakîneyê lê bû cardin liv û tevgerek çêbû. Hat gotin cenazeyê Bedirxan hatiye Balafirgeha Mêrdînê û ji wir jî ber bi Nisêbînê ve bi rê ketiye. Dayika Sakîne pêşî çû konê şînê. Gelek ciwanan ji bo merasîma cenaze û ji bo şînê bar hilgirtibûn ser milê xwe. Sendelyeyên plastîk li hundirê konê şînê û li derdora wê hatibûn rêzkirin. Haziriyên ji bo xwarinê û çayê temam bûn. Li vê axê mirina bêwext hingî pir bû, her kes ji bo amadekariyên şînên bi sedan caran hatine kirin xwedî azmûn bû. Lewma gava hat bihîstin wê cenazeyê Bedirxan bînin Nisêbînê, haziriyên ji bo merasîma cenaze û şînê di nava çend saetan de hatibûn kirin. Wexta cenaze bi konvoyeke dirêj anîn mizgeftê, qelebalixî li dora mizgeftê kom bûbû. Sema, zarokên wê, Mûtlû û Lînda tevî Dayika Sakîneyê ji qelebalixiyê hinekî wêdetir, li cihekî bisih bûn. Wê piştî nimêja nîvro biçûna goristanê. Ji ber ku dawiya havînê bû dinya germ bû. Li vê navçeya ku li sînorê Sûriyeyê bû, du sal berê şer qewimîbû û di dema qedexeyên derketina kuçe û kolanan de gelek tax serobino bûbûn, bi sedan avahî hatibûn rûxandin û avahiyên hatibûn rûxandin bi dozeran hatibûn rastkirin. Mizgefta ku wê nimêja cenaze lê bihata kirin jî li qeraxa rasteke bi vî rengî bû. Her wiha derdora vê rasta han ku du sal berê taxeke mezin bû, bi têlan hatibû girtin û çûyîna nava wê hatibû qedexekirin. Lewma ji bo ku mirov biçûna goristanê diviyabû di qeraxa têlan re li derdora vê devera hatibû rastkirin bizîviriyana. Polîsan diyarkiribû ku wê destûra meşa ji bo cenaze nedin û tenê wê malbat karibe biçe goristanê. Jixwe bi mehan e li navçeyê rageşiyek hebû, lê belê bi vê re zêdetir bûbû. Rêvebirên sendîkayê li ser hev bi polîsan re diaxivîn û hewl didan meseleyê hel bikin. Lê belê biryar qethî bû û wê destûra meşê nehata dayîn. Li warê xwe binaxkirina akademîsyenekî muxalif bixwe jî ji bo rejîmê mesele bû.

Gelê Nisêbînê Bedirxan ji çaxê xortaniya wî ve nas dikir. Çendî ku dû re li Stenbolê mabe jî lê dilê wî li ser warê wî bû û salê çend hefteyên xwe li Nisêbînê derbas kiribû. Di salên dawî de Semayê û zarokên xwe jî dibir Nisêbînê, piraniya betlaneya xwe ya havînê li cem Dayika Sakîneyê derbas dikirin. Sema û zarokên wê jî pir hez ji Nisêbînê dikirin û gava vedigeriyan Stenbolê dilê wan bi ser wir de dima. Bedirxan hem ji nêz ve bi gelê xwe re eleqedar dibû hem di warê çareserkirina pirsgirêkan de piştgirî dida têkoşînê hem jî li taxên ku zarokatiya wî lê derbas bûbûn bi hevalên xwe re rojên berê yad dikirin. Heya du sal berê jî berî ku şer biqewime û qedexeyên derketina kuçe û kolanan dest pê bikin, vê yekê her sal bi awayekî rûtîn kiribûn. Lê piştî çûn û hatina navçeyê hat qedexekirin û qedexeyên derketina kuçe û kolanan dest pê kirin, êdî nikaribûn biçin Nisêbînê. Lê belê wê çaxê Bedirxan û hevalên xwe yên sendîkayê gelek caran hatibûn ber Nisêbînê û ji bo qedexeyên derketina kuçe û kolanan bên betalkirin çalakiyên şermezarkirinê û li Stenbolê jî meş û mîtîng li dar xistibûn. Piştî qedexeyên derketina kuçe û kolanan û şer bi dawî bû, bi sedan kes jiyana xwe ji dest dabûn û birîndar bûbûn, nîviyê bajêr hatibû rûxandin. Bedirxan jî ji bo seredana dêya xwe bike hatibû Nisêbînê, lê belê gava çav bi bibîranên xwe yên hatibûn wêrankirin ketibû nexwestibû pir bimîne. Niha jî di hundirê darbestekê de û li ser milê hevalên xwe hatibû vê navçeya bikeser.

Ji ber vê polîsan jî Bedirxan nas dikirin. Ji ber Bedirxan xwedî nasnameyeke muxalif bû, nedihiştin ji bo cenazeyê wî meş bê lidarxistin. Li vê axê gava tu muxalif bî, hem di saxiyê hem jî di mirîtiyê de tu wekî "xetere" tê dîtin.

Gava nimêja cenaze dest pê kir, Celal tevî hin endamên sendîkayê hatibû cem Semayê ew û ji wan xwestibû beriya her kesî biçin goristanê. Hîn jî destûra meşa ji bo cenaze nehatibû dayîn. Celal jî nedixwest di rageşiyeke mihtemel de zarok li wir bin. Semayê qebûl nekir ku pêşiya girseyê biçe goristanê, lê belê zarokên xwe û Mûtlû û Lîndayê bi wesayîtekê şand goristanê. Dayika Sakîneyê jî israr kir ku tevî meşê bibe û kesî nikaribû wê ji vê biryara wê vegerîne.

Wexta darbesta Bedirxan li ser milan ji mizgeftê hat derxistin, qelebalix ji cihê xwe liviya. Tevî mirovên ji kuçeyên derdorê dihatin bi hezaran mirov kom bûbûn. Polîs jî berê panzêrên xwe dan rêya ku dê girse tê re derbas bibe. Kaskên xwe xistin serê xwe û tevî mertalên xwe yên plastîk û copên xwe li pêşiya qelebalixiyê bûn bend. Rêvebirên sendîkayê wêneyê Bedirxan ê çarçîfekirî û derdora wî bi qurnefîlan hatibû xemilandin hilgirtin û çûn li refa pêşî cih girtin. Sema, Dayika Sakîne û Celal jî xwe li nav qelebalixiyê xistin û çûn pêşî. Çûn ketin pêşiya kesên wêne hilgirtibûn û li kêleke hev rêz bûn. Se-

249

mayê ketibû milekî Dayika Sakîneyê, Celal jî ketibû milê wê yê
dinê. Hin jinên kitanspî jî hatin ketin milê wan. Bi dehan jinên li
pêşiya kortejê ketibûn milê hev du sekinîn. Qelebalixiyê bi yek
dengî dest bi berzkirina dirûşmeyan kir. Wê kêliyê Sema ne di-
giriya ne jî êşa mirinê hîs dikir. Lê belê ji ber ku dizanibû Bedir-
xan li pişt wê ye û li ser milê gelê xwe ye, dilê wê rihet bû.
Wexta meş dest pê kir, polîsan jî mertalên xwe hilgirtin û
çend gav ber bi qelebalixiyê ve meşiyan. Di vê navê re amîrekî
polîsan hat, tam li ber Semayê sekinî. Got, wê destûrê bidin
malbatê lê wê nehêlin qelebalixî biçe goristanê. Semayê jî got,
"Ev mirov hezkiriyên Bedirxan in, gelê Bedirxan e, tevlîbûna
wan a merasîma cenaze ji bo min şanaziyeke mezin e û divê
hûn kesî asteng nekin. Em malbat jî em ê tevî gel heya goris-
tanê bimeşin. Em çûyîna bi tena serê xwe qebûl nakin. Ne rast
e hûn merasîma cenazeyê kesekî ku ji bo aştiyê têkoşiyaye bi
vî awayî asteng bikin; pêdiviya we jî, pêdiviya me hemûyan jî
bi aştiyê heye. Ev tişta ku hûn dikin dijî qanûnan, dijî exlaqê
ye. Ji kerema xwe ji pêşiya me rabin da em cenazeyê xwe li gor
orf û edetên xwe bisipêrin axê." Amîrê polîsan ji ber sakîniya
Semayê û bibiryariya tona dengê wê, fêm kiribû ku nîqaşa
zêde bêkêr e. Got, "Deqîqeyekê musade bikin, ez ê herim bi
amirên xwe re bişêwirim û werim" û bi qasî çend gavan ji wan
dûr ket, bi telefonê bi hinan re axivî.
Çend deqîqe şûnde destûra meşê hatibû dayîn. Kifş bû ku
polîsan nikaribû astengkirina qelebalixiyeke bi vî rengî bidin
ber çavan; xwe dan alî û pêşiya qelebalixiyê vekirin. Darbesta
Bedirxan li ser milan, li dû wê bi hezaran kes bi berzkirina di-
rûşmeyan ber bi goristanê ve meşiyan. Gava gihîştin goristanê,
darbestê danîn qeraxa koncalê û dest bi duayan kirin. Gava
heval û hevrêyên Bedirxan hewl dan cenazeyê wî yê bi kefenê
spî pêçayî ji darbestê derxin, Sema û Dayika Sakîneyê hatin
gotin, dixwazin cara dawî ser çavê Bedirxan bibînin. Mele, bi
baldan hêla serî ya kefen vekir û rûyê çilmisandî yê Bedirxan
rê wan da. Çendî ku Sema û Dayika Sakîneyê ji bo negirîn xwe
bi zorê digirtin jî, lê belê çawa çav bi ser çavê Bedirxan ketin qî-

riyan. Her duyan jî dizanibû ku wê tiştekî bi vî rengî tu carî li wan rûnenê. Te digot qey hîn nû pêhesiyane Bedirxan miriye, qîrîna wan a ku dilê mirov dax dikir bi derbekê re wê bêdengiya biqeswet a li goristanê belawela kir. Celal jî bi hêsirên çavên xwe nikaribû. Li ber darbestê çok danîn û bi îskeîsk giriya. Ji nav qelebalixiyê jî hin kes dest bi girî kirin. Xizm, pismam, dotmam, pisxal, pisxalet, heval û bi hezaran hevrêyên Bedirxan, cenazeyê wî hilgirtin û xistin gorê. Celal, bedena Bedirxan a bê ruh û can û yê bi kefenê spî pêçayî xist hemêza xwe û tevî sê kesên din ên di hundirê gorê de bi baldan danîn cihê ku dê heta hetayê lê bimîne. Her du gorên li kêleka gora Bedirxan jî yên her du zarokên din ên Dayika Sakîneyê bûn; gora xwişk û birayekî Bedirxan. Her du jî di salên nodî de di xortaniya xwe de hatibûn kuştin. Yek jê li çiyê, yên din jî di cinayeteke siyasî ya kiryarê wê veşartî de. Gora li jora van her du goran jî ya bavê Bedirxan bû ku çar sal berê miribû. Li qeraxeke din a goristanê jî gorên gelek ciwanan hebûn ku di dema qedexeyên derketina kuçe û kolanan de hatibûn kuştin û nasnameya wan nehatibû tespîtkirin. Li ser kêlika van goran ji dêvla navan tenê hejmarek hatibû nivîsandin. Bedirxan, wê tevî bavê xwe, xwişk û birayê xwe û bi dehan zarokên bênav ên welatê xwe heta hetayê li vê derê razana.

Piştî ku goristan bi axê hat tijekirin û ser wê baş hat girtin, cardin dua hatin kirin. Dayika Sakîneyê, di dest wê de Qur'aneke biçûçik li ber serê gora kurê xwe, li ser axê rûnişt û ji bo zarokên xwe, hevjînê xwe û hemû miriyan dua xwendin. Bi wan destên xwe yên jar ku demarên wan xuya dikirin û direhilîn, ax avêt ser gora Bedirxan. Xwe avêt ser gorê û cara dawî kurê xwe hemêz kir. Xizmên wê bêyî ku wê tehl bikin, hêdîka wê rakirin. Êdî nikaribû li ser pêya bisekine. Ew hilgirtin û ji nava goristanê derxistin. Herî dawî Sema, Denîz û Mazlûm li ber gorê rûniştin. Di dilê xwe de hem dua dikir hem jî sozên ku dabûn Bedo dubare kirin. Zarok jî xwe bi pêyê wê girtibûn û li gora bavê xwe dinêrîn.

Mirov jî sersaxiya Semayê û xizmên din ên Bedirxan kirin

û berê xwe dan kona şînê. Herî dawî Sema, Celal, Mûtlû, Lînda û zarok tevî xizmên Bedirxan ji goristanê derketin. Sema, berî ku ji goristanê derkeve, ji dûr ve li gora Bedo mêze kir. Li paş goristanê, li wî aliyê sînor navçeya Qamişlo xuya dikir. Ji wir jî cih bi cih duxan hil dibû. Kifş bû ku cardin şer qewimiye. Gora Bedirxan, di navbera Nisêbîn û Qamişloyê de bû. Bedo, carekê ji bo Qamişloyê ji Semayê re gotibû, "nîviyê dilê min ê dî." Dilên tarûmarkirî yên ji ber sînorên xêzkirî yên Rojhilata Navîn...

Mûtlû û Lînda jî di dema binaxkirina cenaze de ketibûn milê hev du, hev hemêz kiribûn û giriyabûn. Niha jî di milekî Mûtlûyê de milê Semayê û di yê dî de jî yê Lîndayê, ji goristanê ber bi konê şînê ve dimeşiyan. Jiyaneke nû li benda her sê jinan bû. Hay jê bûn ku wê tu tişt ne rihet be, lê hîn ji niha ve tişta wan ber bi hev ve dikişand, hêza bîranîna Bedirxan, li nava dilê xwe hîs dikirin.

Çûm, min bi hêsirên çavên xwe
cihê ku ramûsana bihisret ew dax kiribû
şûşt ji lêvên xwe...
Çûm, ji bo nîvco bimînim di vê stranê de,
Çûm, ji bo xelas bikim rûmeta xwe,
bi tiştên nehatine gotin

Furûx Ferroxzad

MALAVAYÎ

Dilxweş im, ji ber ku pirtûka min a sêyem jî gihîştiye ber destê we. A rast, min piştî pirtûka xwe ya çîrokan a ewil *Seherê* dest bi nivîsandina vê romanê kiribû. Piştî hilbijartina serokkomartiyê ya 2018'an bû; min kiribûn namzetê serokomartiyê û min di şert û mercên girtîgehê de kampanyayeke dûr û dirêj a hilbijartinê bi dawî kiribû. Ji ber aramiya piştî kampanyaya hilbijartinê (û helbet bi awayekî bêedalet jidestçûyîna hilbijartinê) valahiyekê xwe li min girtibû û min hewl dabû bi nivîsê vê valahiyê dagirim. Min du mehan li ser hev, bênavber nivîsand. Min pêşnûmaya ewil bi rêya posteyê ji hevjîna xwe re şand. Hevalê min ê hucreyê Abdullah Zeydan, pêşnûmaya romanê ecibandibû, lê belê rexneyên ewil ên ku ji derve hatin, ez ji bizav xistim. Min cardin dubare dubare xwend. Her cara ku min dixwend, hîn bêtir jê sar dibûm. Min got, "werê xuyaye ez ê careke dinê tiştekî wêjeyî nenivîsim" û min pêşnûmaya romanê xist bin loda dosyeyên doza xwe û min hewl da wê ji bîr bikim. Lê belê "xitimandina di dema nivisînê de" bi hefteyan di bîra min de ma aliqî. Ev yek, ez pir adis kirim. Min hîs kir ku di warê xwebaweriyê de ez ê ji taqet bikevim. Bi rastî jî ez behicîm. Li odeyê, li hewadariyê bi rojan çûm hatim. Di rojeke ji van rojên xwe bi xwe hêrs dibûm de, min rakir pênûsa xwe û min di nava du saetan de çîroka "Roj Tê Dewr û Dewrana Her Kesî Digere" nivîsand. Gava min çîrok temam kir, min hîs kir ku bêhna min dertê. Bêyî hesab û kîtab min domand û di nava du mehan de, ji ber hêrsa nenivîsandina vê romanê *"Dewran"* derket holê.

Gava awayê çapkirî yê *Dewran*ê gihaşt ber destê min, min bi xemgînî rahiştê û min hîs kir ku pirtûka min a dawî ya serpêhatiya min a wêjeyê ye. Jixwe xortê li ser bergê jî bi heman xemgîniyê li min mêze dikir. Bi xwe bawer bûm ku min ê êdî nikaribûna xetek wêjeyî jî binivîsanda. Lê dîsa jî dilê min rihet bû, qet nebe min du pirtûkên çîrokan nivîsandibûn.

Lê belê piştî *Dewran*ê bi demeke kurt re cardin kurmê wêjeyê xwe li min girt. Bi wêrekiyeke nû min cardin rahişt pêşnûmaya xwe ya romanê. Piştî hin sererastkirinan, jêderxistin û lêzêdekirina hin tiştan, tu dibêjî qey bû. Lê gava min xwend min fêm kir ku nebûye û vê carê min bi temamî dev jê berda. Eynî bi vî awayî, min sê carên din dest pê kir û her sê caran jî bi awayekî qethî min dev jê berda. Hema bibêje min roman ji nû ve nivîsand, lê dîsa jî li dilê min rûnedinişt. Hêleke min digot "baş e", hêleke min jî digot "qet nebûye." Niha we xwendiye û qedandiye jî, lê ez hîn jî jê ne bawer im; gelo ma romana ku min dixwest binivîsim ev bû? Nizanim, lê tu dibêjî qey ew romana ku min dixwest li cihekî dilê min maye aliqî. Gelo roj bê ez ê karibim binivîsim? Qet ne bihêvî me. Tu dibêjî qey ev pirtûka min a dawî ya jiyana min a wêjeyî ye.

Ez dibêjim min roman nivîsandiye, lê ya rast "me nivîsand." Me û bi milyonan mirovî bi hev re ev pirtûk nivîsand. Xwezî min karibûya bi nav yeko yeko ji dil û can malavayiya hemûyan bikira. Ji kerema xwe re bi vî awayî qebûl bikin û bila bi navên ez ê behsa wan bikim neyê bisînorkirin.

Malavayiya min a ewil û herî mezin, ji bo gelê me yî dilxwaz e ku bê hesab û kîtab alîkarî û piştevaniya me dike. Bi rastî jî ez vê binyada berbiçav, dînamîk, zindî û organîk ku em jê re dibêjin gel, ji dil û can ligel xwe hîs dikim. Lewma bi rastî jî min û wan bi hev re ev roman nivîsand. Her wiha piştevanî û hevrêtiya bi deh hezaran girtiyan jî cihê malavayiya herî mezin e. Dostên min ên li derveyî welêt ku bi her awayî alîkarî û piştevaniyê dikin jî daxilî nav vê komê ne û deyndarê wan im.

Başak, dildara min, hevrê û hevala jiyana min a bîst û pênc salan; dizanim deynê min pir bûye. Helal be ji te re! Di sê salan de bi qasî ku sêzdeh caran li derdora cîhanê bigerî, her hefte sirf ji bo saetekê te bibînim tu hatî. Herî zêde te pêşnûmaya romanê sererast kir û hêvîdarim tu tişta ku te kiriye diecibînî. Dest û tiliyên te ter bin. Her wiha keçên min Delal û Dildayê jî aliyê min kirin. Di vê navê de Dildayê navê pirtûkê pêşniyar kiriye. Mala we her sêyan her carî ava be. Evînên herî xweşik, axirkê hûn hene û tehmekê li jiyanê bar dikin.

Mala hevrêyê min, hevalê min ê hucreyê, kaniya min a moralê, hemderdê min û birayê min Abdullah Zeydan ava be ku her tim xwendina ewil a berhemên min kiriye û alîkariya min kiriye. A rast, diviyabû li cihê navê nivîskar navê me her duyan bihata nivîsandin; lê ferz bikin werê ye. Di vê navê de ew jî tiştinan dinivîse lê hîn nizanim bê çi dinivîse. Hêvîdarim bi pirtûkeke baş derkeve pêşberî me; em li bendê ne.

Der barê min de li 22 bajarên Tirkiyeyê 122 lêpirsîn û doz hatine kirin. Bi sedan danişîn hatine lidarxistin. Bi deh hezaran rûpel parêzî hatine amadekirin, bi dehan dozê li Dadgeha Qanûna Bingehîn û Dadgeha Mafên Mirovan a Ewropayê didomin hene... Aha ên vana bi dildarî kirine û dikin û bi hezaran caran hatine girtîgehê seredana min kirine artêşeke parêzeran e. Hejmara wan li dor hezar û dusedî ye. Yeko yeko malavayiya wan û bi taybetî jî malavayiya "Koma Parastinê ya Demîrtaş" a ji pêncî û pênc kesan pêk tê, dikim. Heger ne ez, wekî ku ew tên darizandin bi dil û can û bi fidakarî tênekoşiyana, min ê nikaribûya xeteke wêjeyî jî binivîsanda. Mala we ava dostên min ên xweşik û hêja; hûn têkoşîneke hiqûqî ku ji niha ve di nava rûpelên dîrokê de cih girtiye, bi rê ve dibin.

Mala şêwirmendê min Ferhat Kabaîş ava be ku ji min bêtir bala wî li ser min e û bi salan e wekî mêjiyê koma min a xebatê tiştên nuwaze diafirîne.

Mala şêwirmendê min ê çapemeniyê Zinar Karavîl ava be ku ez jî di nav de bi rexneyên xwe yên tund, bi pêşniyarî û fikrên xwe, bi keda xwe dexmeya xwe li hemû xebatên me daye. (Ez dibêjim qey tu dizanî gava roman bi dawî bû jî te demxeya xwe lê da.)

Mala endamên min ên xebatê yên din jî ava be; Şukru, Şakir, Mekî, Abdullah, Tûrgay, Beser, Ozkan, Celal û Hevserokê HDP'a Edîrneyê Beşîr Belke.

Mala navenda partiya min HDP'ê û hemû teşkîlatên wê û hevalên min ên parlementer ava be ku piştgiriya xebatên min ên li vê derê û têkoşîna min dikin.

Mala Dr. Şeyhmûs Gokalp, Dr. Suleyman Akkaya û Dr. Berçem Ayçîçek ava be ku di warê mijarên tibbî yên di romanê de alîkariya min kirin. (Nakokiyên tibbî yên di pirtûkê de ne aydê dixtoranî aydê min e; ji bo sêwirandina romanê tam bi cih bibe ez li gor hin tewsiyeyên dixtoran tevnegeriyam, wekî her carê.)

Mala ferdên malbata min Aygul, Şeyhmûs, Şadiye, Sertaç, Aynûr, Fesîh, Amber, Suleyman, Bahar, Harûn û Nûrettîn ava be ku ji pêşnûmaya ewil heya niha bi rexne û pêşniyarên xwe wêrekî li min peyda kirin. (Ji bo sererastkirin û plansaziyê bi taybetî mala Bahar û Harûn ava be; helbet ji bo bergê jî bi taybetî mala xwişka min Aynûr û Baharê ava be. Hebûna we besî min e. Tenê ne di dema nivîsandinê de, bi her awayî hûn ji bo min bûn bêhn û nefes. Her yek ji we hêja û biqîmet e, lewma malavayî ne bes e, lê îdare bikin.)

Mala dostên min ên rexnegir Omer Turkeş, Semîh Gumuş û hevalên min ên din ên rexnegir ava be ku di dema nivîsandinê de bi pêşniyar û rexneyên xwe yên hêja piştgirî dan romanê.

Mala kedkarên Dîpnotê, edîtorê min Îbrahîm Yildiz, Umît Ozger û dostê min Emîralî ava be.

Mala nivîskarê hêja yê Amedê Şeyhmûs Dîken ava be ku bi bîranîn û dîtinên xwe alîkarî kir; ji dil û can mala helbestvanê hêja yê wêjeya Kurdî û birayê min Lal Laleş ava be.

Ligel ev qas alîkarî û piştevaniyê çi kêmasî hebin hemû aydê min in, lê xweşiyên wê yê me hemûyan e. Ji dil û can mala we hemûyan ava be, silav û hezkirin.